ミネルヴァ日本評伝選

ときハ今あめが下しる五月哉

明智光秀・秀満

小和田哲男著

ミネルヴァ書房

刊行の趣意

「学問は歴史に極まり候ことに候」とは、先哲荻生徂徠のことばである。歴史のなかにこそ人間の智恵は宿されている。人間の愚かさもそこにはあらわだ。この歴史を探り、歴史に学んでこそ、人間はようやくみずからの正体を知り、いくらかは賢くなることができる。新しい勇気を得て未来に向かうことができる。徂徠はそう言いたかったのだろう。

「ミネルヴァ日本評伝選」は、私たちの直接の先人について、この人間知を学びなおそうという試みである。日本列島の過去に生きた人々の言行を、深く、くわしく探って、そこに現代への批判を聴きとろうとする試みである。日本人ばかりではない。列島の歴史にかかわった多くの異国の人々の声にも耳を傾けよう。先人たちの書き残した文章をそのひだにまで立ち入って読み、彼らの旅した跡をたどりなおし、彼らのなしとげた事業を広い文脈のなかで注意深く観察しなおす——そのとき、はじめて先人たちはいまの私たちのかたわらによみがえってくる。彼らのなまの声で歴史の智恵を、また人間であることのよろこびと苦しみを、私たちに伝えてくれもするだろう。

この「評伝選」のつらなりのなかから、列島の歴史はおのずからその複雑さと奥ゆきの深さをもって浮かび上がってくるはずだ。これを読むとき、私たちのなかに新たな自信と勇気が湧いてきて、その矜持と勇気をもって「グローバリゼーション」の世紀に立ち向かってゆくことができる——そのような「ミネルヴァ日本評伝選」にしたいと、私たちは願っている。

平成十五年（二〇〇三）九月

上横手雅敬
芳賀　徹

明智光秀の軍勢

「山崎合戦図屏風」（大阪城天守閣蔵）部分

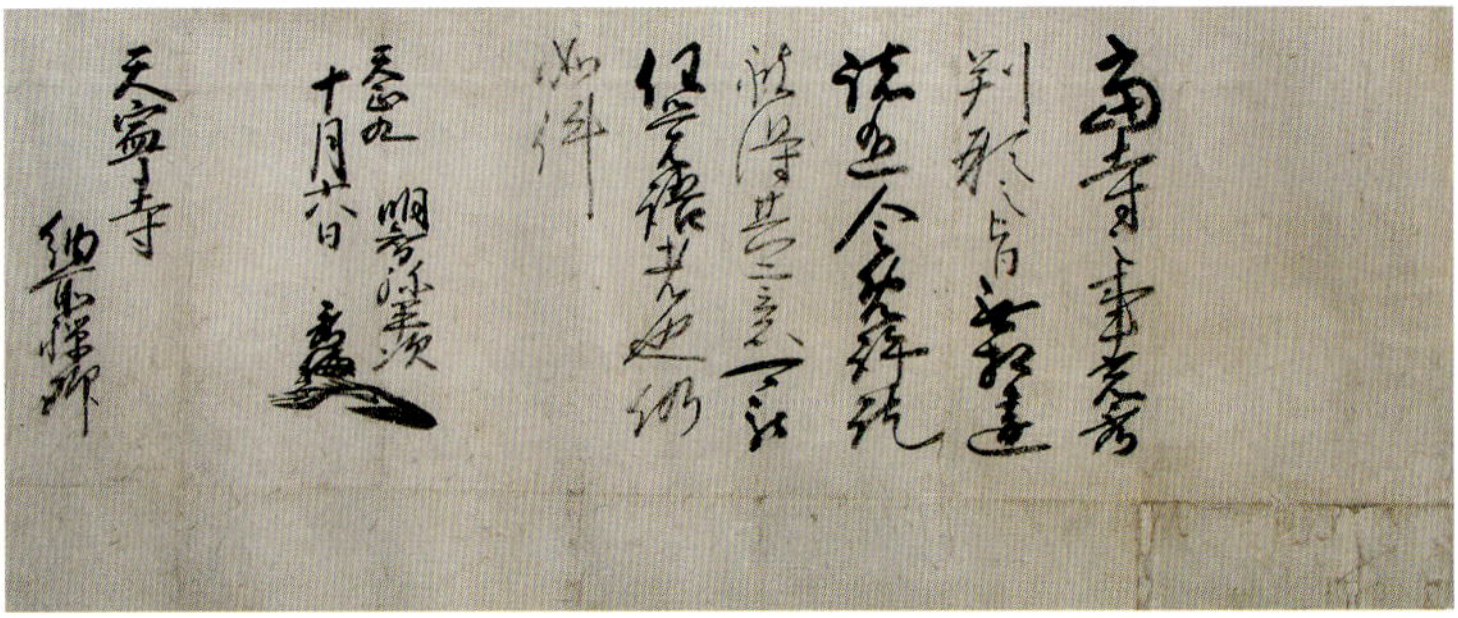

明智秀満判物（京都府福知山市・天寧寺文書／福知山市教育委員会提供）

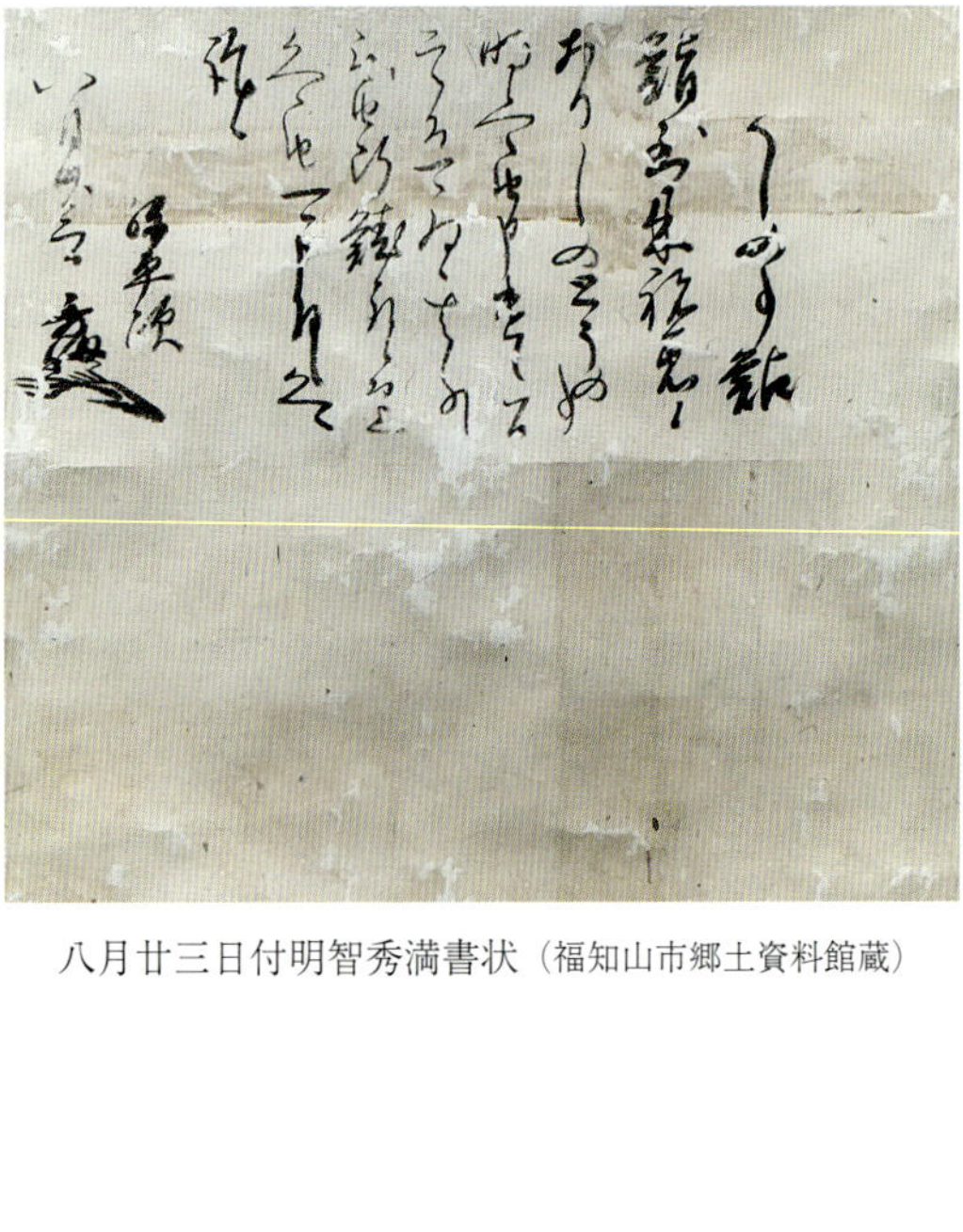

八月廿三日付明智秀満書状（福知山市郷土資料館蔵）

はじめに

「歴史は勝者が書く勝者の歴史である」といわれる。戦いに勝った側が自分の正当性を誇示しようと、敗者を貶《おとし》めるため、実際以上に敗者が悪人にされる傾向があるが、その最たる例が明智光秀《あけちみつひで》ではないかと私はみている。

山崎の戦いで光秀を破った秀吉が、その後、織田政権を簒奪《さんだつ》していく過程で、光秀による主殺《しゅうごろ》しを天下の大罪だったかのように印象づける宣伝をし、後の人はその宣伝に乗せられてしまったように思われる。それと、江戸時代の儒教的武士道徳とがない交《ま》ぜとなり、光秀は謀反人で悪人であるというイメージが定着する結果となった。

戦国時代を表すキーワードとして、弱肉強食・合従連衡《がっしょうれんこう》そして下剋上の三つがあげられるが、戦国時代、この最後の下剋上は「悪」とはされていなかった。上に立つ者が良い政治をしない場合、下の者がそれを倒して善政を布くことは武将たちの行為として是認されていたのである。光秀が起こした本能寺の変をどうみるかは、このあと詳しく追いかけていくことになるが、私は下剋上の一つとみており、一種の世直し、もっといえば鬼退治として位置づけられるのではないかと考えている。

また、光秀は、信長に仕えてからみるみる頭角を現し、信長による能力本位の人材抜擢にみごとに応えて出世していくが、その前半生は謎に包まれている。史料が少ないので限界はあるが、前半生の謎にも挑戦していきたい。

本書のもう一人の主人公が明智秀満《ひでみつ》である。重臣の斎藤利三《さいとうとしみつ》とともに光秀を支え、光秀の娘婿でありながら、これまであまり取りあげられることはなかったように思われる。残されている史料は少ないが、秀満の実像にも迫りたいと考えている。

明智光秀・秀満——ときハ今あめが下しる五月哉

目次

目　次

第二章　織田信長に仕えるまでの光秀……39

図版写真一覧

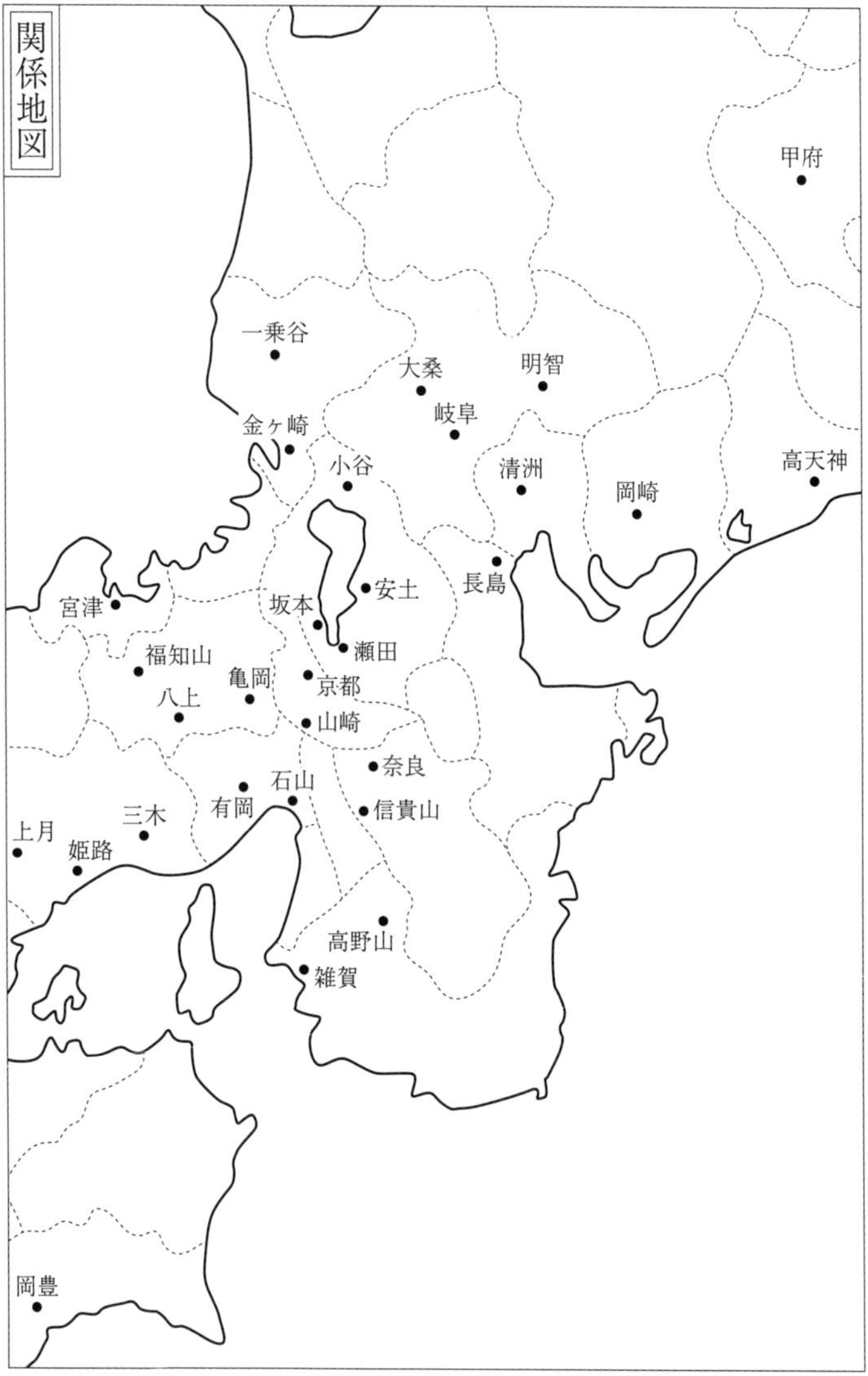
関係地図
甲府
一乗谷
大桑
明智
岐阜
金ヶ崎
小谷
清洲
高天神
岡崎
長島
安土
宮津
坂本
瀬田
福知山
亀岡
京都
八上
山崎
奈良
石山
有岡
信貴山
三木
上月
姫路
高野山
雑賀
岡豊

第一章　明智光秀とはそもそも何者か

1　謎だらけの前半生

「明智光秀とはそもそも何者か」などという書き方をすると、「何を変なことをいう」と反発を受けるかもしれない。「美濃源氏土岐《とき》家の分かれ、明智家の当主ではないのか」といわれそうである。そこでまず、歴史辞典や人名辞典の明智光秀の項目をたしかめてみよう。たとえば、朝尾直弘・宇野俊一・田中琢編『角川新版日本史辞典』には、前半生に限ってであるが、次のようにみえる。

通説の明智光秀

一五二八?～八二（享禄一?～天正一〇）織豊期の武将。通称十兵衛。美濃土岐氏の支族とされるが不詳。美濃で織田信長に仕え、信長による足利義昭の将軍擁立に関与した。一五六八（永禄一一）

信長の上洛後、京都の施政を担当し、義昭や公家・寺社との交渉役として活躍。（以下略）

また、阿部猛・西村圭子編『戦国人名事典』には次のように記されている。

一五二八？〜一五八二（享禄元？〜天正十）（名字は惟任とも。通称十兵衛、日向守、法名明窓玄智）足利義昭・織田信長に仕えた武将。光国（光綱・光隆とも）の子というが、父祖や家系に関しては正確には未詳。光秀の前半生に関しても、はじめ美濃明智城にいて美濃の戦国大名斎藤氏に仕え、ついで諸国を遍歴したとする説が『明智軍記』などに見えるが、これらも信じがたい。光秀が史上に登場するのは永禄十一年（一五六八）からである。このころ光秀は越前の朝倉義景に仕えていたようであるが、義景を頼ってきた足利義昭があらためて織田信長を頼るに際し細川藤孝とともにその間を工作し、義昭の上洛に尽力した（以下略）。

他の歴史辞典、人名辞典も大同小異なので引用はこの二書だけにするが、とにかく、永禄十一年（一五六八）以前の光秀については謎だらけといってよい。ただ、一般的には江戸時代成立の『明智軍記《あけちぐんき》』に依拠する形で、土岐一族明智家の人間として、斎藤道三《さいとうどうさん》に仕え、道三が弘治二年（一五五六）に長良川の戦いで子義龍《よしたつ》と戦って敗死したとき、光秀の明智城も義龍の軍勢に攻められ、光秀も美濃を逐われ、各地を転々としたとされる。

享禄元年説は正しいか

ここに引用した二つもそうであるが、他の辞典類も光秀の生年を享禄元年（一五二八）とするものが多い。では、享禄元年説はどこから生まれたのだろうか。この点について論及しているのが高柳光寿氏である。氏は『明智光秀』の中で、「光秀の年齢はわからない。『明智軍記』に光秀の辞世というのを伝えているが、その中に『五十五年ノ夢』という句がある。だから五十五歳ということに同書はしているのである。けれどもこの書は悪書であり、辞世と伝えるものも全く信用できない。従って光秀が五十五歳であったということも信用ができないけれども、しかし何だかそのくらいではなかったかというような気もする年齢である。そして光秀の年齢はこの書以外には全く所伝がない」と述べている。

ちなみに、その辞世というのが、『明智軍記』の巻第十にみえる。

逆順無二門　大道徹心源
五十五年夢　覚来帰一元
明窓玄智禅定門

なお、高柳氏は『明智軍記』にしか享禄元年説はみられないとするが、実はもう一つ存在する。それが「明智氏一族宮城家相伝系図書」で、そこに、「光秀　享禄元年戊子八月十七日、生於石津郡多羅云云」と記されているのである。

織田信長に関する著書が何冊もある谷口克広氏は自らが編纂した『織田信長家臣人名辞典』で、光秀の生年については享禄元年説をとらず生年不詳としていた。

永正十三年説

ところが、その後刊行された谷口氏の『検証本能寺の変』では、『当代記《とうだいき》』に依拠して永正十三年（一五一六）説を展開しているのである。『当代記』の天正十年（一五八二）六月十三日のところに、「十三日に相果て、跡方なく成る。時に明知歳六十七」とある。この明知というのが明智光秀のことをさしているのは、その続きに、「山科に於いて遁《のがれ》来り、百姓等に打ち殺さる。歳六十七」とあることから明らかである。天正十年に六十七歳だったとすると、生年は逆算して永正十三年（一五一六）となる。享禄元年説のちょうど干支《えと》一まわり上ということになる。どちらも子年である。

そこで思いおこされるのが江戸時代の川柳に、「丹波の鼠京へ出て馬を食ひ」というのがあることである。午年の信長を倒した本能寺の変のことをいっている。この川柳に注目された咲村庵氏は、その著書『明智光秀の正体』で、干支を享禄元年（一五二八）より一まわり下の天文九年（一五四〇）子年とし、光秀の生年をその年に考えているが、天文九年だと豊臣秀吉や徳川家康とほぼ同年配となってしまう。光秀は秀吉や家康よりはかなりの年長だったことは関連する史料からも明らかなので、子年の生まれだったとしても、天文九年ではなく、享禄元年、あるいはその一まわり干支が上の永正十三年生まれの可能性もあるように思われる。

2　出身地はどこか

揺らいできた出身地の通説　これまで、光秀の生年については「?」をつけながらも、享禄元年（一五二八）が通説となっていたわけであるが、以上みてきたように、永正十三年（一五一六）の可能性も出てきた。このあたりは今後の研究課題である。実は、揺らいできたのは生年の通説だけでなく、出身地についての通説も同じことがいえる。

光秀の出身地について、以前からいくつかの説があり、有力視されてきたのが次の三か所であった。

一つは、現在でも町名が「明智」の岐阜県恵那《えな》市明智町である。そこには、現在、岐阜県の指定史跡となっている明知城址があり、たしかに、本曲輪・二の曲輪などの遺構もあり、また、近くには龍護寺という古刹があって、光秀の供養塔も建てられている。しかも、町内の多羅砦址には「光秀産湯の井戸」と称する井戸や、「光秀学問所」址に建てられたという「天神神社」などがあり、光秀ゆかりの場所として伝わっている。

もう一つが現在の岐阜県可児《かに》市瀬田の明智城とする説である。こちらは、いまは明智という地名はないが、かつて明智荘という荘園があったところで、明智城は別名長山《ながやま》城ともいった。

そしてもう一か所が岐阜県山県《やまがた》市美山町である。そこには城址らしいものはなく、光秀出生伝承が残されているだけである。ほかに、大垣市上石津町説とあるが、後述する。

明智城（長山城）址（岐阜県可児市瀬田）

というわけで、山県市美山町説は根拠が薄く、結局、恵那市明智町の明知城説か可児市瀬田の明智城（長山城）説かということになる。私は、恵那市明智町説は、同じ明智でも遠山明智氏の本拠と考えており、美濃源氏土岐氏の分かれではないので、土岐氏の流れの明智氏の本拠は可児市瀬田の明智城説を取ってきた。多くの研究者も同様で、可児市の明智城が光秀の出生地と考えられてきた。

『可児町史』の説　たとえば、昭和五十五年（一九八〇）発行の『可児町史』通史編には次のようにみえる。やや長文にわたるが、通説がどのようなものだったかをうかがう上で参考になるので、煩をいとわず引用しておきたい。

長山城の落城　明智庄にあった明智城は長山城とも呼ばれ、明智庄のほぼ中心部の東西に走る丘陵にある。土居などの遺構が残り、丘陵の北の麓の平坦地に屋敷を置いたようである。美濃国諸旧記によれば、康永元年（一三四二）明智次郎長山下野守頼兼によって築城され、頼兼は、頼重（土岐明智彦九郎）より明智庄を与えられて分家してきたものであり、頼重は初代美濃守護の弟頼基の子で妻木氏の祖でもある。

明智庄が一五世紀中頃に斎藤氏の支配下となっていたことは前述したが、その頃は他の所領にあったのではないかと思われるが、頼兼から数代を経て駿河守光継（宗善）となり、光継の嫡子を十兵衛光綱といい、二男山岸勘解由光信は大野郡府内（現揖斐郡谷汲村）の山岸貞秀の養子となり、三男兵庫頭光安（宗宿）、その子を左馬助光春（三宅秀頼の父）四男光久は光忠の父で、五男を原光頼久頼の父。

次は女で斎藤道三の室小見の方でその子は織田信長の北の方や、金森長近の内室の母となる、六男を光廉といい長閑斉と号し光近の父となる。歴代の知行は一万五千貫（七万五千石）といい、光綱は山岸貞秀の女を室とした。光綱は病弱で天文七年（一五三八）嫡男光秀一一歳の時卒し、祖父光継の命により、光安・光久・光廉の三人を後見とし光秀を総領とした。しかし、光秀は叔父光安らにまかせ武術や学問の修業に出、ある時は細川家に仕え僧勝恵に学ぶ。天文一二年明智家に戻り斎藤道三に仕えた。

弘治二年の長良川合戦の折、中立ときめ何れにも加勢しなかったのは、道三は光安の妹婿の関係で親交厚い間柄であったからである。義龍は使を出し帰伏を進めたが、道三の恩義に対し応じなかった。九月光安に従う、溝尾庄左衛門、三宅式部之助、藤田藤次郎、肥田玄蕃、池田織部、可児才右衛門、森勘解由らを将としてその勢八百七十余人であった。義龍は東濃が明智氏に従うのを怖れ直ちに討手を出そうとした。明智氏と同門の揖斐光親が義龍を諌めたが、長井道利、井上道勝、国枝正則、二階堂行俊、大沢為泰、遠山友行、船木義久、山田次郎兵衛、岩田茂太夫ら合せ三千七百余人が九月一九日稲葉山城を出、一九・二〇日の両日に対戦し二〇日申の刻（午後四時頃）城に火を放った。

光秀は光安の遺言によって脱出、揖斐桂郷の山岸光信に妻子を預け、郡上街道より穴馬に出、越前丸岡の弥念寺園阿を頼った。これより六年の間諸国を遍歴し、永禄四年（一五六一）末越前に帰り、翌年朝倉義景に仕えた、同八年冬讒言する者があって去り細川藤孝に仕えたが老臣と合わず去り、永禄一〇年足利義昭の推挙により初めて織田信長に仕えた。翌年信長が義昭を奉じて岐阜城より京都に入るに従い、京都の庶政に関与した。信長の若狭平定に従い、越前の朝倉氏を滅し惟任日向守の称号を与えられた（後略）。

この文章の冒頭に記されているように、通説のもとになっているのは『美濃国諸舊記《みののくにしょきゅうき》』である。その巻之六「明智城の事并地の戦記」には次のように記されている。

可児郡明智の庄長山の城主の事、一説に曰、池田の庄・明智の里とも云々。実は明智の庄なるべし。明智の城のありし地を、長山の地といへり。是は字名なるべし。抑明智城といふは、土岐美濃守光衡より五代の嫡流、土岐民部大輔頼清の二男、土岐明智次郎長山下野守頼兼、康永元壬午年三月、始めて是を開築し、居城として在住し、子孫代々、光秀迄是に住せり。

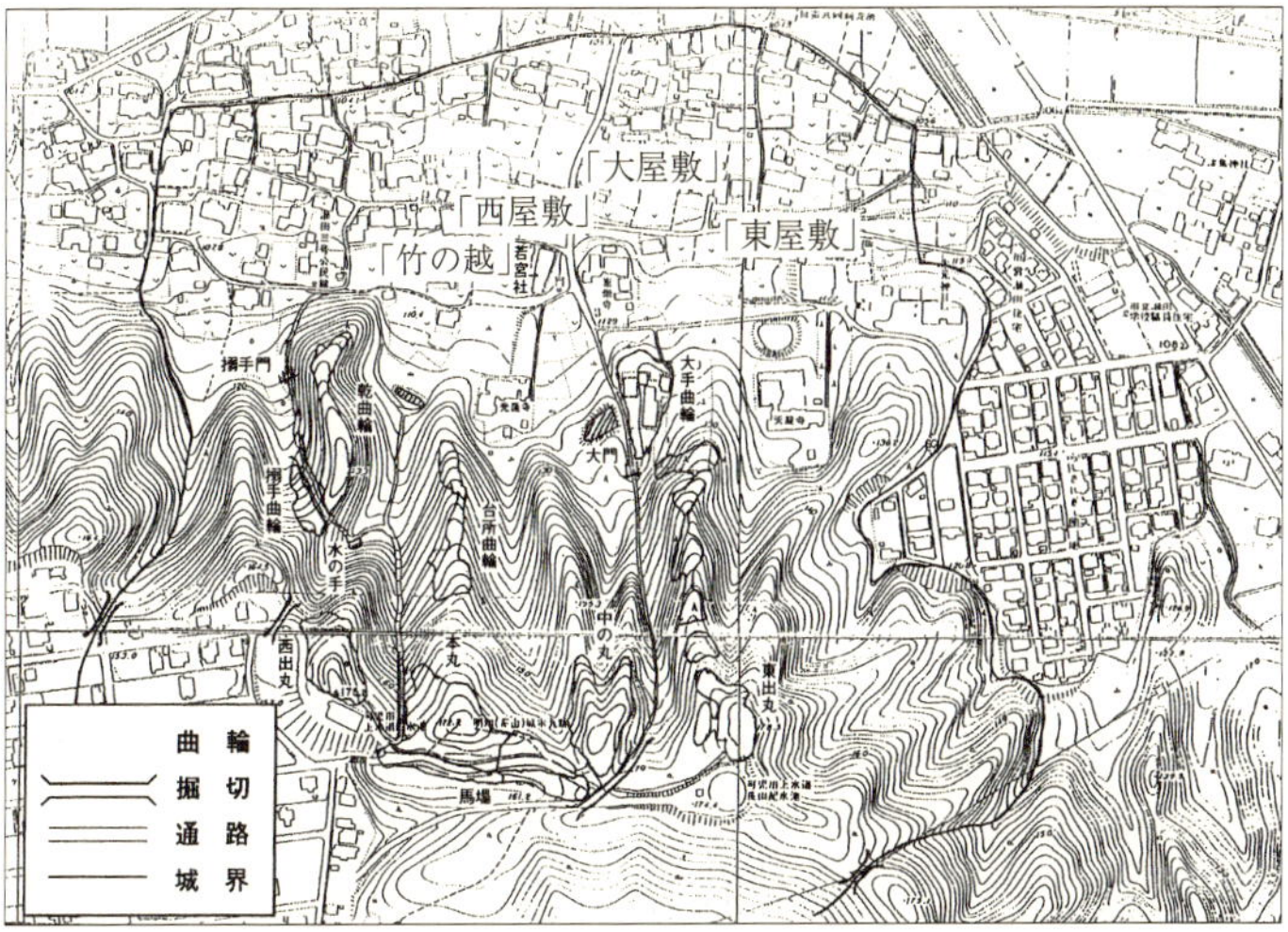

明智城址図（可児市・可児市観光協会『明智城（長山城）と明智光秀』に加筆）

つまり、通説は『美濃国諸舊記』の記述がもとになっていたことがわかる。同書に光秀の祖父が光継、父が光綱といった系譜も描かれ、それが通説となっていったわけであるが、系譜関係についてはあとで項をあらため詳述したい。

さて、その明智城であるが、かつて東海古城研究会の会長だった林春樹氏が昭和五十九年（一九八四）に『美濃明智城』を出され、明智城址図が掲載されている。上に掲載した。

ただ、林氏自身も同書で、「山城といえば独立した峻険な要害を想像し勝ちであるが、この明智城は起伏の少ない山の尾根続きで、鞍部を掘切って区画したもので、普通見られる山城とは大分趣が異なっているのが特徴であろう。換言すれば縄張りが中世山城の定石通りではないと云うことである」と述べているように、一般的な山城と異なっていることは明らかである。

そのため、可児市瀬田説を取る研究者の間でも、明智城があったのが、現在、明智城址とされている場所なのか、別な場所なのかについても議論となっているのである。平成二十二年（二〇一〇）刊行の『可児市史』第二巻通史編古代・中世・近世では、「市史編纂に伴なう長山城（明智城）の調査では、明確な城郭遺構は認められないとされているが、なお不明な点も多いことから、これについても今後再検討を要する課題となっている」としている。

この点について、市史執筆者の一人横山住雄氏は、平成三十年（二〇一八）八月四日に開催された「第二十八回美濃源氏フォーラム二〇一八」で「明智城を考える」と題して講演し、次のように述べている。

私共が信じてきた明智城は可児市瀬田の長山の地にあったとされてきた。昭和四十八年頃のことである。

ところが、可児市史編さん事務の一環として、平成十七年頃に専門家による調査が行われ、城跡ではなく自然地形であるとされた。

しかしながら、古くから明智城との言い伝えがあり、また『武功夜話』にも書かれており、このあたりのどこかに城跡があるのかも知れないと思う。

一般的に明智城といえば、瀬田のほか、可児川北側の御嵩町顔戸にある顔戸城も同じ呼び方をする。顔戸城は、文明年間に斎藤妙椿がここで死去して以来、歴史の表舞台に立つことはなかったが、この明智城（顔戸城）を光秀たちが利用したとしたらどうであろう。

注目される「大屋敷」の存在

このように、横山住雄氏は明智城が顔戸城だったのではないかとされたわけであるが、私は可児市瀬田の明智城でいいのではないかと考えている。その理由の一つは、たしかに現状では、はっきりした城跡としての遺構は認められないが、城域と考えられる範囲に自然地形とは考えられない削平地が存在する点である。特に、従来から主郭のあった場所ではないかと考えられてきた場所は、現在、配水池となっているため旧状をうかがうことはできないが、少なくとも、五十メートル四方ほどの空間があったものと思われる。

屋敷地名が残る周辺（可児市瀬田）

もう一つの理由は明智城（長山城）の北側に「大屋敷」「東屋敷」「西屋敷」「竹の越」といった屋敷地名が残っていることである。特に「竹の越」は「館の越」が転訛したものと思われ、ふだんの居館が麓にあり、山城部分は詰の城として利用しただけと考えれば、典型的な山城ではなくてもよかったのではなかろうか。

そして、何よりも、「そこが明智城だ」という伝承があったことも重要である。また、光秀の股肱《ここう》の臣といわれる溝尾庄兵衛《みぞおしょうべえ》をはじめ、可児左衛門（才右衛門）・肥田《ひだ》玄蕃といった家臣たちが可児市広見の出身だったという伝承があることも無視できない。

3　明智苗字の地明智荘とは

明智荘の荘域をさぐる

苗字の地は名字の地とも書かれるが、武士の苗字のほとんどは地名からきており、明智光秀の家の明智も例外ではない。現在、岐阜県内に恵那市明智町があるので、そこが苗字の地ではないかといわれることがあるが、前述したように、そこは遠山明智氏の苗字の地であり、光秀の明智とは別で該当しない。

むしろ、現在は明智という名称は伝わらないが、かつての美濃国明智荘という荘園が明智苗字のルーツになると考えられる。では、その明智荘とはどこにあったのだろうか。

幸いなことに、かつての荘域と思われる地が「明智八郷」という形で残っていた。その八郷とは、柿田・瀬田・渕之上・平貝戸・石森・石井・顔戸・古屋敷の八か所で、このうち顔戸・古屋敷の二か所が岐阜県可児郡御嵩《みたけ》町で、残り六か所が岐阜県可児市である。荘域はもっと広かったかもしれないが、少なくともこの「明智八郷」は明智荘の荘域に含まれていたものと思われる。

顔戸に「明智八郷」の郷社といわれる八幡神社が鎮座し、また、そこにあった顔戸城も明智城とよばれていたということなので、顔戸城が明智城だった可能性は否定できない。

明智荘の荘園領主

では、その明智荘とはどのような荘園だったのだろうか。はじめ、藤原実頼《ふじわらのさねより》の荘園、すなわち摂関家領で、のち、十一世紀末から十二世紀初頭にかけて石清水八幡宮に寄進され、しばらく石清水八幡宮領として推移している。顔戸に「明智八郷」の郷社である八幡神社が鎮座するのもその関係で、石清水八幡宮の末社として勧請されたことが明らかである。明智荘の鎮守ということになる。

明智荘の荘園領主である石清水八幡宮には「石清水八幡宮文書」というまとまった古文書が収蔵されており、その中に十三通の明智荘に関する文書があるが、残念ながら明智氏に関するものは一通もない。

そればかりか逆に、明智荘と明智氏に関係がなかったことを示唆する史料が見つかっている。斎藤妙椿と明智荘との関係を物語る八幡神社棟札の存在である。『可児市史』第二巻通史編古代・中世・近世には次のように記されている。

妙椿が死去して百カ日もたたないうちに、妙純（利藤の弟）と守護代利藤とが対立した。文明一二年八月にはこれが合戦にまで発展する。今まで妙椿に抑えられてきた利藤は、守護代の本分を発揮しようとすると、その上位にいる妙純が目障りであった。しかし、それから三カ月後には、利藤は守勢となり、ついに墨俣城を捨てて近江に逃れた。これより前、利永が亡くなる一年前の長禄三年（一四五九）三月九日の顔戸八幡神社（現御嵩町）の屋根葺替棟札に、「地頭御代官妙椿上人」という名で妙椿が姿を見せている。この時まだ妙椿は善恵寺内で持是院という子院を構えて純粋な浄土宗僧であったと思われるので、兄利永の配慮によって、明知荘地頭代官に指名されていたのであろう。このような例は他にもあり、地頭代官（地頭代）が必ずしも武将に限定されていたわけではない。妙椿はその手当（収入）を善恵寺の経営の一部に充てると共に、顔戸八幡神社の別当（神宮寺）蓮華院をその末寺としていたのである。こうした明知荘との結びつきが、のちの妙椿による顔戸城築城につながる一因となったのであろう。

『可児市史』はこのあと続けて、「この長禄三年の棟札によって、この頃以降明智氏が明智城（長山城）に居たとは考えられないことになる。天文年間の斎藤道三の台頭と共に明智氏が再び明知荘へ入ったと見る他はない」としている。

このあたり、光秀の出自、および本章のタイトル「明智光秀とはそもそも何者か」を考えていく上で重要である。私が監修し、福知山《ふくちやま》市役所から刊行された『明智光秀の生涯と丹波福知山』の第一章「明智光秀の生涯」を執筆された谷口研語氏も「江戸時代の系図・軍記類の説にしたがえば、土岐明智氏は、分家した南北朝初期から戦国時代まで、本領の明智荘を維持し、その地の明智城に拠っていたと考えなければならない。しかし、戦国時代の可児郡明智荘に明智城があり、そこに土岐明智氏が拠っていたことを証明する確実な史料は、今のところ一点も発見されていない」と述べている。

そこで、これらの問題を考えるため、明智氏とはどのような家だったのか、土岐氏からどのように分かれたのかについてみていくことにしたい。

4　土岐氏から分かれた明智氏

土岐氏の始祖は光衡か

土岐氏は美濃源氏といういわれ方をするが、清和源氏でもある。清和天皇の皇子貞《さだ》純《ずみ》親王の長子六孫王経基が臣籍に下り、醍醐天皇から源姓を賜り、清和源氏の祖となった。

この源経基は平将門の乱・藤原純友の乱に武功をあげ、鎮守府将軍となり、美濃守に任じられ、その後、満仲―頼光―頼国―国房―光国―光信―光基―光衡と続く。国房の時代に美濃国厚見郡鶉《うずら》郷（岐阜市）を本拠とするとともに東美濃の土岐郡（現在の岐阜県瑞浪《みずなみ》市・土岐市・多治見市）に勢力を広げている。

では、国房以降、誰のときに土岐氏を名乗るようになったのだろうか。系図や由緒書には国房とするもの、光国とするもの、光信とするものなどいろいろあるが、谷口研語氏は『美濃・土岐一族』の中で、系図による一族の分出が光衡以後に多くなること、また、系図による名字の起立がいずれも光衡以後になることをあげ、土岐氏の始祖を光衡とした。

もっとも、谷口氏はそうした系譜がのちになって創作された可能性も示唆し、もう一つ室町時代の禅僧の語録を傍証史料としてあげている。それが「村庵小稿《そんあんしょうこう》」に収められた「土岐伯州源頼貞公画像賛ならびに序」であるという。谷口氏はこの史料について次のように述べている。

これは土岐守護七代の持益が、禅僧希世霊彦《きせいれいげん》に依頼して、初代守護頼貞の画像に賛を書いてもらったものだが、そこに、「自頼光以降、某々相継、七世而生光衡、始食采於土岐、而後人不敢以名字称、而以地称之」と書かれている。意訳すると、頼光の七世の孫にあたる光衡が、はじめて土岐に所領をえ、それ以来、世人はかれを源の名字で呼ばず、土岐の地名でよぶようになった、というのである。これによれば、すくなくとも室町時代の土岐氏では、光衡を始祖とつたえていたことになるだろう。

希世霊彦は京都の苔寺の名で有名な西芳寺の住持もつとめた禅僧で、足利八代将軍義政の時代であり、信憑性は高い。土岐氏の始祖は光衡で問題ないと思われる。なお、現在、瑞浪市にこのとき光衡が居館として使っていた一日市場《ひといちば》館址があり、土塁が少し残っている。

その後の土岐氏の成長過程

光衡の孫光定は鎌倉幕府の執権北条貞時の娘を妻とし、幕府内でも重きをなした。ところが、光定の子頼貞のとき、はじめ、正中の変および元弘の乱では後醍醐天皇方に属し、その後、家紋の桔梗《ききょう》を冠した一族一揆、すなわち桔梗一揆を結び、足利尊氏方として活躍したため、美濃守護となり、以後、代々土岐氏が美濃守護となる基を築いたことでも知られている。

その頼貞の子がバサラ大名として有名な土岐頼遠である。バサラは婆沙羅と書き、伝統的な古い権威にしばられず、常識はずれの行動と豪放な生き方をした者をさし、南北朝内乱期の佐々木道誉《どうよ》・高師直《こうのもろなお》などと並んでそのバサラぶりがよく知られている。

この一件は『太平記』に詳細に描かれたことで今日まで伝わっているが、康永元年（一三四二）九月六日の夜のこと、土岐頼遠が二階堂行春と笠懸を楽しんだあと、酒を浴びるほど飲んで帰るところ、光厳上皇の行列にぶつかった。ふつう、このような場合、下馬して行列を通すところ、上皇の行列の前駆けが「院の御幸《みゆき》であるぞ、下馬せよ」といったとき、頼遠は「何、院というか、犬というか、犬ならば射て落とさん」と矢を射かけてしまったのである。

そのあと、大失態に気がついた頼遠は無断で美濃に帰国してしまったが、結局、その年の十二月一日、京都の六条河原で首をはねられている。『太平記』は「土岐は元来酔狂の者なりけるに、このごろ、ことに世を世ともせざりければ」と結んでいる。ただ、これで土岐氏が美濃守護職を取りあげられるということもなく、頼遠の兄頼清の子頼康が叔父頼遠のあとをつぐ形となっている。

その後、頼康・康行のときには美濃・尾張・伊勢三か国の守護を兼ねるまでになった。ところが、康行が足利義満に討伐され、尾張・伊勢の守護職は失っている。しかし、美濃守護職は戦国時代まで保ち続けたのである。

5　明智氏の始祖は頼重か頼基か

一族庶子家を多数輩出した土岐氏

さて、その土岐氏から明智氏が分かれるわけであるが、『江濃記《ごうのうき》』（『群書類従《ぐんしょるいじゅう》』第二十一輯合戦部）に注目される記述がある。

土岐殿と申すは、頼光の後胤也。清和天皇の御末、保元の比、伊賀守光基と申す人大功有り、美濃国の守護を給はり、其の子伯耆守光長、法住寺合戦に打死し、其の弟光衡、又美濃に居住し、是を神戸判官と云ふ。其の子光行は信濃守に任じ、関東へ下向して将軍に奉仕。其の後、土岐美濃守光貞、北条家の聟と成りて、子孫繁昌也。

土岐氏が美濃に根をおろす概略を簡潔にまとめた内容となっているが、注目されるのは末尾の「子孫繁昌也」とある部分である。実際、美濃を中心に、池田氏・石谷《いしがい》氏・揖斐《いび》氏・多治見氏・蜂屋《はちや》氏・肥田瀬《ひだせ》氏など数十家を分出しているのである。そしてその一つが明智氏であった。

問題なのは、その明智氏が、いつ、誰のときに発祥したかである。たしかな文書で「明智」の名が出てくるのは、南北朝時代の初期、観応二年（一三五一）正月二十日付の足利尊氏自筆書状（「土岐文書」『岐阜県史』史料編古代・中世四）である。そこに「あけちひこくろう」とみえ、「そなたのことはいこうたのみ入りて候」と記されている。この彦九郎は頼重のことで、それは『尊卑分脈《そんぴぶんみゃく》』（『新訂増補国史大系』第六十巻）によって裏づけられる。系図の多くは信憑性が低いが、『尊卑分脈』は系図の中では信憑性が高いことで知られている。そこには土岐氏初代とされる光衡のあとを次のように伝えている。

光衡――光行――光貞―┬―頼貞――頼遠
　　　　　　　　　　├―頼基――明地 頼重
　　　　　　　　　　└―頼兼

「光」を諱とする明智一族がいたか

つまり、前述したバサラ大名土岐頼遠の叔父頼基の子頼重がはじめて明智を名乗ったというのである。ただ『尊卑分脈』では明智ではなく、明地と書かれているところが注目される点である。

明智は明地のほかに明知とも書かれているが、『尊卑分脈』を調べてみると、明地光高・明知光重・明地光兼など、「光」を諱の一字にもつ明智一族の人名が何人かいたことがわかる。明智光秀がそれら「光」の一字をもつ人物とつながるのか、全くつながらないのかは検討してみる必要があるように思われる。「光」の字を使っている人物の存在を知って、勝手に光秀を名乗るようにした可能性もあるからである。

明地をはじめて名乗った彦九郎頼重の父が『尊卑分脈』にあるように頼基だったという点はかなり重要なのではないかと私は考えている。それは、明智城、すなわち別名の長山城ともからんでくるからである。頼基が「土岐長山」と名乗っていた史料が最近みつかったことと関係する。

前述した平成三十年（二〇一八）八月四日に開催された「第二十八回美濃源氏フォーラム二〇一八」で、古田憲司氏および横山住雄氏から、愛知県尾張旭市印場元町の良福寺の位牌について、注目すべき報告があった。

位牌は二基あり、一つは、

（表）「満《（陰刻）》願寺殿　普照通光大師覚霊」
（裏）「遠《（朱書）》江守姨母　七月廿五日　慶檀造」

とあり、もう一つは、

（表）「前《（陰刻）》遠州太守通能禅定門神儀」
（裏）「美《（朱書）》濃国住土岐長山遠江守頼元　四月廿九日　慶檀造」

とあった。横山氏は当日配布された資料「尾張旭印場　良福寺調査（抄）」で、「土岐長山遠江守の苗字の地は美濃国各務郡芥見（芥見長山）であるらしい。そして南北朝時代に間もなく可児郡明知の地に移り、その村が明智とも呼ばれていたところにより、次の頼重の代には長山をやめて明智姓を名乗るようになった。土岐系図などでは頼基の名で見えているが、位牌は頼元となっている」と述べている。

つまり、土岐長山遠江守頼元（頼基）が明智荘に住み、その子頼重のときから、荘名の明智を名乗ったというのである。その可能性は高いように思われる。そうなると、明智城すなわち長山城との関係も考えられるのではなかろうか。

なお、頼重のときに明智と称するようになったとするのは『尊卑分脈』だけでなく、『続群書類従』（第五輯下　系図部）所収「明智系図」にも記されている。すなわち、

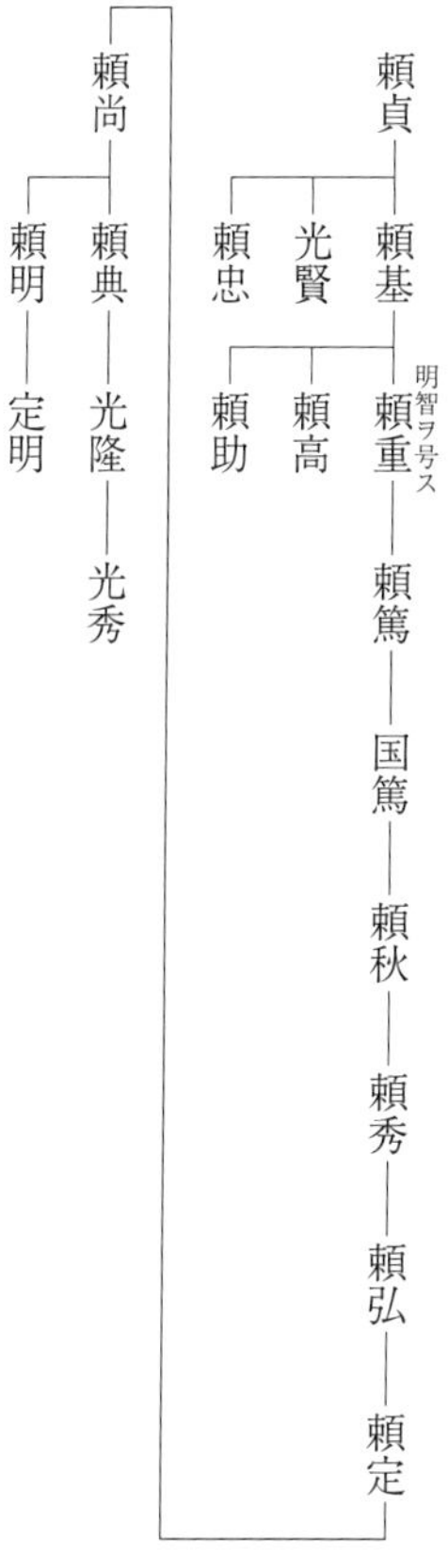

となっている。

ちなみに、この系図にみえる頼典・頼明については、すでに谷口研語氏の指摘にあるように、江戸時代、上野沼田藩主となった土岐氏に伝わる「土岐文書」に名前がみえ、実在の人物だったことは確実である（「光秀の出自と明智一族」『別冊歴史読本　明智光秀　野望！本能寺の変』一九八九年十一月号）。

しかし、系図に書かれているように、頼典―光隆―光秀とつながるものなのだろうか。この点について、谷口氏は、「頼典のあとに明智光秀をつなぎ合わせたのかもしれない」と述べられているが、たしかに、頼典までの通字が「頼」なのに、急に光秀の父の代から「光」になっていくのは不自然だという印象をぬぐえない。どうも、別な系統をつないだように思われる。そこで、いよいよ、光秀の父は誰だったのか、どのような系譜が考えられるか、「明智光秀とはそもそも何者か」の核心にせまっていきたい。

6　光秀は誰の子か

系図はどこまで信用ができるか

光秀の出自を追いかける上で参考になるのが、先にも一部引用した『美濃国諸舊記』である。この本は、編者不明ながら、寛永末ないし正保のはじめに編纂されたと思われる美濃国の地誌で、一六四〇年代ということになると、光秀の時代からはだいぶあとなので、そのままには信用できないが、史実を追究していく上でヒントになる情報は含まれている。

先に引用した部分「明智城の事并地の戦記」で、土岐光衡より五代の嫡流、土岐頼清の二男、土岐明智次郎長山下野守頼兼のとき、康永元年（一三四二）に明智城が築かれたとし、さらに続けて、頼兼の子が明智小太郎を称し、のち、長山遠江守光明と号したという。そして、光明の六代の孫が光継で、光継の子が光綱、光綱の子が光秀だとしている。

実は、この系譜の記述は『系《けい》図《ず》纂要《さんよう》』（第12冊・上）本の「明智系図」と重なる。すなわち、

頼兼六世光継―┬光綱―光秀
　　　　　　　├光安―光春
　　　　　　　└光久―光忠

ということになる。なお、この光継―光綱―光秀とつながる系図は他にもあり、「明智氏一族宮城家相伝系図書」（『大日本史料』第十一編之二）には次のようにみえる。

頼弘―光継―┬光綱―光秀
　　　　　　└女子（斎藤道三室）

これらいくつかの系図によって、光秀が明智城主光綱の子だったという通説が形づくられたものと

思われる。ただ、系図によっては先に引用した『続群書類従』所収の「明智系図」のように光秀の父の名を光隆としており、必ずしも一致しない。当時は、一代の間に名前を何度も変えることはあるので、光隆と光綱を同一人とすれば問題はないかもしれないが、やはり疑問は残る。

そうしたことから、たとえば谷口研語氏は『明智光秀』の中で、「土岐明智氏の系図類は、すでに南北朝時代、明智氏起立の段階から錯綜しており、明智氏の発祥について、現存する系図類のいうところは、ほとんど信用できないことはあきらかである」と述べ、「結局、光秀の家系が土岐明智氏のどの流れになるのかは不明というしかないのである」とまとめている。

全くの別人が光秀になったとする説も

このような研究状況をふまえ、谷口克広氏は、「光秀家臣団の構成や出自はどこまでわかっているのか?」（洋泉社編集部編『ここまでわかった本能寺の変と明智光秀』）で、「美濃出身で土岐支流ではあっても、よく言われているような東美濃の明智（明知）城主の子という説までは、信じないほうがよかろう」と述べている。

各種明智系図を比較検討された中脇聖氏は、「明智光秀の出自は土岐氏なのか」（渡邊大門編『戦国史の俗説を覆す』）で、次のように指摘している。

頼重以降、各種「土岐系図」のほか、土岐明智氏の流れを確認できる「明智系図」は、

① 「明智系図」（『続群書類従』第五輯下　系図部所収）

② 「明智氏一族宮城家相伝系図書」（『大日本史料』第十一編之一所収）

③「鈴木叢書本　明智系図」（東京大学史料編纂所謄写本所収）
④「明智系図」（『系図纂要』第12冊・上所収）
⑤「明智家系図」（『明智一族　三宅家の史料』所収）

などが知られているが、すでに先行研究の多くが明らかにしているように、人名などをはじめとして系譜上の繋がりに異同が存在する。さらに、光秀の父にしても監物助光国・玄蕃頭光隆・安芸守光綱などの名前が伝わっており、確証が得られていない。つまり、各種「明智系図」からは土岐明智氏の流れを追うことは不可能と言っても過言ではないのである。

なお、ここにみえる「鈴木叢書本　明智系図」の系譜は、

頼典――光隆――光秀
　　　　　　├―信教
　　　　　　└―康秀

とし、康秀の注記に「童名彦三郎、三宅長閑聟、遺跡号三宅弥平次、後改左馬助、妻長閑女」とあり、三宅弥平次、すなわち後の明智左馬助《さまのすけ》秀満《ひでみつ》を光秀の弟としているが、これは明らかにまちがっており、先行研究が明らかにしているように、系図から系譜を追いかけるのには限界がある。

そのようなわけで、最近では、各種明智系図を離れ、光秀の出自を明らかにしようとする試みもなされている。たとえば、小林正信氏は『明智光秀の乱』で、「明智光秀は奉公衆進士源十郎藤延であり、父は進士美作守晴舎である」との大胆な仮説を提起している。つまり、進士藤延が明智光秀を名乗ったというのである。

7 「美濃国住人ときの随分衆」

以上みてきたように、各種系図類から光秀の出自を論ずることは不可能に近い。では、土岐明智氏とは全く関係がなかったのだろうか。この点について、同時代人の証言があるのでみておきたい。

同時代人の証言

信長が足利義昭《よしあき》を追放し、京都で実権を握っていた天正七年(一五七九)ころの光秀の様子が「立《たて》入《り》左京亮入道隆佐《りゅうさ》記」(『続群書類従』第二十輯上)にみえる。この史料を書いた立入左京亮入道隆佐というのは立入宗継《そうけい》といって、京都で禁裏御倉《みくら》職《しき》をつとめていた人物である。

明智光秀が丹波八上《やかみ》城主波多野《はたの》秀治《ひではる》・秀尚《ひでひさ》兄弟を調略によって降伏させ、安土城に護送し、そこで磔にしたときの模様を立入宗継が描写した中に注目すべき一文が含まれていた。

丹波国惟任日向守、以御朱印一国被下行。時に理運被申付候。前代未聞大将也。坂本城主志賀郡主

也。多喜郡高城波田(多)野兄弟、扱にて被送刻、於路次からめとり、安土へ馬上にからみつけつゝをさしほだしをうち、はたのおとゝい、はたのものに被上候。前代見聞也。天正七年六月十日京都を通也。

美濃国住人ときの随分衆也。

明智十兵衛尉。

其後従上様被仰出、

惟任日向守になる。

名誉の大将也。弓取はせんじてのむへき事候。

いうまでもなく、「ときの随分衆也」というのは土岐の随分衆というわけで、「随分」とあるのをどの程度にみるかによってちがってはくるが、当時の京都の人が、光秀のことを土岐一族の人間とみていたことはたしかである。

このことに関して思いおこされるのが本能寺の変の直前、愛宕大権現《あたごだいごんげん》の威徳院西坊《いとくいんにしのぼう》で開かれた連歌会《れんがえ》の発句である。有名な「ときハ今あめが下しる五月哉」の「とき」は「土岐」にかけたといわれるものである。そのことの是非についてはあとでふれたいと思うが、先学は光秀を土岐明智氏の一人として認めていたのだろうか。

たとえば、高柳光寿氏はその著『明智光秀』の中で、次のように述べている。

光秀の家は土岐の庶流ではあったろうが、光秀が生れた当時は文献に出て来るほどの家ではなく、光秀が立身したことによって明智氏の名が広く世に知られるに至ったのであり（明智荘のことは知られていたが）、そのことは同時に光秀は秀吉ほどの微賤ではなかったとしても、とにかく低い身分から身を起したということでもあったのである。

このように、高柳氏は光秀が土岐氏の庶流だったことは認めている。それに対し、桑田忠親氏の『明智光秀』は、土岐氏庶流説に対し、やや懐疑的というか、否定的である。すなわち、

……「時はいま」の「時」を、明智氏の本姓「土岐」を暗示させたと解釈するのも、後世の何びとかのこじつけではなかろうかと、推測する。しかし、このこじつけのために、じつは光秀が土岐家の支族明智氏の子孫だということが、評判になったのである（中略）。光国、光隆、あるいは光綱にしても、このような名前をもつ人物の実在性が、確実な文献史料である古文書によって立証されるわけでもない。つまり、そういう姓名を明記した書状類は、いまのところ一通も発見されていない。したがって、光秀の父親は、明智氏の一族であるにしても、その名前さえ明らかでない、という結論に達せざるをえないのである（傍点原文ママ）。

と記されている。私自身はこじつけとは考えないが、これまで通説とされてきた明智城主明智光綱あ

るいは光隆の子という点は疑ってかかった方がいいかもしれない。というのは、系譜類の中に通説とは異なる所伝がみられるからである。

実父は山岸信周だったとする説

たとえば、先に引用した「明智氏一族宮城家相伝系図書」であるが、そこでは光秀の父とされる光綱の兄弟姉妹として女子斎藤道三室一人を載せた。しかし他にも女子がおり、その注記に「山岸勘解由左衛門信周先室、光秀実母」とあり、光秀の注記にも「実母、光綱妹」と記されている。

これだけでは何のことかわからないが、そのあたりのいきさつを記した史料も存在する。たとえば、林則夫氏所蔵「明智光秀公家譜古文書」によると、光綱には子どもがなく、妹が山岸信周に嫁いでいて、その子を養子にしたという。それが光秀というわけなので、実父は山岸信周という解釈である。ただ、同書によると、光綱妹がたまたま実家にもどったときにわかに産気づいて、そのまま明智城で出産し、光綱の養子に乞われたと、ドラマチックな話となっていて、どこまで信用できるかむずかしいところではある。ただ、山岸信周は進士信周ともいっており、小林正信氏の仮説とも微妙に関係してくるあたりは注目される。

実は、このことに関係して、光秀は現在の大垣市上石津町多良で生まれたとする説もあるので、みておきたい。前述の「明智氏一族宮城家相伝系図書」には、光秀は「石津郡多羅」で生まれたとし、多羅には進士氏の居城があり、進士信周（山岸信周）の妻が光綱の妹で、生まれた光秀が子のない光綱の養子になったという。

8　奉公衆となった土岐一族と明智氏

奉公衆とは

明智光秀の家の明智氏を追いかけていく上で欠かせないのが室町幕府の奉公衆に土岐一族の人間がかなりの数組織されていたという点である。奉公衆とは足利将軍に直属する親衛隊のことで、鎌倉時代の御所内番衆の系譜をひくといわれている。奉行人とともに将軍親裁権の象徴的存在であった。

三代将軍足利義満のころから整備され、五か番に編成されていた。三〇〇〜三五〇家ほどからなり、将軍足利氏の譜代の被官のほか、諸国の守護の一族、さらに諸国の国人領主クラス、すなわち国衆などが奉公衆として組織されていたのである。なお、諸国の守護の一族庶子家は多くの場合、国人領主クラスに該当するので、奉公衆の基本は国衆だったといってもまちがいではない。

これら奉公衆は各国の守護からは独立した存在だった。もちろん、幕府権力が衰退し、守護大名から戦国大名化を遂げたような家ではかつての奉公衆が戦国大名の被官となっていくケースもみられるが、幕府が健在なうちは守護公権が奉公衆の所領に介入することはできず、治外法権的な存在であった。三〇〇〜三五〇家ほどといったが、全国均一に分布していたわけではなく、美濃・尾張・近江そして三河に奉公衆は多く集中して分布していた。三河は鎌倉時代以来、足利氏との関係が深かったことが指摘されているが、美濃に多い理由はわからない。美濃守護土岐氏が庶子家を多く派生していたためかもしれない。

奉公衆は将軍から洛中の屋敷を貸与されており、年始、それに節句と毎月一日と十五日に将軍との対面が行われており、「節朔衆《せっさくしゅう》」の名もある。

五か番に編成されているといったが、その所属は家ごとにほぼ固定されており、各番の長を番頭《ばんがしら》といい、幕政に参与し、将軍権力を支えていたのである。

奉公衆となった土岐氏一族

では、土岐氏一族で幕府奉公衆となった家にはどのようなものがあったのだろうか。この点については、谷口研語氏が『美濃・土岐一族』の中で、「文安番帳」「永享番帳」「長享番帳」「東山番帳」の四つを整理して表にしているので（次頁）、ここではその表をもとに考察を加えていきたい。

これによって、揖斐・原・本荘（庄）・羽崎・小里（尾里）・深坂・小柿・稲木・外山・肥田瀬・久々利・穂保・今峯（嶺）・多志見・石谷・肥田・長沢・明智・中沢・島・佐良（郎）木・池尻・鷲巣・曾我屋氏の二十四家がリストアップされており、ほかに「久下番帳」という四番衆のみを記したものに御器所氏があがっているので、二十五家あったことがわかる。

しかも、谷口研語氏が指摘するように、一番から五番まで、ほぼ家が固定されていたこともうかがわれるが、明智氏の場合、四番を基本としながら「外様」にも名前がみえ、四番の明智兵庫助（兵庫頭）家・明智左馬助家と外様の明智中務少輔家とは別系統だったような印象を受ける。

また、谷口研語氏は同書で二番衆の一人深坂氏の史料（前田家所蔵文書）を紹介し、奉公衆が様々な

室町幕府奉公衆の土岐一族（谷口研語『美濃・土岐一族』）

	文安番帳	永享番帳	長享番帳	東山番帳
一番	揖斐孫太郎	揖斐太郎	揖斐孫次郎	揖斐孫太郎
			揖斐孫右丸	
	原駿河守	原駿河守		原四郎
	本庄民部少輔	本荘福寿丸		本庄民部少輔
	本荘伊豆入道／在国			
	羽崎十郎			
			小里能登守	尾里次郎
二番	深坂治部少輔	深坂次郎	深坂次郎	深坂次郎
		小柿式部少輔	小柿式部少輔	小柿次郎
		稲木四郎		
三番	外山孫四郎	外山近江守		外山民部少輔
	肥田瀬宮内少輔	肥田瀬宮内少輔		
	久々利四郎	久々利五郎		久々利民部少輔
		外山孫四郎		
	穂保刑部大輔	穂保刑部大輔		
		今峯孫三郎		今峯駿河守
	多志見孫太郎／在国			
四番	肥田瀬伊豆守	肥田瀬伊豆守	肥田瀬伊豆守	
	肥田瀬次郎		肥田瀬太郎尚直	
	石谷孫三郎	石谷孫九郎	石谷兵部大輔	石谷兵部大輔
		肥田中務少輔	肥田中務少輔直盛	肥田中務少輔
				肥田判官
	長沢治部少輔	長沢治部少輔	長沢治部少輔	
			明智兵庫助	明智兵庫頭
			明智左馬助政宣	
				中沢五郎
				島治部少輔
五番			肥田八郎	
			今峯兵部少輔	今嶺兵部大輔
				石谷
外様	民部大輔	民部大輔		
	佐良木三郎			佐郎木右馬助
	池尻五郎			池尻刑部少輔
	鷲巣九郎			鷲巣右馬頭
	明智中務少輔			明智中務少輔
				曾我屋民部大輔

（注）『文安番帳』三番の多志見孫太郎以外は，「土岐」と頭書してあるものに限定した。各番帳の名称の年代と番帳の成立時期とにはズレがあり，表は成立時期の順。このほか，『久下番帳』という四番衆のみを記したものがのこっており，そこには，肥田伊豆入道・肥田左馬助・肥田中務少輔・石谷兵部少輔・長沢治部少輔・御器所彦九郎・明知兵庫頭の以上７人がのっている。

税を免除され、守護使不入の特権を与えられていたことを明らかにされている。この点は明智氏も同様だったと思われる。

この一番から五番と外様にみえる奉公衆で、奉公衆としての実態が比較的よくわかるのが久々利《くくり》氏である。久々利氏は久々利城（岐阜県可児市久々利）を本拠とし、築城者は土岐伊予守頼清の子で、初代美濃守護土岐頼貞の孫にあたる土岐三河守康貞といわれている。『金山記全集大成』によると、この康貞から三河守・悪五郎を襲名したという。また、『可児史略』によって、この頼貞の子行春が、土地の名をとって久々利太郎行春と名乗ったことがわかる。

応永二十五年（一四一八）に久々利祐貞が荘戸上郷（可児市中恵土、岐阜県可児郡御嵩町上恵土）の代官となり、前掲「室町幕府奉公衆の土岐一族」の表のように、一四〇〇年代半ばには「土岐久々利四郎」「土岐久々利五郎」「土岐久々利式部少輔」として幕府の奉公衆となって、京都に居住していたことが知られている。京都で久々利五郎頼忠が近衛政家《このえまさいえ》を訪れたことなどが『可児市史』第二巻通史編古代・中世・近世にみえる。

なお、『金山記全集大成』では、何を根拠としたかわからないが、久々利氏の所領を三〇〇〇貫文としている。現在残る久々利城の遺構規模からみてもそれは妥当な数値と思われる。三〇〇〇貫文の所領といえば、安芸国の国人領主としてスタートした毛利元就がやはり三〇〇〇貫文だったといわれている。明智氏も同規模かそれに近かったのではなかろうか。

「永禄六年諸役人附」をめぐって

ここまで幕府奉公衆としての明智氏について追ってきたが、ここからいよいよ光秀本人にターゲットをしぼりたい。光秀が奉公衆明智氏につながるのか、また、光秀自身が奉公衆という家格をどう意識していたのかである。

この問題を考えていく上で重要な史料がある。「永禄六年諸役人附」という表題で知られている史料である。本来の正式名称は「光源院殿御代当参衆幷足軽以下衆覚」といって、『群書類従』第二十九輯雑部に所収されている。「光源院殿」というのは、永禄八年（一五六五）五月十九日に松永久秀らの襲撃を受けて殺された十三代将軍足利義輝《よしてる》のことである。

つまり、義輝が将軍在職中の永禄六年（一五六三）段階の「番帳」といってよい性格の史料である。ただ、そこには幕府の役職だけではなく、織田信長や武田信玄などの名も「外様衆」「大名在国衆」という形でリストアップされている。実はその史料に明智光秀が「足軽衆」の一人として登場するのである。

当初、私は、史料の表題である「永禄六年諸役人附」というのに引きずられ、「光秀は永禄六年段階にすでに幕臣だった」と考えていた。ところが、その後の研究で、史料の表題と中身がちがっていることが明らかにされてきたのである。

黒嶋敏氏は「「光源院殿御代当参衆幷足軽以下衆覚」を読む――足利義昭の政権構想」（『東京大学史料編纂所研究紀要』十四）において、前半が義輝、後半は義昭期のもので、しかも、義昭がまだ将軍になっていない永禄十年（一五六七）二月から十一年五月の間における義昭の政権構想を描いたものとした。

注目されるのは、この後半の義昭期の「足軽衆」のところに、野村越中守・山口秀景・一卜軒《いちぼくけん》などと並んで「明智」と出てくるのである。この「明智」が明智光秀をさすであろうことは衆目の一致するところである。問題は「足軽衆」をどうみるかで、一般的には軽卒とみる。そのようなことから、奉公衆だった家が足軽に格下げするはずはないので、光秀の家の明智氏は奉公衆の明智氏とは別だったのではないかとする研究もある。たとえば、『明智光秀の生涯と丹波福知山』の第一章「明智光秀の生涯」を執筆された谷口研語氏は次のように記している。

後の一五代将軍足利義昭の越前一乗谷滞在中に作られた直臣名簿がある。その「足軽衆」一四名の末尾に「明智」とあり、これが光秀その人を指していることは間違いない。この名簿の記載と、奉公衆土岐明智氏とを結び付けて、光秀の家系はもともと将軍家臣の家柄だと考える研究者も多い。

しかし、一二代義晴・一三代義輝二代の直臣名簿には土岐明智氏は見えず、義昭の足軽衆「明智」まで数十年のブランクがある。さらにいえば、義昭は幕府の形式的な伝統を重んじ、幕臣の家格も尊重する傾向があった。義昭には自前の武力がなく、あるのは「将軍家」という家柄のみであり、自分の周囲も家格で飾る必要がある。だから、将軍就任以前にも関わらず、自分に仕える将軍直臣の名簿を作ったのである。

この点は重要である。そんな義昭であれば、奉公衆あるいは外様衆の一員だった土岐明智氏の家系に連なる者を、「足軽衆」に格下げして採用したとは到底考えられないからである。

このようにみてくると、光秀と室町幕府との関係は義昭以前にさかのぼるものではなかった、そう結論するのが妥当であり、結局、光秀の家系が土岐明智氏のどの流れになるのかは不明というしかないのである（一部誤りを訂正して引用）。

「足軽衆」は軽卒か

たしかに、「足軽衆」を字義通りの足軽とみれば軽卒ということになり、奉公衆からの格下げとなる。しかし、小林正信氏は『明智光秀の乱』で、「室町幕府の足軽衆とは軽卒ではなく、奉公衆でない幕臣」としている。このあたりの判断はむずかしいところで、渡邊大門編『戦国史の俗説を覆す』の中脇聖氏「明智光秀の出自は土岐氏なのか」では、「足軽衆」に幕府政所執事伊勢氏旧臣の三上氏や、管領細川京兆家旧臣の薬師寺氏や柳本氏がみえることから、「光秀の実際の出自はともかくとして、幕府奉公衆土岐明智氏の名字と同じ明智を名乗ることを対外的に認められたことになろう」としている。

そして中脇氏は、「これは当時の人々からすれば、明智光秀＝土岐明智の流れを汲む人物と広く膾炙されるきっかけだったに違いあるまい」とし、さらに続けて次のような大胆な問題提起を行っている。

もっとも、光秀が義昭に近侍する時に初めて「明智」名字を名乗ったわけではないだろうが、確かな系譜では父の名前すら明らかではなく、それ以前の動向もわからないとなると、光秀の「明智」名乗りは、義昭に近侍するために自らの「家格」を箔づけするために行ったものではなかろうか。

私は、義昭に仕えるときにはじめて明智を名乗ったとする説はとらない。そのことを論証するために章を改め、織田信長に仕えるまでの光秀の履歴をくわしく追うことにしたい。

第二章　織田信長に仕えるまでの光秀

1　斎藤道三と光秀の関係をさぐる

斎藤道三の旧来の通説

いつ生まれたのか、父親が誰なのかなど、基本的なことがらがわかっていない光秀であるが、すでにみたように、美濃守護土岐氏の一族明智氏の人間であったことはたしからしい。もっとも、小林正信氏や中脇聖氏がいうように、全く明智氏とは関係ない者が明智光秀を名乗ったとすれば、その解釈すら危うくなるわけであるが、私自身は、あとでくわしくふれるように、光秀が足利義昭を織田信長に斡旋するいわば橋渡し役をつとめたと考えており、信長正室である斎藤道三の娘と光秀に何らかのつながりがあったと想定しているところである。そこで、光秀が歴史に登場してくるころの美濃戦国史を概観する意味で、戦国期の土岐氏と斎藤道三について整理しておきたい。

斎藤道三（岐阜市・常在寺蔵）

斎藤道三といえば、北条早雲（伊勢宗瑞《いせそうずい》）や松永久秀と並び、「戦国三梟雄《きょうゆう》」などといわれ、悪辣な手段で下剋上を行った武将として有名で、「蝮《まむし》の道三」などといわれている。

油売りから一国の大名にのし上がったという道三伝のもとになったのは『美濃国諸舊記』『美濃明細記《みのめいさいき》』さらに『土岐斎藤軍記』（『続群書類従』第二十一輯下）といった美濃地方の江戸時代に書かれた地誌および軍記の類である。それぞれ若干のちがいはあるが、内容的には大同小異なので、以下、『美濃国諸舊記』をもとに道三伝の旧来の通説を明らかにしておこう。

道三の本姓は藤原氏で、藤原鎌足からはじまるとし、途中から松波氏を名乗ったという。松波氏は代々北面《ほくめん》の武士であったが、道三の父左近将監基宗のときにそれをやめ、山城国乙訓《おとくに》郡西岡《にしのおか》に住んでいた。道三の生まれたのは明応三年（一四九四）五月で、幼名を峯丸といった。父基宗は峯丸が小さいころより智慮深いことから寺に入れて名僧にすることを考え、峯丸が十一歳になった年の春、京都の妙覚寺《みょうかくじ》という日蓮宗寺院に入れ、日善上人の弟子とした。峯丸はそこで法蓮房という名を与えられたのである。

ちょうどそのころ、同じく日善上人の弟子として南陽房という者が妙覚寺におり、法蓮房より二歳年下だったが、非常に仲がよかったという。いわば、この南陽房が道三の運命を変えることになったわけであるが、この南陽房は、美濃の守護大名土岐氏の重臣長井豊後守利隆の弟だったのである。のち南陽房は兄長井利隆の招きによって、美濃国にもどり、厚見郡今泉郷にある常在寺の住職となり、日運上人と名乗ることになった。

いっぽう道三の方は、いつのことか不明であるが、僧侶としての生活をやめ、還俗して故郷西岡に帰り、やがて大山崎の油商人奈良屋又兵衛という者の娘と結婚し、山崎屋庄五郎と名乗り、燈油の商売をするようになった。

油売りの商圏は何も京都周辺だけではなく、美濃あたりにまで広がっていた。山崎屋庄五郎は大永のころ（一五二一～二八）より、美濃で油売りをするようになり、妙覚寺時代の同僚だった南陽房、すなわち日運上人の推挙で、当時、稲葉山《いなばやま》城主だった長井藤左衛門長張のもとに出入りするようになった。ちなみに長張は当時の文書には長弘と出てくるので、長井藤左衛門長弘というのが正しい。

長井長弘は、道三を主君土岐政房に仕えさせようとしたが、政房の嫡子頼武（政頼）が道三の顔をみて、「胸中面だましひ、何さま大事を企つべき相あり」と看破し、結局、このときは土岐氏への仕官は成功しなかった。

仮にそのままで終わっていれば、その後の道三は生まれなかったわけであるが、長井長弘は、今度は政頼の弟頼芸《よりのり》に御目見得させた。大永三年（一五二三）春のことである。ちなみに、この頼芸の読みであるが、「よりのり」「よりなり」の二説があり、私は長いこと「よりなり」としていたが、最近、土岐頼忠の菩提寺である禅蔵寺の過去帳に、頼芸の横にわざわざ「ノリ」とふりがながつけられているものがみつかり、「よりのり」が正しいように思われる。

頼芸は兄頼武とは逆に道三を重用し、たまたま長井長弘の家老であった西村三郎右衛門正元という者が死に、跡取りがいなかったため、その西村の名跡をつがせ、西村勘九郎正利と改名させたという。このあと、この西村勘九郎正利が頼芸に病弱の兄頼武に代わって土岐氏の当主になるように勧め、大永七年（一五二七）八月十二日、西村勘九郎が率いる兵が川手《かわて》城の土岐頼武を攻め、頼芸が新しい守護となったというのである。そのころ、頼芸は愛妾だった深芳野《みよしの》という女性を勘九郎、すなわち道三に下賜し、そこから生まれたのが義龍というわけで、彼女はすでに頼芸の胤を身籠もっていたといわれ、これがこのあと問題となるのである。

なお、旧来の通説では、このあと、恩人だった長井長弘も享禄三年（一五三〇）正月に殺害し、長井の名跡も奪い、長井新九郎正利と名乗り、稲葉山城を居城とし、さらに苗字を守護代だった斎藤氏に改め、官位も上昇し、ついに左近大夫を兼ね、山城守になり、名も秀龍とした。そして、道三による国盗りの最後の仕上げが頼芸の追放で、天文十一年（一五四二）五月二日、道三は好機到来とみて大桑《おおが》城に頼芸を攻め、ささえることのできなかった頼芸は尾張に落ちていったのである。

以上が道三の国盗りで、妙覚寺の修行僧→油売り→戦国大名というわけで、「道三の三変化《さんへんげ》」などといわれ、長いこと通説とされてきた。

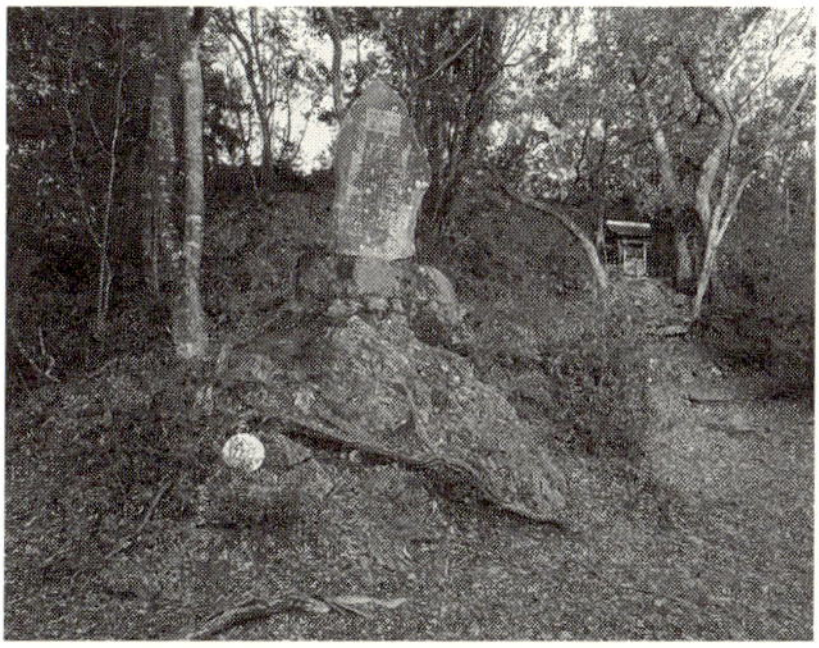

大桑城址（岐阜県山県市青波）

二代がかりの国盗り説の登場

『美濃国諸舊記』などはもちろん江戸時代成立の地誌や軍記物なので、信憑性は高くなく、疑問視する向きもあったが、慶長十五年（一六一〇）に亡くなっている太田牛一《おおたぎゅういち》が、それ以前に執筆していることが確実な『信長公記《しんちょうこうき》』にも似たような履歴が書かれていて、疑問視しつつもそれが通説となっていた。『信長公記』には次のようにみえる。

一、斎藤山城道三は元来山城国西岡の松波と云ふ者なり。一年下国候て、美濃国長井藤左衛門を憑み、扶持を請け、余力をも付けられ候。折節、情なく主の頚を切り、長井新九郎と名乗る。一族同名共野心を発し、取合半の刻、土岐頼芸公大桑に御在城候を、長井新九郎憑み奉り候の処、別条なく御荷担候。其故を以て存分を達す。其後土岐殿御子息次郎殿・八郎殿とて御兄弟これあり。忝くも次郎殿を聟に取り、宥め申し、毒飼を仕り殺し奉り、其娘を又御席直しにをかせられ候へと、無理に進上申候。主は稲葉山に居申し、土岐次郎殿をば山下に置申し、五・三日一度づゝまいり、御縁に畏り、御鷹野へ出御も無用、御馬などめし候事、是又勿躰なく候と申しつめ、籠のごとくに仕候間、雨夜の紛れに忍出で、御馬にて尾州を心かけ御出で候処、追懸け御腹めさせ候。

父土岐頼芸公、大桑に御座候を、家老の者共に嘱託をとらせ、大桑を追出し候。それより土岐殿は尾州へ御出で候て、信長の父の織田弾正忠を憑みなされ候。
爰にて何者の云為哉覧。落書に云、
主をきり聟をころすは身のおはりむかしはおさだいまは山しろと侍り、七まがり百曲に立置き候らひし。恩ヲ蒙リテ恩ヲ知ラザルハ樹鳥枝ヲ枯スニ似タリ。山城道三は小科の輩をも牛裂にし、或は釜を居置き、其女房や親・兄弟に火をたかせ人を煎殺し、事冷敷成敗なり。

ここには妙覚寺の修行僧だったということと、油売りだったという経歴は書かれていないが、道三の代に長井藤左衛門に取り入り、やがて主君土岐頼芸を追い出したことが書かれ、道三一代による下剋上ということで、それが通説となっていたのである。昭和四十八年（一九七三）のＮＨＫ大河ドラマで放送された『国盗り物語』は司馬遼太郎氏の原作で、修行僧→油売り→戦国大名という流れであった。

ところが、その少し前、具体的には昭和三十九年（一九六四）からはじまった『岐阜県史』の編纂過程で、神奈川県から思わぬ史料が発見され、それまでの通説が書き換えられることになった。その新発見史料というのが、永禄三年（一五六〇）七月の日付をもつ近江の戦国大名六角承禎《ろっかくじょうてい》の文書で、ふつう「六角承禎条書写」（「春日力氏所蔵文書」『岐阜県史』史料編古代・中世四）の名でよんでいる。

前欠ながら、全文十四か条、料紙三枚にわたるもので、その中に注目すべき一文が含まれていた。

すなわち、

> 一、彼斎治身上之儀、祖父新左衛門尉者、京都妙覚寺法花坊主落にて、西村与申、長井弥二郎所へ罷出、濃州錯乱之砌、心はしをも仕候て、次第ニひいて候て、長井同名ニなり、又父左近大夫代ニ成、惣領を討殺、諸職を奪取、彼者斎藤同名ニ成あかり、剰次郎を聟仁取、彼早世候而後、舎弟八郎殿へ申合、井口へ引寄、事ニ左右をよせ、生害させ申、其外兄弟衆、或ハ毒害、或ハ隠害にて、悉果候、其因果歴然之事

という部分である。この冒頭「斎治」とあるのは斎藤治部大輔の略で、こうした略し方は当時の文書によくみられるわけであるが、これは、道三の子斎藤義龍のことである。つまり、この「六角承禎条書写」というのは、隣国近江の戦国大名六角義賢《よしかた》（出家して承禎と号す）が、家臣の平井《ひらい》定武《さだたけ》や蒲生《がもう》定《さだ》秀《ひで》らに宛てた覚書で、自分のもとにもたらされた情報を伝達したものであった。その中の一項目として、「隣国美濃の戦国大名斎藤氏というのはこういう家だ」と伝えていたのである。

この文章から新しいことがわかってきた。斎藤義龍の祖父にあたる人物が新左衛門尉だということ。さらに、その新左衛門尉という人物は、以前、京都の妙覚寺の坊主だったという点である。しかも、はじめは西村を名乗り、やがて長井弥二郎という者のところへ出入りするうちに、「濃州錯乱」の時、長井同名になり上がり、長井新左衛門尉となったことが明らかになった。

それだけではなかった。文章は続けて、義龍の父左近大夫についてもふれている。この左近大夫が道三で、道三が代々の惣領を討ち殺し、諸職を奪い、ついには斎藤の名跡を奪ったというのである。先にみた『美濃国諸舊記』などで、道三一代で成しとげられたとされていたことがらが、ここでは長井新左衛門尉と道三の親子二代がかりだったことになる。長井新左衛門尉になる前の道三の父が油売りをやっていたという記述はないが、「京都妙覚寺法花坊主落」だったことは明らかである。

ちなみに、この条書写を書いている六角承禎であるが、その正室は土岐頼芸の姉だったといわれている。情報源としては決していいかげんなものではなく、かなり信憑性は高いといえる。

しかも、この親子二代がかりの国盗り劇は「六角承禎条書写」以外にもあった。江戸時代成立の軍記物『江濃記』（『群書類従』第二十一輯合戦部）で、そこには次のようにみえる。

然ニ斎藤家ノ家僕ハ永井藤左衛門・同豊後守等也、豊後守ハ山城国西ノ岡ヨリ牢人ヲシテ斎藤家に来リ、藤左衛門ガ与力ト成テ度々合戦ニ労功ヲツミ、永井豊後守ト号シテ彼家ノ家僕ト成ル、斎藤ノ家督断絶ノ時、彼ノ家領ヲ両人シテ知行ス、（中略）其後藤左衛門ト豊後守ト不和ニ成テ、豊後守ハ病死シテ、其子山城守利政ガ代ニ成テヤガテ藤左衛門ヲ討取、斎藤ヲ名乗リ自ラ美濃半国ヲ知行シ、入道シテ道三ト号ス、

この『江濃記』は「六角承禎条書写」の発見より前から知られており、多くの研究者の目にもとま

っていたはずである。しかし、それまで一般に通説として受け入れられていたものとはあまりに大きくへだたっていたことから、単なる「異説」として片づけられてしまったというのが正直なところであった。

この『江濃記』の記述で注目されるのは、「六角承禎条書写」でいう道三の父親長井新左衛門尉を永井豊後守としていることである。永井は長井と同じとみてよい。つまり、守護代斎藤氏の「家僕」として長井藤左衛門と長井新左衛門尉が張りあい、やがて新左衛門尉が病死し、あとを子の道三がついだということがわかる。

現在のところ、長井新左衛門尉の名前が登場する文書は六点確認されている。その一通室町幕府奉行人奉書写（「秋田藩採集文書」『岐阜県史』史料編古代・中世四）には次のようにみえる。以下、文書については読み下しにして引用する。

佐竹彦三郎常秋知行分美濃国東山口の事、近年長井新左衛門尉押領せしむと云々。太《はなはだ》いわれ無し。早く彼の妨を退け、常秋代に沙汰居えせらるべし。更に遅怠あるべからざる由、仰せ下す所也。仍って執達件の如し。

大永八年（一五二八）二月十九日

散位（斎藤亮政）（花押影）

河内守（治部貞兼）（花押影）

長井新左衛門尉の名乗りはわからない。新参者で所領をもたなかったので、ここにみえるように佐竹常秋という者の知行地を押領したりしていたことがうかがわれる。道三の父長井新左衛門尉がいつ亡くなったかはわからないが、新左衛門尉の跡をついだ道三の「藤原規秀」と署名した初見文書の日付が天文二年（一五三三）六月なので（「竜徳寺文書」）、家督交代がそのころなされたものと思われる。

土岐頼芸を追放したのはいつか

長井藤左衛門の方の名乗りはわかっていて長弘である。『美濃国諸舊記』などでは長張となっていたが、それがまちがいだということはすでに述べた。その長井藤左衛門長弘も道三の父長井新左衛門尉が亡くなったころに死んだらしく、子の藤左衛門景弘がついでいる。天文二年十一月二十六日付長瀧寺（岐阜県郡上《ぐじょう》市白鳥町）宛の書状で、長井景弘と長井規秀（道三）が連署《れんしょ》しているので、長井藤左衛門家でも、そのころ、代替わりがなされたのであろう。

このあと、翌三年九月からは長井景弘との連署状が無くなり、長井規秀単独で出されている。長井景弘が病気か何かで亡くなったとみることもできるが、「六角承禎条書写」にある「左近大夫代ニ成、惣領を討殺、諸職を奪取」という事態を指しているのかもしれない。

天文五年（一五三六）七月に土岐頼芸が美濃守護となり、その家臣だった長井規秀が斎藤利政と改名している。翌六年三月のことである。頼芸が川手城に入り、斎藤利政が稲葉山城に入った。

このとき、家督争いに敗れた「土岐二郎」が大桑城に退いているが、「土岐二郎」が頼芸の兄頼武のことなのか、あるいは頼武の子頼純（頼充）のことなのかはっきりしない。しかし、いずれにせよ、大桑城には頼芸と斎藤利政に抵抗する勢力が結集し、美濃は内乱状態が続いていた。

天文十二年（一五四三）、大桑城ではげしい戦いがあった。『美濃国諸舊記』などが記す旧来の通説では、前年の十一年に道三の軍勢が大桑城を攻め、頼芸が尾張に逐われたとされてきたが、これは旧来の通説のまちがいで、大桑城に籠って戦ったのは頼芸ではなく、頼芸の抵抗勢力である前述の「土岐二郎」で、しかも、逃げていったのは尾張ではなく越前だったことがその後の研究によって明らかになってきた。天文十一年・十二年の段階では頼芸はまだ道三によって追放されてはいない。「土岐二郎」の名乗りについては、このあと検討したい。

翌十三年（一五四四）九月、越前の朝倉義景《あさくらよしかげ》と尾張の織田信秀《のぶひで》が手を結び、「土岐二郎」を擁して美濃に攻めこんできた。「土岐二郎」に家督と美濃守護職を取りもどそうというのである。戦いがあったのは九月二十三日のことで、道三は巧みに稲葉山城下の井口《いのくち》に敵軍を誘いこみ、撃退に成功している。この戦いののち、頼芸は大桑城に入ったようである。

その三年後の天文十六年（一五四七）、織田信秀が再び美濃に攻めこんできたが、このときも加納口まで攻めこみながら道三の軍勢に撃退され、織田与次郎・同因幡守といった一族のほか、青山与三右衛門ら重臣を含め、五〇〇〇の兵が討ち死にしたという。五〇〇〇という数字はそのまま信用することはできないが、織田方の完敗だった。このあと、道三との戦いを継続することは不利と判断した信秀が道三と同盟し、嫡子信長に道三の娘を迎えることになるが、そのことは項を改めてくわしく追うことにしたい。

道三の勝利で、道三が実質上、美濃の支配者になったという印象があるが、この時点では、あくまで美濃の守護はまだ土岐頼芸だった。『石山本願寺日記』から、翌天文十七年まで斎藤利茂が守護代の地位にあったことがわかり、また、同十九年（一五五〇）十月の時点で、幕府が頼芸宛に美濃国の国役の沙汰をしているところをみると、実質的にはともかく、名目的にはまだ頼芸が守護の地位を逐われてはいなかったことがわかる。

この点で、これまで見すごされてきた史料に注目し新しい考えを提起されたのが横山住雄氏である。横山氏はその著『織田信長の尾張時代』で、天文二十年（一五五一）と推定される七月五日付の今川義元宛近衛稙家《たねいえ》書状（「近衛文書」『愛知県史』資料編中世3）によって、追放を同十八年十一月はじめと推定している。一部判読不能の箇所もあるが読み下しにした。

久しく筆を閣き候。疎遠の至りに候。仍って土岐美濃守（頼芸）入国の儀について、尾州織田備後守（信秀）と相談せしめ□の由に候。しからば、彼の国境目等ニ再□（破カ）に及ばす、いよいよ無事の段、喜び思食す□（由カ）、武家（足利義藤）御内書此くの如くに候。見除子細有り□（難カ）きに依り、仰せられ候。□（猶カ）佐々木（六角定頼）弾正少弼使僧（春蔵主）申し伝うべく候也。状件の如し。

（天文二十年）七月五日

今川治部大輔（義元）□（殿カ）

土岐頼芸の美濃入国を実現するため、織田信秀との和睦を継続するようにとの将軍足利義藤《よしふじ》の御内《ごない》書《しょ》を受け、近衛稙家が今川義元に出した文書である。この義藤はそのあと名を義輝と変えている。前述したように、天文十九年十月の時点では、まだ幕府が頼芸を美濃守護としていたことがうかがわれるので、それ以後、同二十年七月五日以前のいずれかの時点で、頼芸は道三によって六角氏のもとに逐われたことがわかる。

ちなみに、これらのことから、このころの足利義藤（義輝）の政治的立ち位置が明らかになってきたといえる。将軍として何もしていなかったわけではなく、戦国大名同士の戦いを止めさせるべく動いていたことである。これより少し後のことになるが、上杉謙信と武田信玄の戦い、毛利元就と大友宗麟の戦いに割って入り、講和への積極的介入をしていることにもそのことがあらわれている。

さて、明智光秀と秀満の評伝なのに、ここまで斎藤道三のことにかなりのページを費やしていることに奇異の念を抱いた読者もいるかもしれない。とはいえこれは必要な作業であって、その理由は空白の光秀の履歴を追いかける上で、私は道三との関係がカギになると考えるからである。

光秀は道三の近習だった⁉

島津隆子氏は「明智光秀をめぐる女たち」（二木謙一編『明智光秀のすべて』）で、光秀を道三の近習だったとしている。その史料的根拠は不明であるが、可能性はありそうである。「明智氏一族宮城家相伝系図書」についてはすでに一部を掲出したが、光秀周辺の人間関係を中心に描くと次のようになる。

光継
- 光綱——光秀
- 光安——光春
- 女子（山岸信周先室）
- 光久
- 光広
- 女子（山岸信周後室）
- 女子（斎藤道三室）
- 光廉
- 女子
- 女子

すでに指摘したように、同書は光秀を光綱の実子とはせず、光綱の妹で山岸信周に嫁いで、そこに生まれた子を養子に迎え、光秀としたとする解釈をしているが、注目されるのは、山岸信周の正室となった妹のほかに、斎藤道三の後妻になった女性をあげ、その注記に「織田信長室実母」としている点である。

この女性はふつう小見の方といわれており、そこから生まれたのがいわゆる濃姫《のうひめ》である。「いわゆる」としたのは、彼女の正式な名前が当時の史料にはみえないからである。いつから濃姫とよばれるようになったのかも不明であるが、多分、「美濃からきた姫」ということで濃姫の名が広まったものと思われる。『美濃国諸舊記』には、帰蝶《きちょう》とある。

ちなみに、『美濃国諸舊記』は小見の方を光継の長女とし、頼芸の媒酌で道三と天文元年（一五三二）に結婚し、同四年（一五三五）に帰蝶を産んだとしている。「明智光秀従弟なる故に、其余情ある所なり」とする。略系図にすると次のようになり、光秀と濃姫（帰蝶）は従兄弟の関係になる。

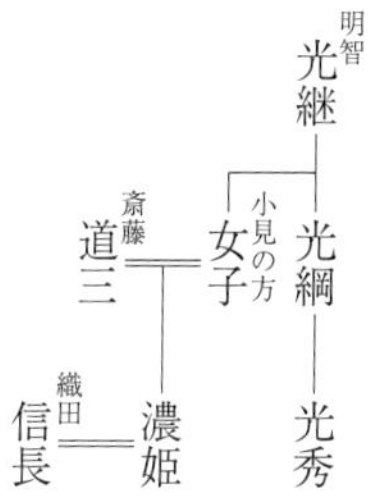

こうしたこともあり、『可児市史』第二巻通史編古代・中世・近世では、「光秀の父や祖父の名すら定かでなかったような財力の無いこの家が、斎藤道三の時代に明智城主となり得たとすれば、ひとえに小見の方が出て道三の後妻になったからに他ならないだろう」と述べ、光秀の祖父にあたるとされる光継、父とされる光綱の時代に明智城主に取り立てられたとする解釈をしている。

稲葉山城址（岐阜市天守閣）

私は、小見の方が道三の後妻に迎えられたから、実家が明智城主となったとは考えていない。明智城主の娘だから道三の後妻に迎えられたのではないかとみている。いずれにせよ、光秀の叔母が道三の後妻となったとすれば、光秀が若いころ、稲葉山城に行って道三に仕え、その近習となった可能性はある。

ところで、道三の娘濃姫が織田信長に嫁ぐことになるいきさつであるが、駿河・遠江二か国を版図としていた今川義元の動きと関係する。義元は天文十五年（一五四六）から本格的に三河に侵攻をはじめ、同十七年の三河小豆坂《あずきざか》の戦いでは織田信秀と戦い、これを破っているのである。

信秀は北に美濃の斎藤道三、東に駿河・遠江の今川義元という二人の強敵を相手にしなければならない苦しい立場にあった。そこで、同時に二人の敵をもつのではなく、道三とは講和を結び、義元一人を相手にする戦略を考えた。『信長公記』には、このときのこととして、「去《さ》て平手中務才覚にて、織田三郎信長を斎藤山城道三聟に取結び、道三が息女尾州へ呼取り候キ。然る間何方も静謐なり」と記している。

周知のように、平手《ひらて》政秀《まさひで》は信秀の家老であり、信長の傅役にすぎない。その平手政秀が両者の婚姻を取り結んだというのも注目されるところである。講和を結んだのは小豆坂の戦いと同年の天文十七年（一五四八）秋のことであるが、濃姫が信長のもとに嫁いでいったのは翌十八年（一五四九）二月二十四日のことといわれている。

ちなみに、濃姫の生年は『美濃国諸舊記』にみえる天文四年（一五三五）説が通説となっていて、信長が天文三年（一五三四）生まれなので、一歳年下とされてきた。

ところが、最近、濃姫が信長に嫁いだのは初婚ではなく、二度目だったとする説が浮上してきている。本書でもすでに何度か取りあげている横山住雄氏の『織田信長の尾張時代』で、彼女は、はじめ土岐頼武の子「土岐二郎」すなわち頼充に嫁いだが、天文十六年（一五四七）十一月十七日に二十四歳の若さで死んでしまい、道三のもとに戻ったところ、今度はあらためて同十八年に信長のところに嫁いだという解釈をしている。頼充は系図によっては頼純としており、同一人である。道三が頼武方を懐柔するため、娘を嫁がせた可能性はあり、それが濃姫、すなわち帰蝶だったことは考えられる。

ここで、先に引用した「六角承禎条書写」に「忝くも次郎殿を聟に取り、宥め申し、毒飼を仕り殺し奉り、其娘を又御席直しにをかせられ候へと、無理に進上申候」という一文を読み直していただきたい。ここに「次郎殿を聟に取り」とある「次郎殿」は「土岐二郎」のことをさすことはまちがいないと思われる。「毒飼」とあるのは毒殺である。いかにも「蝮の道三」などといわれた道三らしい手段ではあるが、ここにみえる道三の娘が濃姫だった可能性はある。そうなると、濃姫が信長のもとに再嫁したときの年齢はもう少し上だったかもしれない。

2 長良川の戦いと光秀

このあと、天文二十一年（一五五二）三月三日、織田信秀が亡くなった。少し古い人名辞典や歴史辞典、さらには年表などでは信秀の死を天文二十年としていたが、その後の研究で、現在は天文二十一年説が主流である。信秀が亡くなり、家督を信長がつぐことになったわけであるが、道三としては女婿で、織田家の家督をついだ信長の評判が芳しくないのが気になってきた。「大うつけ」とか「大たわけ」といった声が耳に入ってきたのである。翌二十二年（一五五三）四月、道三は信長に会見を申し入れている。当時は、娘を嫁がせても、婿になった相手と直接会うようなことはなかった。『信長公記』には次のように記されている。

道三と信長の聖徳寺の会見

四月下旬の事に候。斎藤山城道三、富田の寺内正徳寺まで罷出づべく候間、織田上総介殿も是まで御出で候はゞ祝着たるべく候。対面ありたきの趣申し越し候。此子細は、此比上総介を偏執候て、聟殿は大だわけにて候と、道三前にて口々に申候キ、さ様に人々申候時は、たわけにてはなく候よと、山城連々申候キ。見参候て善悪を見候はんためと聞え候。

要するに、直接会って、たわけかどうかをたしかめようとしたのである。ちなみに、『信長公記』

は正徳寺と書いているが、濃尾国境に近い尾張国中島郡富田《とみた》（現在、愛知県一宮市富田）というところにあった聖徳寺《しょうとくじ》のことである。江戸時代、名古屋城下に移り、現在の聖徳寺は名古屋市中区錦にある。

このとき、信長はいつものうつけの恰好で聖徳寺に向かい、それを事前にみていた道三が会見の場に出たところ、信長は正装して会見に臨んだことで、道三の方が気おくれし、また、信長の隊列が「三間間中柄の朱やり五百本ばかり、弓・鉄炮五百挺」もあったことで、『信長公記』には、「美濃衆の鑓はみじかく、こなたの鑓は長く扣立候てまいり候を、道三見候て、興をさましたる有様にて、有無を申さず罷帰り候。途中あかなべと申す所にて、猪子兵介、山城道三に申す様は、何と見申候ても上総介はたはけにて候と申候時、道三申す様に、されば無念なる事に候。山城が子共、たわけが門外に馬を繋ぐべき事案の内にて候とばかり申候。自今已後道三が前にてたわけと云ふ事申す人これなし」とある。道三は信長がたわけのふりをしていることに気がつき、また、軍勢の装備のすごさに非凡なものを感じたのであろう。このあと、道三は信長に期待を寄せることになる。

実は、このことが、その後引き起こされる事件の伏線となったのではないかと私は考えている。女婿の信長に期待を寄せる道三に、道三の嫡子である義龍が違和感をもちはじめたのではなかろうか。

道三から義龍への家督交代

道三が義龍にいつ家督を譲ったか、また、なぜ譲ることになったのかについては詳しいことがわかっていない。一説には、義龍は道三の実子ではなく、道三によって追放された土岐頼芸の子どもだったともいわれている。頼芸の側室深芳野が道三に下げ渡されたとき、すでに頼芸の胤を宿していて、生まれたのが義龍だということで、悪辣な手段で国盗りを展開してきた道三が民心を安定させるため、正当な主君頼芸の子義龍に家督をもどしたとする解釈である。

しかし、それとは全く別な解釈もある。たとえば『岐阜市史』通史編原始・古代・中世の「美濃斎藤氏の盛衰」はちがっている。その部分の執筆者勝俣鎮夫氏は、道三支配のもとで国内は混乱したとし、隣国との戦いが続き、領国は滅亡の危機に瀕していたととらえている。つまり、道三から義龍への家督交代は平和的な禅譲ではなく、道三の引退、義龍の嗣立が、家臣たちの手で強制的に行われたとした。一種のクーデターというわけで、その後の動きをみると、その可能性がありそうである。

なお、『信長公記』はクーデターというより、廃嫡されそうになった義龍が、弟たちを殺し、自ら家督の座についたという解釈をしている。この場合は年がはっきりしていて、弘治元年（一五五五）十一月二十二日のこととする。『信長公記』には次のようにみえる。


山城子息、一男新九郎、二男孫四郎、三男喜平次、兄弟三人これあり。父子四人共に稲葉山に居城なり。惣別人の惣領たる者は必ずしも心が緩々として隠当なる物に候。道三は智慧の鏡も曇り、新九郎は耄者とばかり心得て、弟二人を利口の者哉と崇敬して、三男喜平次を一色右兵衛太輔になし、居ながら官を進められ、か様に候間、弟共勝に乗て奢、蔑如に持扱ひ候。新九郎外見無念に存知、十月十三日より作病を構へ、奥へ引入り平臥候キ。霜月廿二日、山城道三山下の私宅へ下られ候。爰にて、伯父の長井隼人正を使にて、弟二人のかたへ申遣す。趣、既に重病時を期《マツ》事に候。対面候て一言申したき事候。入来候へかしと申送り候。長井隼人正巧みを廻し、異見申す処に、同心にて、則二人の弟共新九郎所へ罷来るなり。長井隼人正次の間に刀を置く。是を見て兄弟の者も同じごとく次の間に刀ををく。奥の間へ入れ、態と盃をと候て振舞を出し、日根野備中、名誉の物切れのふど刀、作手棒兼當抜き持ち、上座に候つる孫四郎を切臥せ、又、右兵衛太輔を切殺し、年来の愁眉を開き、則、山下にこれある山城道三かたへ右趣申遣す処、仰天を致し、肝ヲ消スコト限リナシ、爰にて螺を立て、人数を寄せ、四方町末より火をかけ、悉く放火し、井口を生か城になし、奈賀良の川を越し、山県と云ふ山中へ引退き、明る年四月十八日鶴山へ取上り、国中を見下し居陣なり。信長も道三聟にて候間、手合として木曾川・飛弾（驒）川舟渡し、大河打越し、大良の戸嶋東蔵坊構に至て御在陣。銭亀爰もかしこも銭を布きたるごとくなり。

ここに「新九郎」とあるのが長男の義龍である。道三は三男の喜平次を特にかわいがっていたようで、義龍は家督が喜平次に譲られてしまう前に仮病を使って弟たちを呼び出して殺害したといういきさつだったことがわかる。これと前述したように、道三が娘婿の信長に肩入れしているのもおもしろくなかったものと思われる。

『信長公記』によると、義龍が弟たちを殺害したのが弘治元年十一月二十二日で、道三は身の危険を感じて大桑城に退き、翌二年（一五五六）四月十八日に鶴山に入ったとしている。ここに、道三・義龍父子の戦い、長良川の戦いの幕が切って落とされるのである。

長良川の戦い

道三が鶴山に入ったとき、二〇〇〇ほどの兵が集まったことが『信長公記』の記述からうかがわれる。道三は四月二十日、その二〇〇〇の兵を率いて稲葉山城の義龍を攻めるべく進軍し、それを迎え撃とうとする義龍との間で戦いとなった。ただ、このとき、義龍側には二万七〇〇〇の兵が集まっていたといわれ、長良川をはさんで激しい戦いとなった。

戦いの模様は『信長公記』に詳しく描かれており、緒戦は道三軍の旗本と義龍軍の竹腰道塵の軍勢が戦い、道三軍が勝っているが、やがて、義龍軍が軍勢の数で圧倒的優勢となり、道三は義龍側の長井忠左衛門と小牧源太によって首を取られてしまった。

このとき、道三側には信長が援軍として駆けつける手はずになっていたが、信長軍の到着前に戦いは義龍軍の勝利で終わっている。

明智城を攻める斎藤義龍軍

この長良川の戦いのとき、明智城の明智氏一族は道三側にも義龍側にも加担した形跡はない。道三の近習までつとめたはずの光秀が道三の陣営に加わらなかった理由が何なのかわからないが、いずれにせよ、中立の立場をとったようである。

しかし、勝った側の義龍にしてみれば、味方の陣営に加わらなかったことで敵対行動をとったとみて、同年九月、三〇〇〇の兵で明智城に攻めかかった。その時点での明智城を守っていたのは、光秀の叔父にあたる光安といわれている。史料によって出家名宗宿とか宗寂という名前で出てくる。『美濃国諸舊記』は宗宿とし、次のように描かれている。

時に弘治二年九月に至り、一門を催して、明智の城に籠りける。大将宗宿五十三歳、同次左衛門光久五十歳。其弟十平次光廉は、尾州にありて之を知らず。相随ふ一族には、溝尾庄左衛門・三宅式部之助・藤田藤次郎・肥田玄蕃・池田織部・可児才右衛門・森勘解由等を始め、其勢僅に八百七十余人なりしが、義心金石と固まり、心を一致して籠城しけり。扨右の子細、稲葉山に聞えければ、斎藤義龍甚だ驚き、早く誅せずんば、東美濃過半、是に従ふべしとて、即時討手を差向けゝる。其時、揖斐周防守光親、義龍を諫めて曰、明智宗宿古今の義士なり。名を重んじ、叶はざるを知つて籠城するは、大丈夫の振舞なり。只速に利害の使者を送り、平に帰伏の旨を申宥め、然るべしといふ。然れども義龍、血気の破将故に之を用ひず、只攻討に決しぬ。是に於て、揖斐も是非なく討手に向ふ。其人々は、長井隼人正道利・井上忠左衛門道勝・国枝大和守正則・二階堂出雲守行俊・大澤次郎左衛門為泰・遠山主殿助友行・船木大学頭義久・山田次郎兵衛・岩田茂太夫等を先として、其勢三千七百騎、九月十九日稲葉山を出陣し、明智を指して押寄せける。宗宿少しも恐れず、爰を先途と防ぎ戦ひける。元来城の要害堅固にして、何れ破るべき浅間もなく、攻め兼ねて見合せける故に、其日は、既に暮れたりぬ。依つて其翌日、再び鬨を発し攻寄せけるが、宗宿前夜より酒宴をなし、夜もすがら謡ひ舞ひ、死出の盃をなし、翌日城外に打つて出で、思ふ程に一戦して、早々城に入りて、其日の申の刻、本丸の真中にて火をかけ、悉く自害して果てたりける。康永元午年、明智開基してより、年数二百十五年にして、今日既に断絶しける。然るに嫡子光秀、是迄も城中にありけるが、宗宿是に申しけるには、我々生害せんと存ずる。御身定めて殉死の志なるべけれども、某等は不慮の儀にして斯くなり、家を断絶す。御身は、祖父の遺言もあり、又志も小ならねば、何卒爰を落ちて存命なし、明智の家名を立てられ候へ。并に我々が子供等をも召連れて、末々取立て給はり候やう、頼み申すなりと申置きて死し畢。是に依つて、死を止まり、城を落ちて西美濃に至り、叔父山岸光信の許に暫く身を寄せ、則ち此所に妻子、并に従弟共を預け、夫より六ヶ年の間、諸国を遍歴して、武術の鍛錬をなし、夫より永禄五年に、越前の太守朝倉左衛門尉義景に仕官し、其後、同十一年の秋より足利新公方義昭公の吹挙を以て、織田信長に仕へ、後に六十万石余の大名たり。

この『美濃国諸舊記』によると、明智城を守っていた兵の数が八七〇余人ということであるが、もちろん、その実数についてはわからない。注目されるのは、このとき、城を預かっていた明智光安(宗宿・宗寂)が、甥にあたる光秀に城から逃げるよう命じ、そのとき、自分の子どもたちも落とさせているという点である。その子どもたちの中の一人が、こののち光秀の片腕として活躍する明智秀満だという。

このあたりのいきさつは『明智軍記』とほぼ同内容で、ただ、『明智軍記』の方は城兵の数三八〇余で三〇〇〇の敵に当ったとしている。また、『美濃国諸舊記』では、光安の明智城への籠城理由が曖昧だったのに対し、「今度義龍、親父山城守ヲ被レ弑ケル事ヲ怒テ、明智ノ館ニ引籠ケレバ……」と、義龍が父道三を討ったことに反撥したという解釈をとっている。

『美濃国諸舊記』も『明智軍記』もどちらも良質の史料といえないことはすでに多くの研究者が指摘するところで、仮にこの一件が、各種明智系図やこれら俗書に書かれたことだけに依拠したものであれば、私も否定的な立場をとったはずである。

ところが、この一件が『武功夜話《ぶこうやわ》』にも載っているのである。もっとも、「『武功夜話』も偽書ではないのか」といわれるかもしれないので、あらかじめ付言しておきたい。私は『武功夜話』を偽書とはみていない。その詳細については拙稿「家伝史料『武功夜話』の研究」（『日本歴史』七二三号）をお読みいただきたいが、現在、刊行されている二十一巻本『武功夜話』（新人物往来社、全五冊）は吉田蒼生雄《たみお》氏の「全訳」である。これは原文を忠実に読み、それを現代かなづかいにしたものだが、十九世紀段階での加筆もあり、研究者の立場からいうと、史料としての扱いに苦慮するところも少なくない。しかし、書かれている情報は参考にすべき点も多いと判断している。

『武功夜話』には完成型ともいうべき二十一巻本の他に三巻本がある。三巻本の方は幸い松浦武・松浦由起著『「武功夜話」研究と三巻本翻刻』に翻刻されており、その巻之壹に弘治二年（一五五六）の明智城の戦いの模様が次のように記されている。

此処ニ美濃国可児郡土岐ノ一党、明智兵庫守（頭）、守兵ヲ以テ此ノ地ニ拠リ信秀公ニ款ヲ通ズ。美濃斎藤龍義（義龍）内城主長井隼人ヲ寄手ノ大将トシテ責ムル所ト為ル。美濃国加茂郡米田ノ城主肥田孫右衛門、急ヲ犬山ニ伝フ。即チ生駒八右衛門（家長）・前野五六九（郎）郎（正義）・森勘解由（正利）・可児才右衛門・肥田玄蕃、急趣キ救（助）ク。敵激シク責ムル所ト成相、遂ニ弘治二年九月廿五日、城門ヲ開キテ打テ出デ、肥田玄蕃・可児才右衛門・前野五六九郎・森勘解由等打死仕ル者也。可児郡斎藤氏ノ勢及ブニ至ツテ土田甚助、生駒八右衛門ヲ頼而小折村ニ寄食スル者也。

長井隼人を大将として攻めさせたことは『美濃国諸舊記』にもみえ、『明智軍記』にも、「長井隼人佐ヲ大将トシテ、二階堂出雲守・遠山主殿助・大沢次郎左衛門・揖斐周防守・船木大学・山田次郎兵衛・岩田茂太夫ヲ先トシテ、其勢三千余騎、同八月五日、明智ガ城へ推寄、昼夜ヲ不レ分攻ニケリ」とあり、同書では九月二十六日の落城とする。

なお、二十一巻本『武功夜話』の巻一「森甚之丞の舎弟森勘解由、美濃可児郡において討死の事」では、「弘治丁卯（マヽ）年、美濃国可児郡の明智の城主明智入道の居城を、美濃国関の住人土岐氏の族、長井甲斐守尾張清須表の隙あるを窺い、三千有余騎の人数大河を打ち越え、可児郡へ乱入、諸取出を取り抱え、入道の居城へ寄せ来たり候」とみえる。

この明智城を長山城の明智城とみるか、顔戸城とみるかは意見が分かれるかもしれないが、弘治二年（一五五六）九月、明智城が攻撃を受け、落城したことは事実とみてよい。

明智秀満は光秀の従兄弟か

ところで、三巻本にしても二十一巻本にしても『武功夜話』には弘治二年九月の戦いの場に明智光秀がいたことは書かれていない。いなかったことも考えられるが、弘治二年の段階では光秀の存在自体が知られていなかった公算が大である。光秀が明智城を脱出

するときの様子は『明智軍記』にしかみえない。すなわち、

同九月二十六日申ノ刻計、舎弟次右衛門光久ト相伴ニ、艶カニ討死シテ名ヲ後代ニゾ残シケル。其刻、宗宿入道ガ甥明智十兵衛尉光秀モ一所ニ討死セント進ケルヲ、入道、十兵衛ガ鎧ノ袖ヲ磬ヘテ被レ申ケルハ、某ハ亡君ノ為レ恩相果ベシ。御辺ハ唯今身ヲ可レ捨処ニ非ス。命ヲ全シテ、名字ヲ起シ給ヘ。ソレコソ先祖ノ孝行ナレ。其上、光秀ハ当家的孫、殊ニ妙絶勇才ノ仁ニテ、直人共不レ覚候ヘバ、某ガ息男弥平次光春・甥ノ次郎光忠ヲモ偏ニ頼候也。如何様ニモ撫育シテ、家ヲ被レ起候ヘト、頻リニ被二諫言一ケレバ、光秀理ニ服シ辞スルニ処ナフシテ、一族ヲ相伴ヒ、涙ト共ニ城ヲ出、郡上郡ヲ経テ、越前穴馬ト云所ヲ過キ、偖国々ヲ遍歴シ、其後越前ニ留リ、大守朝倉左衛門督義景ニ属シテ、五百貫ノ地ヲゾ受納シケル。

というもので、叔父にあたる光安（宗宿・宗寂）から光安の「息男弥平次光春」と「甥ノ次郎光忠」を連れて逃げるよう命じられたとされている。「当家的孫」は嫡孫のことで、光秀に明智の家名を伝えさせたとされ、これが通説となっている。この明智城の戦いで討ち死にした光安（宗宿・宗寂）の子が光春という名乗りだったことは系図にみえる。各種明智系図によると、次のようになる。

光継─┬─光綱──光秀
　　　├─光安──光春
　　　└─光久──光忠

つまり、光秀は従兄弟にあたる光春・光忠を連れて明智城を脱出し、郡上郡を経て越前へ落ちて行ったとする。この従兄弟にあたる光春が秀満なのである。たしかに、これら系図を信用すれば、秀満は光秀の叔父光安の子なので従兄弟ということになるが、どうもそう単純ではなさそうである。たとえば、二木謙一氏校注『明智軍記』の注には次のようにみえる。

某ガ息男弥平次光春　光春という名前や光秀の甥とする関係は、『明智軍記』より前の書には見られない記述である。これについて高柳光寿氏は、天正九年（一五八一）十月六日付天寧寺納所禅師宛諸色免許状（天寧寺文書〈『福知山市史　史料編1』、三七頁〉）に「明智弥平次秀満」と署名していることによって、実名は秀満が正しいとする。また出自は、『宗及茶湯日記』などに「三宅弥平次」と見えるのが秀満に比定されるので、三宅氏の出身であったとし、秀満の父が天正十年六月二十九日丹波横山で捕らえられ、七月二日粟田口で磔となったことを記した『兼見卿記』『言経卿記』が、いずれも「弥平次親」「弥平次父」と表現していることによって、秀満の父は光秀の親族ではない。したがって、秀満は光秀の甥ではないと推定している（「名も間違えられた明智秀満」『戦国の人々　新書戦国戦記2』春秋社、昭和52年)。そして、三宅から明智への改姓は、『宗及茶湯日記』によって、天正八年九月二十一日から翌九年四月十日の間としている(『明智光秀』、二八二頁)。

ところで、秀満の通称については左馬助というものもあり、実名については光春のほかに光遠とするものもある。高柳氏は、明智(三宅)弥平次秀満のみが正しいものと捉えている。しかし、『信長公記』(奥野高広・岩沢愿彦校注『信長公記』角川文庫、四一五頁)・『川角太閤記』(桑田忠親校注『太閤史料集』新人物往来社、二二三頁)・『甫庵太閤記』(桑田忠親校訂『太閤記』新人物往来社、八四頁)などに「明智左馬助」とあり、『惟任謀反記』(桑田忠親校注『太閤史料集』、二八頁)に「明智弥平次光遠」とある。これらは、光秀とほぼ同時代の人々によって著されたものである。このことは、左馬助を称し、光遠と名乗った可能性があるということではなかろうか。想像をたくましくすれば、本能寺の変後に、光遠と改名し、左馬助という官途名に改称したと考えられよう。それは、光秀から「光」の字を与えられての改名であり、天下人光秀の重臣としての改称であったと捉えられる。それを、吉田兼見や山科言経が「弥平次」と記したのは、改称をしてから数日であったために知らずにいたか、失念したか、あるいは反逆者へのべっ視の意味で故意に「弥平次」としたか、いずれかであろう。

明智弥平次は、三宅氏の出身ではじめ三宅弥平次と称し、天正八年から九年の間に光秀から明智姓を与えられて明智弥平次と称するようになった。そして、本能寺の変後、光秀から偏諱を与えられて秀満から光遠へ改名し、官途名として左馬助を称した可能性がある。

つまり、秀満は光秀の従兄弟ではなく、三宅氏で、三宅弥平次といっていたが、荒木村重《あらきむらしげ》の謀反のあと、村重の子村次《むらつぐ》に嫁いでいた光秀の娘がもどってきて、彼女と結婚して明智姓を与えられ、明智秀満となったと考えられる。

では、三宅氏とはどのような家だったのだろうか。『美濃国諸舊記』巻十一にはただ二人「羽栗郡三宅の城主は三宅式部少輔光遠・同周防守業朝」とだけ名前がみえる。この式部少輔光遠および周防守業朝と三宅弥平次のつながりも不明である。谷口研語氏は『美濃・土岐一族』の中で、三宅氏について、「名字の地は尾張羽栗郡三宅保、現在の羽島郡岐南町三宅であろうか。三宅保については、南北朝時代の一時期、土岐直氏との関係が知られる。「保阪潤治氏所蔵文書」中、年未詳七月二十八日の土岐政房書状に「当国座倉三宅弾正の息宗寿のこと」が記されているが、関係あるだろうか」としている。これらからみると、明智城落城時、光秀と秀満が行動を共にしていたということについても、疑ってかかった方がよいのかもしれない。

3　光秀の越前在住時代

明智城脱出後の光秀

前述したように『明智軍記』は、明智城を脱出したあと、美濃の郡上郡を経て、越前の穴馬というところを通って諸国を遍歴したとする。いわゆる武者修行というわけであるが、書かれていることは全く信用できない。奥州の伊達氏、中国地方の宇喜多《うきた》氏や毛利氏の所領を訪ねたとしているが、たとえば、はるかのち天正十八年（一五九〇）以降に伊達領となる大崎が伊達氏の本領だったような書き方になっていて、諸国武者修行の話はそのままには信用できない。

ただ、『武功雑記』（『大日本史料』第十一編之一）には、光秀が三河の牛久保城主牧野右京大夫に仕えていたときのエピソードがみえるので、各地を遍歴していたことは事実とみていいのかもしれない。そして、その光秀が越前に落ちついたらしいことがいくつかの史料から浮き彫りになってくる。

現在の感覚だと美濃（岐阜県）から越前（福井県）は県境を接しているが、鉄道にしても道路にしても結構迂回するので、何となく遠く離れているという印象がある。しかし、当時は油坂峠とか温見峠を越えれば簡単に美濃から越前に行くことができた。事実、美濃守護土岐氏の当主の何人かは政争に敗れると越前の朝倉氏を頼り、また力を盛り返して美濃にもどってくるということがみられた。光秀にとって越前は身近な国だったのではなかろうか。

越前称念寺門前に居住

光秀が越前に居住していたことを物語る史料が二つほどあるのでみておきたい。一つは、寛永七年（一六三〇）に筆写された時宗《じしゅう》の同念上人の記録「遊行三十一祖京畿修行記」（橘俊道校注『大谷学報』五十二巻一号）である。そこに「惟任方もと明智十兵衛尉といひて、濃州土岐一家牢人たりしが、越前朝倉義景を頼み申され、長崎称念寺門前に十ヶ年居住」と記されている。この部分は、天正八年（一五八〇）に時宗の僧同念が奈良遊行を希望したとき、光秀を通じて筒《つつ》井《い》順慶《じゅんけい》への取りなしを頼んだ梵阿《ぼんあ》という僧が、光秀本人と旧知の間柄だったことを説明した箇所に出てくる。

朝倉義景
（福井市・心月寺蔵／福井市立郷土歴史博物館保管）

光秀が朝倉義景のもとで長崎（福井県坂井市丸岡町長崎）の称念寺の門前に十年間居住していたというのである。これだけの文章だと、光秀が朝倉義景の家臣となっていたのか、ただ称念寺門前への居住が許されただけなのかわからないが、いずれにせよ、これはたしかな情報といえる。また、これによって、光秀が土岐一族の明智氏だったこともうかがわれるのである。

では、光秀は、称念寺門前で十年間何をしていたのだろうか。『明智軍記』は光秀が諸国遍歴の末、「其後越前ニ留リ、大（太）守朝倉左衛門督義景ニ属シテ、五百貫ノ地ヲゾ受納シケル」とし、すぐ朝倉氏に仕え、義景から五〇〇貫の知行を与えられたとする。さらに同書は、義景の所望によって鉄砲の演習を行い、みごとな腕さばきをみせ、その功によって鉄砲寄子一〇〇人を預けられたとしている。

鉄砲の腕はあったかもしれないが、寄子一〇〇人を預けられる地位であれば、朝倉氏の城下町一《いち》乗谷《じょうだに》と距離的に相当離れている長崎に居住する必然性はないわけで、私は、光秀が称念寺門前に居住していた十年間は、まだ朝倉義景には仕えていなかったとみている。

その点で注目されるのが、伝承ではあるが「光秀は寺子屋の師匠をしていた」というものである。当時はまだ江戸時代のように寺子屋が制度としては成り立っていないが、同じ越前で同じころ、寺子屋のルーツともいうべき動きがはじまっていた。「光秀寺子屋師匠説」の傍証にもなると思われるので、その史料をみておきたい。

越前国敦賀郡江良浦《えら》（福井県敦賀市江良）の刀禰《とね》が、弘治元年（一五五五）七月、領主からの陣夫徴発に対し、神社と寺庵分の免除を願い出た文書（「刀禰仁吉文書」『敦賀郡古文書』）で、次のようにある。

一宗幸　是は旅僧にて御座候。在所にいろは字にても候へ、是もはち（鉢）をひらき堪忍仕候。

江良浦には文字を読める者、教えることのできる者が一人もいなかったようで、たまたま旅僧の宗幸という者に小さな庵を与え、そこで「いろは」を教えさせたということがわかる。もしかしたら光秀も長崎の称念寺門前で子どもたちに「いろは」を教えていたかもしれない。そしてそのあと、朝倉義景への仕官が叶ったのであろう。居を一乗谷の近くに移すことになる。ただし、『明智軍記』以外、どのような仕事を与えられ、どのくらいの知行をもらっていたかはわからない。

もう一つの史料　高柳光寿氏はその著『明智光秀』で、『明智軍記』に書かれている諸国遍歴のことは全く信用できないとしながらも、光秀が朝倉義景に仕えたことは認めてもよいのではないかとしている。すなわち、

しかし光秀が朝倉義景に仕えたことがあると思われる良質の史料はある。五十嵐氏所蔵の『古

案』という古文書集の中に、天正元年（一五七三）八月二十二日付で服部七兵衛尉という男に宛てた光秀の書状がある。この書状には次のようなことが書いてある。今度竹の身上のことについて馳走をしてくれてありがたい。だから百石の知行を与える、というのである。この天正元年八月というのは朝倉義景が自殺した翌々月で、光秀は信長に従って越前にいたときである。

ところでまたこの竹というのは普通には信長の小姓《こしょう》の長谷川秀一と解されているのであるが、竹というような名は当時他にも沢山あったであろうから、必ずしも秀一に当てることはできない。それに秀一の身上のことで光秀が、秀一のために奔走した男に百石の知行を与えるという義理合いがあるとも考えられない。そして服部七兵衛尉という男は、この年九月十六日付の前波《まえば》長俊の書出《かきだし》によると、長俊の家臣であるように見える。長俊は朝倉義景の家臣であったが、前に信長に従って越前に攻入り、信長から同国の守護代に補せられた男である。そこで考えられることは、この竹という男は義景の近臣か何かで、それが義景滅亡の際に危うかったのが、七兵衛尉の盡力で命を全うしたというのではあるまいか。それにしてもそのために光秀が知行百石をやるということは、竹と光秀との関係は相当に深かったものと推測されるのである。

朝倉義景に仕えることになった時点で、居を長崎の称念寺門前から一乗谷近くに移したのではないかと思われる。朝倉氏の城下町一乗谷は、一乗谷朝倉氏遺跡として国指定特別史跡となり、発掘調査に基づいて武家屋敷・町屋が復元されている。そのどこかに光秀屋敷があったと考えたいところであ

伝明智光秀屋敷跡（福井市東大味町・明智神社）

るが、残念ながら一乗谷の中にはなく、外の東大味（福井市東大味町）というところにあった。そこには現在、光秀を祭神とする小さな祠があり、明智神社とよばれ、現在でも毎年六月十三日の命日には、付近の人たちによって祀られている。

なお、この屋敷地について佐藤圭氏は「越前朝倉氏と美濃土岐一族――土岐頼武と明智光秀」（『美濃源氏土岐氏研究講座講義録』二〇一七）において、朝倉氏家臣時代の屋敷ではなく、朝倉氏が滅亡したあと、越前の戦後処理を光秀が担当したときの屋敷址かもしれないとしており、今後の検討が必要と思われる。なお、同書にこれまで私が気づいていなかった史料が二点紹介されていたのでみておきたい。一つは『越前国古城跡并館屋敷蹟』足羽郡之分で、

一屋敷跡　三ヶ所
　朝倉家　中村但馬
　　明智日向守
　　今井新兵衛
東大味村之内四十四間三十六間計之所、二十貳間計四方之所、十六間二十二間計之所有、自福井三里計

もう一つは、河合千秋編『福井県の伝承』(一九三六年発行)で、光秀の屋敷がなぜ一乗谷の中ではなく、外に置かれた説明として、伝承ながら注目されるところである。

明智光秀の屋敷跡(東大味)

屋敷跡と呼ばれる所は、一小祠を建て丶明智光秀の霊を祭ってある。光秀は美濃の人である。朝倉義景はその非凡の才を認めたが、元より譜代の臣ではないので心安からず、客分の待遇をして山越えてこ丶の関を守らせたのである。こんな理由から又義景の家老の前波九郎兵衛とは心があはず、この地を去って織田信長に仕へ、信長が越前に攻め入ったときは、その先駆をなして朝倉を攻めたといふ。

朝倉義景に仕えていたころの光秀に関する情報は少なく、『明智軍記』が記す五〇〇貫の知行についても疑問視されているところである。ただ、どういうわけかわからないが、『綿考輯録《めんこうしゅうろく》』は朝倉氏時代、光秀が五〇〇貫文の地を与えられたとしている。この『綿考輯録』は『細川家記』ともいわれ、江戸時代の安永年間(一七七二〜八一)に、細川藩の小野景湛《かげきよ》が、細川幽斎・忠興《ただおき》・忠利《ただとし》・光尚《みつなお》四代の事績をまとめたものである。そこには、光秀が朝倉氏時代に五〇〇貫を与えられていたことのほか「藤孝君越前御逗留之中、光秀より交を厚くせらる」とある。ただし、小川剛生氏が「細川幽斎――人と時代」(森正人・鈴木元編『細川幽斎――戦塵の中の学芸』)で指摘するように、「後人の編纂した藩史としての限界は否めず、また史料批判の十分でない文献が混じり、慎重に利用する必要がある」としている。

なお、明智秀満がいつ光秀のもとに来たのかも全くわからない。桑田忠親氏は『明智光秀』の中で、『明智軍記』によれば、永禄五年のこと、朝倉義景が加賀の本願寺一揆と戦ったとき、義景のむすめを摂津の石山本願寺新門主の教如上人（光寿）にとつがせるといった条件つきで、和議が成立したけれども、加賀の一揆は、なおも、朝倉方の部将青蓮華景基を攻めた。朝倉家に仕官した光秀は、このとき景基の部下に配属されていたが、一族の三宅（明智）弥平次光春（秀満）、明智次右衛門光忠らと力をあわせて、一揆軍を撃退し、手柄をたてたというが、五百貫文の知行は、おそらく、その際の戦功にたいする恩賞だった、と考えられる。

と述べている。つまり、永禄五年（一五六二）段階には秀満も光忠も光秀の下で働いていたということになる。その少し前のところで『明智軍記』は「全く時代錯誤の記述である」としながら、その『明智軍記』に依拠していることは納得できないところである。秀満・光忠らが光秀のもとに集まってくるのはもっとあとではなかろうか。

五〇〇貫の知行を与えられていたか、また一〇〇人の寄子を預けられていたというのも確実ではないが、光秀が越前の戦国大名朝倉義景に仕えていたことはたしかであろう。しかし、その後、足利義昭が朝倉氏のもとに転がりこんでくるという一件がなければ、光秀も単なる朝倉氏の一家臣として一生を終えたにちがいない。その意味で、義昭の越前入国がその後の光秀の後半生を大きく変えることになった一大事件といってよい。そこでしばらく、光秀後半生を変えることになった義昭の越前入国までの流れを追うことにしたい。

4 転機となった足利義昭の越前入国

足利義輝の死

室町幕府十三代将軍義輝の時代、実権を握っていたのは三好長慶《みよしながよし》だった。しかし、その長慶が永禄七年（一五六四）七月に亡くなったことで、それまで全盛を誇っていた三好政権に陰りがみられ、将軍義輝の権威が相対的に高まりはじめた。こうした動向に焦りを感じたのが松永久秀と三好長逸《ながやす》・三好政康《まさやす》・岩成友通《いわなりともみち》のいわゆる三好三人衆である。

義輝の方も不穏な雰囲気を感じ、「足利季世記《あしかがきせいき》」（『改定史籍集覧』十三）によると、「京公方様御館ノ四方ニ深堀、高塁、長関堅固ノ御造作」にかかっていたという。しかし、それが完成する前に、三好義継《よしつぐ》および松永久秀の嫡男久通《ひさみち》と三好三人衆の兵八〇〇〇が義輝御所を襲撃し、義輝は殺されてしまったのである。永禄八年五月十九日のことであった。このとき、奉公衆の多くは義輝に殉じたが、細川藤孝《ふじたか》は辛くも脱出している。

覚慶の大和脱出

義輝が殺されたとき、義輝の弟で、当時、奈良の一乗院門跡となっていた覚慶《かくけい》も三好三人衆らによって幽閉されている。覚慶のもとに駆けつけた藤孝は、大覚寺義俊《ぎしゅん》らとはかり、三好氏の力が及ばない近江国甲賀郡和田《わだ》（滋賀県甲賀市甲賀町和田）の和田惟政《これまさ》の館まで逃亡させることに成功した。近江に入ったのは、覚慶にしても藤孝にしても、南近江の戦国大名として力があり、また、常に反三好勢力の中心となっていた六角承禎の支援を受けることを計算しての行動だったのである。

ところが、そのころの六角氏は永禄六年（一五六三）におきた観音寺《かんのんじ》騒動がまだくすぶり続けていて、覚慶を擁して軍事行動に打って出るだけの力はなかったのである。そこで覚慶は同じ近江の野洲郡矢島《やじま》（滋賀県守山市矢島町）に移り、機会をねらっている。

足利義昭
（東京大学史料編纂所蔵模写）

同年十月二十八日には、覚慶は薩摩の島津《しまづ》貴久《たかひさ》・義久《よしひさ》に上洛を命ずる御内書（「島津家文書」）を出しており、藤孝が副状を出しているので、すでにその段階で藤孝が側近ナンバーワンになっていたことがわかる。そして翌九年二月二十七日には還俗して義秋を名乗った。このあと、義昭と改名するので、煩雑になることを避け、以下、覚慶＝義秋を義昭と表記する。

六角承禎が動きそうもないことで焦った義昭は各地の有力戦国大名に御内書を出し続けている。前述の島津貴久・義久宛もその例で、また、越後の上杉謙信、尾張の織田信長にも働きかけていた。しかし、この段階では、謙信は甲斐の武田信玄とにらみあっていたし、信長も美濃の斎藤龍興《たつおき》を攻めあぐね、義昭の上洛を手助けするだけの余力はなかったのである。ちなみに、信長との交渉役をもっぱらつとめていたのは藤孝で、和田惟政がそれを補佐している。

朝倉義景を頼る足利義昭

なお、その後の藤孝と信長の交渉の具体的経過については谷口研語氏の『明智光秀』の「第一章　信長と義昭の上洛」に詳しい。そこには、

永禄八年（一五六五）十二月五日付けの細川藤孝あて信長書状では「度々御請け申しあげているごとく、上意があり次第日ならずとも、供奉する覚悟である」と書いている（「高橋義彦氏文書」）。これ以前すでに藤孝が信長との交渉にあたっており、信長はたびたび承諾の返答をしていたのである。

年が明けて永禄九年の二月二十八日付け和田惟政あて足利義昭（義秋）御内書《ごないしょ》には、「尾州・濃州両国において、しかるべき早馬があったなら手に入れてくれるとありがたい。藤孝・貞能《さだよし》によく伝えてほしい」とある（「和田家文書」）。また、三月十日付けの上杉輝虎あて大覚寺義俊覚書《おぼえがき》には、「尾・濃和睦《わぼく》の事、上使として仰せ出《い》だされ、相《あい》調うにおいては参洛致し申すとのことであった。しからば内々両国とも御請け申しあげたので、細川兵部大夫《ひょうぶだゆう》（藤孝）を御上使として差し下され

た」とある（『編年文書』）。

この二つの史料を合わせ考えると、信長との交渉は美濃斎藤氏との休戦協定の成否如何になっており、藤孝は斎藤氏との交渉にも入っていた。その結果、織田・斎藤両氏の間で、義昭の正式な調停による休戦協定に類するものが成立したならば、それを条件に信長は上洛に供奉することを承諾した。それについては斎藤氏も内々同意したため、正式な「上使」として細川藤孝が尾濃へ派遣されたのである。

と記されている。しかし、谷口氏も指摘するように、このときの尾張・美濃の休戦協定は四月になって成立したものの、八月になって信長がこの休戦協定を一方的に破棄し、美濃に侵攻し、しかも信長が敗退するという事態を迎えている。義昭・藤孝らが考えていた信長を使っての上洛計画はここで一度頓挫することになった。

こうした事態を受け、その年八月、義昭は御内書を出すだけでは埒が明かないとみて、近江から若狭に赴き、若狭の戦国大名武田義統《たけだよしむね》を頼った。しかし、そのころの武田氏に義昭を擁して軍事行動をおこすだけの力はなく、早々にみきって、いよいよ越前の朝倉義景のもとに転がりこむのである。一説には義景本人を頼ったというより、それより北の越後上杉謙信の出馬を期待しての行動だったともいう。いずれにせよ、この義昭・藤孝主従の越前入りによって、光秀が歴史の表舞台に登場することになる。

5　義昭の側近細川藤孝との出会い

義昭は藤孝らを伴って永禄九年（一五六六）九月八日、若狭から越前敦賀に移り、そのおよそ二か月後、越前一乗谷に迎えられた。朝倉義景は若狭の武田義統とはちがって力のある戦国大名で、義昭も藤孝もすぐ上洛の軍事行動をおこすことに期待したと思われる。しかし、義景はなかなか重い腰をあげようとせず、ずるずると日が過ぎてしまい、やがて同十一年（一五六八）六月二十五日、義景の一粒種の阿君《くまぎみ》という男の子が急死してしまい、しかもその少し前には阿君の母で、義景の寵愛していた小宰相《こざいしょう》も死んでしまっており、気落ちした義景は、義昭を擁して上洛することなど思いもよらぬことになってしまったのである。義昭・藤孝主従も義景を見限らざるをえなくなったわけであるが、ちょうどその前後から光秀が姿を現すことになる。

光秀と藤孝の関係

光秀と藤孝がどのように出会ったかは史料がなくわからない。しかも、そのころの光秀の朝倉氏家臣としての序列もわかっていない。仮に『明智軍記』がいうように、鉄砲寄子一〇〇人を預けられ、五〇〇貫の所領を受けていたとしたら、かなりの重臣ということになるが、前述したように、その屋敷が城下町一乗谷の中ではなく、外だったということからすると、そう大身だったとも思えない。また、光秀の方から藤孝に接近していったのか、藤孝の方から光秀に近づいてきたのかすらわからない。しかも、片や次期将軍候補の側近で、義昭が諸大名に出す御内書の副状を出せる身分なのに対し、光秀は一戦国大名朝倉義景の家臣にすぎないわけで、身分的には大きくちがっていた。

この大きな身分差についてはおもしろい史料がいくつかある。一つは、『老人雑話』（江村専斎『改定史籍集覧』十）で、そこに、「明智初め細川幽斎の臣也」とある。細川幽斎はいうまでもなく藤孝のことなので、光秀は藤孝の家臣となっていたと読める。その家臣というのを身分の低い中間としたのが『多聞院日記』で、そこには「細川の兵部太夫が中間にありしを引立」とある。この細川兵部太夫というのも藤孝のことなので、光秀は藤孝の中間にすぎなかったということになる。

細川藤孝（幽斎）（京都市・天授庵蔵）

なお、中間とはしていないが、光秀が藤孝に仕えていたとするのがルイス・フロイスの『日本史』で、「信長の宮廷に惟任日向守殿、別名十兵衛明智殿と称する人物がいた。彼はもとより高貴の出ではなく、信長の治世の初期には公方様の邸の一貴人兵部太夫と称する人に奉仕していたのであるが、その才略・深慮・狡猾さにより、信長の寵愛を受けることとなり……」とみえる。「公方」は足利義昭のことであり、「兵部大夫」は藤孝のことなので、当時の人は、光秀は藤孝の家臣の一人とみていたことがわかる。

このようなことから、光秀が各地を流浪していたとき、京都で藤孝に仕えたことがあったとする向きもあるが、私は、むしろ、義昭・藤孝主従が越前の朝倉義景のところに転がりこんできたとき、藤孝が義景家臣の中に明智を名乗る者がいることに気づき、藤孝が「もしや奉公衆の明智の一族か」と光秀に接近し、光秀が義昭の上洛に協力することを申し出、以後、藤孝の手足となって画策を手助けしたのではないかと考えている。それがまわりの人間には、藤孝の家臣とか中間とみられたのではなかろうか。

藤孝は光秀の人脈に期待か

朝倉義景は動こうとせず、また上杉謙信も期待できないという状況で、藁にもすがりたいという思いの義昭・藤孝主従にとって、最後に期待をかけたのが信長だった。すでに述べたように、永禄八年(一五六五)の時点で、美濃の斎藤龍興と尾張の織田信長を講和させ、信長による義昭擁立を実現させようとしたのは不発に終わってしまったが、それから二年たって状況が大きく変わっていた。周知のように、永禄十年(一五六七)八月十五日、信長が美濃に攻めこみ、難攻不落といわれた稲葉山城を落とし、斎藤龍興が美濃を逐われ、戦国大名斎藤氏が滅亡していたのである。義昭・藤孝主従は、再び信長へ期待しはじめた。

ちょうどそのような折、光秀が信長との橋渡し役を買って出たのではないかと私は考えている。『綿考輯録』によると、光秀が藤孝に「我等、彼室家に縁ありて、頻に招かれ、大禄を授ん」と、信長から誘われていると語っていたというのである。信長から大禄で招かれていたというのは真偽が定かではないが、「信長の室とは縁がある」と言っている部分は信用できそうである。すでに述べたように、光秀と信長正室の濃姫(帰蝶)とは従兄弟の関係にあると考えられるからである。

信長には一度裏切られたという思いがあるので、藤孝以外の義昭の近臣は信長との交渉には二の足を踏んでいたと思われる。藤孝も積極的に自分自身が動ける状況ではなく、光秀に信長との交渉役をまかせたのであろう。光秀が義昭の「足軽衆」に引き立てられたのはこのときかもしれない。

光秀が藤孝の意を受けて、義昭を上洛させるため信長とどのような交渉を行ったかは史料がなくわからない。ただ、交渉役をつとめていたことを物語る史料が二点ある。この二点の文書、奥野高広氏の『織田信長文書の研究』上巻および補遺ではどちらも元亀二年（一五七一）のものとされ、交渉時のものとは認識されていなかった。ところが、高柳光寿氏および谷口研語氏の研究で、信長が義昭を擁して上洛する前の文書だということが明らかとなり、光秀が信長に接触していたことがはっきりしてきたのである。日本史の研究において、年代比定が重要だということを示した一例でもある。実は二通とも無年号文書だったのである。まず一通目（「横畠文書」『織田信長文書の研究』上巻）であるが、

御内書謹んで頂戴致し候。喧嘩の次第仰せ聞せられ候。先ず以って是非無き題目に候。存分の通り御使両人に申し渉し候。猶明智かた迄申し遣すの条、上聞に達すべく候。随って青瓜済々成し下され候。殊に名物の間、別して賞翫悉く存じ候。此等の旨を御披露に預るべく候。恐々謹言。

六月十二日　　信長（花押）

細川兵部太（大）輔殿

とあり、どのような喧嘩だったのかわからないが、義昭の侍臣の間で争いごとがあったことを光秀の

使者から聞いた信長が藤孝に返書を認めたものである。元亀二年ではなく、永禄十一年（一五六八）なので、その年代推定に従えば、これが、光秀の名がたしかな文書で確認される第一号ということになる。二通目（「革島文書」『織田信長文書の研究』補遺）もこれまで元亀二年の文書とされてきたもので、高柳氏・谷口氏の研究によって、やはり永禄十一年のものと比定された。

条々仰せ下さるゝの通り、何れも以って存知仕り候。ならびに御頭書の上、是れ又分別を遂げ、明智に申し含め候。此等の旨、御披露あるべく候。恐々謹言。

八月十四日　　　　信長（花押）

細川兵部大輔殿

そして、注目されるのは、この二通の文書の間に、義昭は越前一乗谷から美濃の立政寺《りゅうしょうじ》に移っていることである。『信長公記』は、七月二十五日に義昭が立政寺に移ったことを記しているだけである。何を史料的根拠としたかは明らかではないが、『總見記《そうけんき》』（『通俗日本全史』7）はその年、すなわち永禄十一年七月十六日に義昭が越前一乗谷を出立し、途中、浅井長政《あざいながまさ》の居城小谷城《おだにじょう》に立ち寄って饗応を受けたことを記している。周知のように浅井長政の正室お市の方は信長の妹なので、織田氏と浅井氏は同盟関係にあった。『總見記』はどういうわけか義昭の美濃立政寺到着を七月二十七日としている。そして、いよいよ、信長が義昭を擁して上洛することになる。

なお、最近、熊本大学附属図書館所蔵「米田《こめだ》家文書」により、永禄九年（一五六六）十月二十日以前の段階で、光秀が近江高島郡の田中城に籠城していたとする研究（橋場日月『明智光秀　残虐と謀略』）もある。細川藤孝との関係も含め、このあたりの謎解きも重要になってきたといえる。

第三章　織田信長に仕える光秀

1　信長が義昭を擁して入京

信長と浅井長政の六角攻め

義昭・藤孝主従と信長との橋渡し役をみごとにつとめた光秀の働きの結果、それまで越前朝倉義景のところにいた義昭を美濃に迎えたことで、信長は上洛のための大義名分を得た。美濃から京都までとなると、通り道は近江だけで、北近江の浅井長政には信長の妹お市の方が嫁いでいるため同盟者であり、敵対が予想されるのは南近江の戦国大名で観音寺城に拠る六角承禎・義弼《よしすけ》父子だけということになる。

そこで信長は戦わずに道を開けさせようと考え、近江の佐和山《さわやま》城まで出向き、「上洛のための道を開けていただきたい」と交渉している。『信長公記』に、八月七日、江州佐和山へ信長御出でなされ、上意の御使に使者を相副へられ、佐々木左京大夫承禎、御入洛の路地人質を出し、馳走候への旨、七ヶ日御逗留候て様々仰含められ、御本意一途の上、天下所司代申付けらるべしと御堅約候といへども、許容能はず。是非に及ばず、此上は江州へ御行に及ばるべきの御造意頻りにて……

と記されている。「上意の御使」というわけなので、義昭の息のかかった者が六角承禎のもとを訪れたことがわかる。藤孝あるいは光秀クラスだったかもしれないが、名前はわからない。

ただ、『信長公記』はどういうわけか、この時期、浅井長政に関する記事を載せていない。読みようによっては、わざと削っているとさえ思えるほどである。おそらく、このあと、長政が信長に反旗を翻し、敵対関係になるので、信長家臣である太田牛一としては、信長が長政と親密な関係だったことを書き残したくはなかったのかもしれない。

信長の伝記として別に『總見記』というものがある。別名『織田軍記』といって史料としての信憑性は低いとされているが、『信長公記』には載っていない情報もある。『信長公記』が記す信長の佐和山到着のその日、『總見記』は信長と長政のはじめての対面があったとする。

織田信長（兵庫県立歴史博物館蔵）

去程に信長公は、公方家再興の為に分国へ触を廻し、上洛の人数を催し給ふ。同八月五日、岐阜に於て勢揃をし給ひけり。

扨江州浅井方へ使を立てられ、彼の国退治相談のため、近日佐和山まで参向すべきの条、備州《（長政）》も出向はれ候ふ様にと仰せ越さる。備前守長政此旨畏り入り候ふ間、待ち奉る由返答にて、即ち家老磯野丹波守を招き、其方は当時佐和山の城主なり。信長の逗留能く〳〵馳走仕つて、饗応以下美麗を盡し、随分もてなし申すべき由仰付けらる。丹波守かしこまり承り候とて、佐和山へ帰城す。

同月七日、信長公は馬廻りの侍僅二百四五十にて江州佐和山の城へ入らせ給ふ。長政も佐和山まで来り給うて、摺針峠へ出向ひ、初めての御対面あり。

このあと、長政が摺針峠《すりはり》で信長を出迎え、そこではじめて二人が対面し、佐和山城で長政の心づくしの饗応があったことを記すが、省略する。おそらく、この対面の場で、長政の口から六角軍にかかわる情報が信長側に伝えられたものと思われる。長政は永禄三年（一五六〇）の野良田《のらだ》表の戦いを皮きりに、六角勢との戦いを十年近く続けてきており、その戦い方の特徴などをレクチャーしたものと思われる。結局、「道を開けてほしい」という信長からの要請は無視されたため、信長は、いったん岐阜城にもどり、あらためて九月七日、六角氏との戦い、すなわち上洛戦を展開することになる。

岐阜城を出陣した信長は、その日のうちに美濃国不破郡平尾村（岐阜県不破郡垂井町平尾）に着陣し、翌八日には近江に入り、高宮《たかみや》（滋賀県彦根市高宮町）に着陣。そこで長政率いる浅井軍と合流した。その数四万とも六万ともいう。

十一日、愛知川《えち》あたりに野陣を張り、十二日からいよいよ六角軍との衝突がはじまった。信長は佐《さ》久間信盛《くまのぶもり》・丹羽長秀《にわながひで》・木下秀吉らに命じて、六角氏の本城観音寺城の支城である箕作《みつくり》城（滋賀県東近江市五箇荘山本町）を攻めさせている。同時に、同じく支城である和田山城（同五箇荘和田）も攻めたが、こちらは攻城軍がせまるのをみて、戦う前に開城してしまい、城兵は一人残らず逃げ出してしまっていた。

箕作城では、城将建部《たけべ》源八郎秀明を主将とする籠城軍が、信長方の再三にわたる降伏勧告に耳をかさず、徹底抗戦の態度に出たため、ついに佐久間信盛らは城攻めにふみきり、はげしい戦いの末、落とすことに成功した。結局、和田山城・箕作城という六角氏側の前線の二つの城の陥落により、本城観音寺城の六角承禎・義弼父子は勝ち目がないと判断し、城を捨てて甲賀郡の方へ敗走していった。翌十三日、信長は観音寺城に入城しているのである。

このあと信長は家臣の不破河内守を使者として岐阜に待機していた足利義昭を迎えにやっている。細川藤孝・明智光秀もそれに同行したはずで、一行は九月二十六日、京都に入っている。

義昭を将軍とする

九月二十九日、信長の軍勢はさらに山城国勝龍寺《しょうりゅうじ》城に岩成友通を攻め、摂津にまで進んでいる。こうして九月中には山城だけでなく、摂津・河内まで平定され、摂津は伊丹親興《いたみちかおき》・池田勝正《いけだかつまさ》・和田惟政に与えられた。

注目されるのはそのあとである。十月初め、大和の松永久秀が名物茶器の「九十九《つくも》茄子《なすび》」を信長に献上して降ってきたため、信長は家臣に命じて松永久秀を援けて大和の諸城を攻めさせているが、その中に細川藤孝が加わっているのである。史料的に光秀が加わっていたことはたしかめられないが、それまで行動を共にしていることを思うと、光秀も動員されていた可能性はある。そして見落としてならないのは、そのころまで、身分的に藤孝が上だったのに、やがて光秀が肩を並べ、さらに上下が逆転していくことである。

このあと、十月十八日に義昭は晴れて征夷大将軍に任命され、二十二日に参内し、翌二十三日、義昭は信長に感謝の意をあらわし、それをねぎらうための能を張行している。藤孝にしてみれば、覚慶とよばれていた義昭を奈良の一乗院から脱出させ、「義昭殿を将軍に」と、三年間奮闘してきたことが実を結んだわけで、感無量だったものと思われる。若干の余裕も出てきたのか、同年十一月十五日には連歌会に参加している。谷口研語氏の『明智光秀』によると、参加者（連衆）は次の通りである。

明院良政11句　細川藤孝10句　聖護院宮11句　里村紹巴12句　清誉上人8句　昌叱11句　飛鳥井雅敦7句　心前9句　玄哉9句　知安6句　明智光秀6句　文阿1句

谷口氏は、明院良政が発句を詠み、細川藤孝が脇句をつけているので、この二人のどちらかが主催者であっただろうとしている。ちなみに明院良政は織田信長の右筆であるが、右筆以外にも信長に重く用いられており、側近の一人であった。なお、光秀が連歌会に参加していることが確認されるのはこのときがはじめてであり、藤孝つながりだったことがわかる。

義昭から信長への恩賞

十月二十四日、義昭は信長の勲功を賞し、次のような感状を与えている。ここでは『信長公記』に記されているものを引用しておく。

> 今度国々凶徒等、日を歴ず時を移さず、悉く退治せしむるの条、武勇天下第一也。当家再興之に過ぐべからず。いよいよ国家の安治ひとへに憑み入るの外他無し。尚藤孝・惟政申すべき也。
>
> 十月廿四日　　御判（足利義昭）
>
> 御父織田弾正（信長）忠殿
>
> 御追加
>
> 今度大忠に依り、紋桐・引両筋遣わし候。武功の力を受くべき祝儀也。
>
> 十月廿四日　　御判
>
> 御父織田弾正忠殿

ここで注目されるのは、義昭が信長のことを「御父」といっている点である。信長は天文三年（一五三四）の生まれ、義昭は同六年（一五三七）の生まれなので、年齢差はわずか三歳である。三つ年上の信長のことを「御父」とよぶのは何とも不自然な印象を受けるが、義昭としてはそれだけ「信長のおかげで将軍になれた」という思いをもっていたのかもしれない。

そして、このことと関係し、翌十二年（一五六九）三月、恩賞をめぐってもう一つ動きがあった。義昭は信長の功労に報いようとしたのか、信長の歓心を買おうとしたのか、そのいずれかであるが、信長に斯波《しば》家をつがせ、管領につけようとしたが断られているのである。周知のように、「三管領」といって、管領は細川・斯波・畠山の三家からしか出せなかったからである。義昭としては、斯波氏の家臣の家柄だった織田信長を織田家の主家である斯波家にすれば喜ぶと思ったのであろうが、信長としては、それを受ければ「一生、義昭の下になる」と考えたのであろう。「陪臣の家柄から出た信長としては冥利につきる」と体よく断っている。

義昭は信長をつなぎとめておきたい一心で、副将軍の職も呈示するが、信長はそれも辞退し、代わりに、堺と近江の大津および草津を直轄地にすることを認めさせている。信長は官職よりも実利をとったことになる。

ところで、先ほどの義昭が信長のことを「御父」と記した感状に、「尚藤孝・惟政申すべき也」とあったことを思いおこしていただきたい。「詳細については細川藤孝と和田惟政が申し伝える」というわけなので、この段階の義昭側近で、信長とのパイプ役をつとめていたのがこの二人だったことを示している。光秀は義昭の側近としての地位はまだ低かったのである。

2　京都本圀寺の戦いと光秀

義昭の将軍仮御所本圀寺

信長に擁立されて上洛し、第十五代将軍となった義昭は、はじめ清水寺に入った。信長は京都堀川の本圀寺《ほんこくじ》を義昭のために将軍仮御所とし、『本圀寺志』によると、その年、すなわち永禄十一年（一五六八）十月から惣構土手の普請をはじめさせている。本圀寺は本国寺とも書かれ、そのころは現在の京都市下京区柿本町にあったが、昭和四十六年（一九七一）、同じ京都市内の山科区御陵大岩町に移転している。

本圀寺は日蓮宗の古刹で、妙龍院日静《にちじょう》が鎌倉本勝寺を京都に移し、本圀寺と号したのがはじまりという。開創の時期は不明だが、いわゆる「京都二十一か寺本山」の一つとして知られていた。本能寺・妙覚寺・妙顕寺などと共に、寺の周囲に環濠《かんごう》があったので、信長はそれに手を加えて将軍仮御所としたのである。

上洛を果たし、義昭を将軍としたことで一段落ついたと思ったのか、信長は十月二十六日、京都を離れ、岐阜にもどっている。不思議なのは、主力軍を自ら率い、京都には五〇〇〇ほどの兵しか残していなかったことである。三好三人衆の逆襲など予想もしていなかったのかもしれない。

三好三人衆による反撃

信長が義昭を擁して上洛してきたとき、三好三人衆（三好長逸・三好政康・岩成友通）は抵抗できず、そのまま阿波に逃亡し、松永久秀と、三好長慶の養子義継らは信長に降っている。信長の頭の中に、「これで京・大坂は安泰」という思いがあったのであろう。

一方、信長がわずかな兵を残しただけで京を離れ、岐阜城にもどっていったことを知った三好三人衆は京都奪還の絶好の機会と考え、十二月、阿波から船で和泉に渡り、京都に向けて進軍を開始した。そして、ついに翌永禄十二年（一五六九）正月四日、京都に攻めこみ、義昭の将軍仮御所である本圀寺を囲み、戦いとなった。戦いの模様は『信長公記』にくわしく書かれている。

正月四日、三好三人衆幷に斎藤右兵衛太輔竜興・長井隼人等、南方の諸牢人を相催し、先懸の大将薬師寺九郎左衛門、公方様六条に御座候を取詰め、門前焼払ひ、既に寺中へ乗入るべきの行なり。尓処、六条に楯籠る御人数《ごにんじゅ》、

細川典厩・織田左近・野村越中・赤座七郎右衛門・赤座助六・津田左馬丞・渡辺勝左衛門・坂井与右衛門・明智十兵衛・森弥五八・内藤備中・山県源内・宇野弥七、

若狭衆山県源内・宇野弥七両人隠れなき勇士なり。御敵薬師寺九郎左衛門幢本へ切つてかゝり、切崩し、散々に相戦ひ、余多に手を負せ、鑓下にて両人討死候なり。襲懸れば追立つて、火花をちらし相戦ひ、矢庭に三十騎ばかり射倒し、手負死人算を乱すに異ならず。乗入るべき事思ひ寄らず。懸処に、三好左京大夫・細川兵部大輔・池田筑後、各後巻これある由承り、薬師寺九郎左衛門小口を甘候。是は後巻かつら川表の事、

細川兵部太輔・三好左京大夫・池田筑後・池田せいひん・伊丹・荒木・茨木、

懸向ひ、かつら川辺にて御敵に取合ひ、則一戦に及び、推つおされつ黒煙立て候て相戦ひ、鑓下にて、討取る頸の注文、

高安権頭・吉成勘介・同弟・岩成弥介・林源太郎・市田鹿目介、是等を始めとして歴々討取り、右の趣信長へ御注進。

ここに「六条」と出てくるのが「六条門流の本寺」といわれた本圀寺のことである。そこで三好三人衆の軍勢と将軍警固にあたっていた兵との間で戦いとなり、その兵の一人に明智十兵衛、すなわち光秀がいた。『明智軍記』といった史料としての信憑性が低い軍記物ではなく、信長の家臣太田牛一の著わした『信長公記』にはじめて光秀の名が登場したわけである。ただ、この記述からも明らかなように光秀自身がどのように戦い、戦功をあげたかはわからない。義昭警固にあたっていたうちの一人という程度である。

このとき、「後巻《うしろまき》」すなわち後詰として細川藤孝・池田勝正・伊丹親興らが駆けつけ、桂川付近で三人衆を撃退することに成功し、三人衆は再び阿波へ退いている。将軍義昭危急の報が岐阜に到着したのは六日。信長は大雪の中をただ一騎で駆けだし、ふつう三日かかるのを二日で京都に到着した。

このあと信長は、義昭との関係で二つのことがらをはじめる。一つは「室町幕府殿中掟」の制定で、もう一つが二条城の築城である。まず「室町幕府殿中掟」の方からみていこう。

これは、信長が岐阜から京都にもどった直後の正月十四日付で出されたもので（「仁和寺文書」『織田

信長文書の研究』上巻）、将軍足利義昭自身が制定した体裁をとっているが、その実は「公事篇内奏御停止之事」といった文でもはっきりするように、信長が将軍としての義昭の権限を定めたものであり、次第に義昭が傀儡将軍化していく実態をうかがい知るとともに、信長と義昭の不和が顕在化していった様子を読みとることができる。

もう一つの二条城築城であるが、信長も本圀寺の仮御所では防備上問題があることを思い知らされたものであろう。二月二十七日から新しい将軍邸としての二条城築城にかかっている。二条城は、それまで斯波氏の居館のあったところに大規模な普請をはじめたもので、尾張・美濃・近江はもとより、伊勢・三河・山城・摂津・河内・大和・和泉・若狭・丹後・丹波・播磨という十四か国の人びとが動員され、信長自身も工事現場に赴いて工事を督励したことが知られている。

ところで、二条城というと、このあと信長が築き、正親町《おおぎまち》天皇の皇子誠仁《さねひと》親王に譲った二条御所も二条城とよばれ、徳川家康が築いたのも二条城なので、混同されることがある。このとき、義昭の将軍邸として築いた二条城は、現在の京都市上京区烏丸出水から新町丸太町にかけてのあたりに築かれていた。昭和四十九年（一九七四）六月からはじまった地下鉄烏丸線建設にともなう遺跡調査のとき、出水―丸太町間の地下から、二条城の石垣が姿を現し、ふつうの石にまじって、石仏など石塔類が多数みつかったのも記憶に新しいところである。

『明智軍記』によると、このとき、城の縄張をしたのが光秀だったとするが、他の文献ではそのことはたしかめられない。『信長公記』に、「洛中洛外の鍛冶・番匠・杣を召寄せ、隣国・隣郷より材木をよせ、夫々に奉行を付置き、由《(油)》断なく候の間、程なく出来訖」とあるので、光秀も奉行の一人として築城にかかわっていたことは考えられる。

京都奉行としての光秀

二条城築城は突貫工事で、四月には義昭は六条本圀寺の仮御所から新築成った二条城に移ってきた。そして、それと符節を合わせるかのように、信長上洛後、京都とその周辺の政務にあたっていた部将たちの交代がみられるのである。

この時期の信長家臣たちによる文書発給を分析した谷口克広氏は『秀吉戦記』の中でAチームとBチームという二つのチームがあったと指摘している。

Aチーム　柴田《しばた》勝家《かついえ》・佐久間信盛・蜂屋頼隆《よりたか》・森可成《もりよしなり》・坂井《さかい》政尚《まさひさ》
Bチーム　丹羽長秀・明智光秀・中川《なかがわ》重政《しげまさ》・木下秀吉

注目されるのはBチームに光秀が入っていることであるが、両チームの出方をみると、Aチームが先で、永禄十一年（一五六八）十月一日から翌十二年（一五六九）四月一日までとなっているのに対し、Bチームはそのあと、四月十二日から翌十三年（元亀元・一五七〇）四月十六日までとなる。このことから谷口氏は、「まず、Aチームの五人が京畿の政務担当とされ、永禄十二年四月中にBチームの四人にバトンタッチしたようである」と分析しているが首肯できる見解である。とにかく、何よりも、光秀が京畿における政務担当者の一人に食いこんできたことがわかるわけで、光秀の一生を追いかけていく上で一つのエポックメーキングとなるできごとであった。
京都奉行としての光秀が発給した初見文書は、現在のところ次に引用する「沢房次氏所蔵文書」（『織田信長文書の研究』上巻）の木下秀吉との連署状である。

猶もって、定納四百石宛に相定め候。以上。
城州賀茂庄の内、先々より落来り候田畠、少分たりと雖も、御下知の旨にまかせ、賀茂売買の升にて、毎年四百石宛運上すべし。ならびに、軍役百人宛陣詰有るべきの由、その意を得候。いささかも如在有るべからざる事肝要に候。恐々謹言。

（永禄十二年）四月十四日　木下藤吉郎　秀吉（花押）
明智十兵衛尉　光秀（花押）

賀茂庄中

光秀発給の初見文書が、やがてライバルとして功を競うことになる秀吉との連署で、このあとの二人の関係を何となく暗示しているようであるが、その二日後の四月十六日には、光秀・秀吉・丹羽長秀・中川重政の四人連署で、立入左京亮宛、梶又左衛門宛、広野孫三郎宛の三通が同日付で出されている。
Aチームの五人がどちらかといえば「武断派」のメンバーで、Bチームの四人は「奉行派」のメンバーといってよい。ある程度、京都およびその周辺の治安が治まるまでは「武断派」にまかせ、落ちついてきたところで「奉行派」にまかせるという信長なりに考えた人事と思われるが、光秀を除く八人はいずれも信長の家臣だった者で、光秀だけが異色である。また、本来なら、光秀より身分的には上で京都奉行となってもよいはずの細川藤孝は入っていない。藤孝ではなく光秀が抜擢されたのはどうしてだったのだろうか。

3 義昭と信長に両属する光秀

光秀をとりこもうとしていた信長

この問に対する答は簡単ではない。結論からいってしまえば、信長が光秀の能力を高く評価したということになるが、それだけではなかった。信長・義昭・藤孝・光秀、この四人の関係を軸にこの問題を考えていきたい。

光秀が、義昭を信長のもとに連れてくるときに橋渡し役をしたことはすでに述べた通りである。しかし、そのころの光秀の地位は義昭の「足軽衆」の一人だった。もちろん、「足軽衆」といっても、雑兵の意味の足軽とはちがって、れっきとした幕臣である。義昭の仮御所だった本圀寺が三好三人衆に攻められたとき、光秀が防戦しているのは、まさに幕臣の一人として将軍の警固にあたっていたからである。

その時点では、光秀の「上司」にあたる細川藤孝は義昭の側近であり、信長も藤孝を義昭から引きはなすことはできないとみていたものと思われる。それに対して光秀はどうだったろう。もしかしたら、義昭を越前から美濃に連れてくるための交渉過程で、信長は光秀と会っていたかもしれない。また、光秀が自分の正室濃姫（帰蝶）の従兄弟であるということも頭のどこかにあった可能性がある。それとなく幕臣としての光秀の働きぶりに目をとめていたのではなかろうか。

永禄十二年（一五六九）四月十四日に、Bチームとして京都奉行の一員に光秀が加えられた点について、谷口研語氏は『明智光秀の生涯と丹波福知山』の第一章「明智光秀の生涯」において、「光秀がここで信長の重臣三人と共同作業をしているのは、この段階で信長は光秀を取り込もうとしているのだろう。あるいは、光秀の能力を試したのかもしれない」と述べている。

義昭・信長から扶持を受けていた

ところで、この時期の光秀のことについて注目されるのは、光秀の置かれていた立場である。木下秀吉・丹羽長秀・中川重政といった信長の家臣と連署していることで、一般的には、光秀はもう信長の家臣になっていたととらえられているが、どうなのだろうか。

京都奉行の一人にしているところをみると、信長が「光秀は自分の家臣」とみていたことはまちがいない。それ相応の扶持を与えていたものと思われる。ところが、そのころの光秀は義昭からも扶持を与えられていたのである。たとえば、「東《とう》寺《じ》百《ひゃく》合《ごう》文《もん》書《じょ》」によって、元亀元年（一五七〇）四月十日、東寺の僧禅識《ぜんしき》から、幕府奉行人松田秀雄と飯尾昭連に宛てて、「光秀が東寺八幡宮領の下久世荘を押領し、年貢や公事物を寺納しない」と訴え出たことがあったとき、その訴状の中に「下久世荘は、光秀が上意として仰せ付けられた」という旨が書かれていたことが明らかにされている。

このころ「上意」は義昭の意向のことなので、光秀は義昭からも扶持を受けていたことがわかる。二人から扶持を受けるということは、光秀は信長と義昭の二人の主君に仕えたことを意味し、いわゆる「両属」である。「同時に二人の主君に仕えるなどありうるのか」といわれそうであるが、このころはありえたのである。しかも、ルイス・フロイスの『日本史』によると、信長は光秀と朝山日乗《あさやまにちじょう》の二人に、「義昭に不正があれば報告せよ」と命じていたという。光秀の立場は微妙だったわけであるが、それでも、義昭と信長の関係が良好なうちはまだよかった。しかし、二人の関係に罅《ひび》が入りはじめたことで、光秀は苦しい立場に追いこまれることになる。

4 義昭・信長の対立と光秀の立場

義昭の御内書

信長の援助によって幕府を再興させた義昭は、すでに述べたように、わずか三歳上の信長のことを「御父」などといってもちあげ、感謝の念をもっていた。藤田達生氏が『謎とき本能寺の変』で、「義昭の幕府と信長の権力は、光秀らの有力者を媒介にして一体となって機能していたのである」と述べているように、両者の関係は歯車がうまくかみあってスタートした。しかし、信長と義昭の蜜月時代はそう長く続かなかった。歯車が狂いだしたのである。「信長のおかげで将軍になれた」と、信長に対して感謝の念をもっていた義昭が「こんなはずではなかった」と思うようになるのにそんなに時間はかからなかった。将軍に思ったほどの権限がなく、実権を握る信長に対する不満の念が頭をもたげはじめたのである。

もちろん、「そうしたものだ」と達観し、傀儡であることに甘んじていれば、その後の歴史展開はかなりちがったものとなったはずであるが、義昭は将軍の権威を取りもどそうと、さまざまな画策をはじめたのである。この点について藤田達生氏は前述の『謎とき本能寺の変』で次のように述べている。

義昭は凡庸な人間ではない。軍事的な才能はなかったが、歴代の足利将軍のなかでは抜群といえるほどの政治力の持ち主だった。兄の義輝の死後、一貫して将軍職をめざしてきた経歴を見てもそれは感じられるが、何よりも義昭は、たとえ名目であっても、現職の将軍がもつ権威というものをよく知っていて、それを有効に使う術《すべ》に長《た》けていた。

元亀年間（一五七〇〜七三）を通じて、信長から幕府の実権を取り戻すために、義昭は浅井氏や朝倉氏などの戦国大名や大坂本願寺に対して、信長に圧力をかけるように働きかけた。

「五か条の条書」と光秀

義昭は具体的に将軍権威回復に動きだした。義昭は諸国の戦国大名に御内書を出しはじめたのである。御内書というのは、将軍の私的な手紙のことであるが、私的な手紙とはいっても、出し手が将軍なので、それなりの影響力をもったことはいうまでもない。

光秀が信長からも扶持を受けていることは義昭も承知していたと思われる。したがって、御内書作成に光秀はタッチしていなかったと思われる。しかし、前述したように、信長からは光秀と朝山日乗の二人に「義昭に不穏な動きがあるときは知らせるように」との密命があったようなので、義昭が御内書を濫発しているということはすぐ信長の耳に入ったようである。そこで信長は義昭の行動を制限する動きに出た。それが「五か条の条書」とよばれる文書の提示である。

永禄十三年（一五七〇）は途中で改元されるので元亀元年である。この年は信長・義昭・光秀の三人にとっていろいろなことがあった年である。その正月早々、信長は義昭に「五か条の条書」（「成簣堂文庫所蔵文書」『織田信長文書の研究』上巻）をつきつけている。その文章が注目される。

（印文、義昭宝）

黒印

条々

一、諸国へ御内書を以って仰せ出《いだ》さる、子細あらば、信長に仰せ聞せられ、書状を添え申すべき事、

一、御下知の儀、皆以って御棄破あり、其上御思案なされ、相定めらるべき事、

一、公儀に対し奉り、忠節の輩に、御恩賞・御褒美を加えられたく候と雖も、領中等之なきに於ては、信長分領の内を以っても、上意次第に申し付くべきの事、
一、天下の儀、何様にも信長に任置《まかせお》かるゝの上は、誰々に寄らず、上意を得るに及ばず、分別次第に成敗をなすべきの事、
一、天下御静謐《せいひつ》の条、禁中の儀、毎事御油断あるべからざる事、
已上
永禄十参
正月廿三日　（朱印）（信長、印文「天下布武」）
日乗上人
明智十兵衛尉殿

冒頭の第一条で、「諸国へ御内書を出すときは信長が副状を出す」といっている。隠密裡に信長を除こうとする動きを牽制したものであることはいうまでもない。各地の反信長大名と義昭が結びつくことに釘をさした形である。注目されるのは第四条で、「天下のことは信長に任せられたので、これからはいちいち将軍の上意を得るようなことはしない」としている。全体を通して、義昭に対し、信長への権限移譲を迫る内容になっている。

なお、この文書はその形式からいっても非常に珍しい。文書の袖に義昭の印が捺され、奥には信長

の印が捺してある。まず信長の方でこの文案を作り、それを義昭にみせて、義昭が「わかった」という意味で印を捺し、効力が発した形となる。

ちなみに、この条書の宛名が朝山日乗と光秀の二人となっているのは、二人が、「義昭もこの内容を認めました」というわば証人の立場だったからである。しかし、考えてみれば中立的な立場ではなく、信長による義昭の束縛に手を貸した形であり、光秀としては両属を続けることに問題を感じはじめるできごとだったのではないかと思われる。

5 「金ヶ崎退き口」での活躍

信長の越前攻め

信長によって将軍としての権限に制約が加えられた義昭だったが、それでおとなしくなったわけではない。水面下で越前の朝倉義景と連絡を取りはじめている。朝倉義景はすでにみたように、義昭を最初に保護した大名である。自分が腑甲斐無かったことは棚にあげ、将軍義昭擁立の手柄を信長にもっていかれたということで、信長からの再三にわたる上洛命令を拒んでいたのである。

そこで信長は、ついに元亀元年（一五七〇）四月二十日、大軍を率いて京都を出馬し、若狭を経て越前に攻め入った。この朝倉攻めの織田軍の中に光秀もいたが、光秀の心境は複雑だったものと思われる。仕えている義昭が朝倉義景と親しく、また義景を頼りにしていたことと、何よりも、朝倉義景

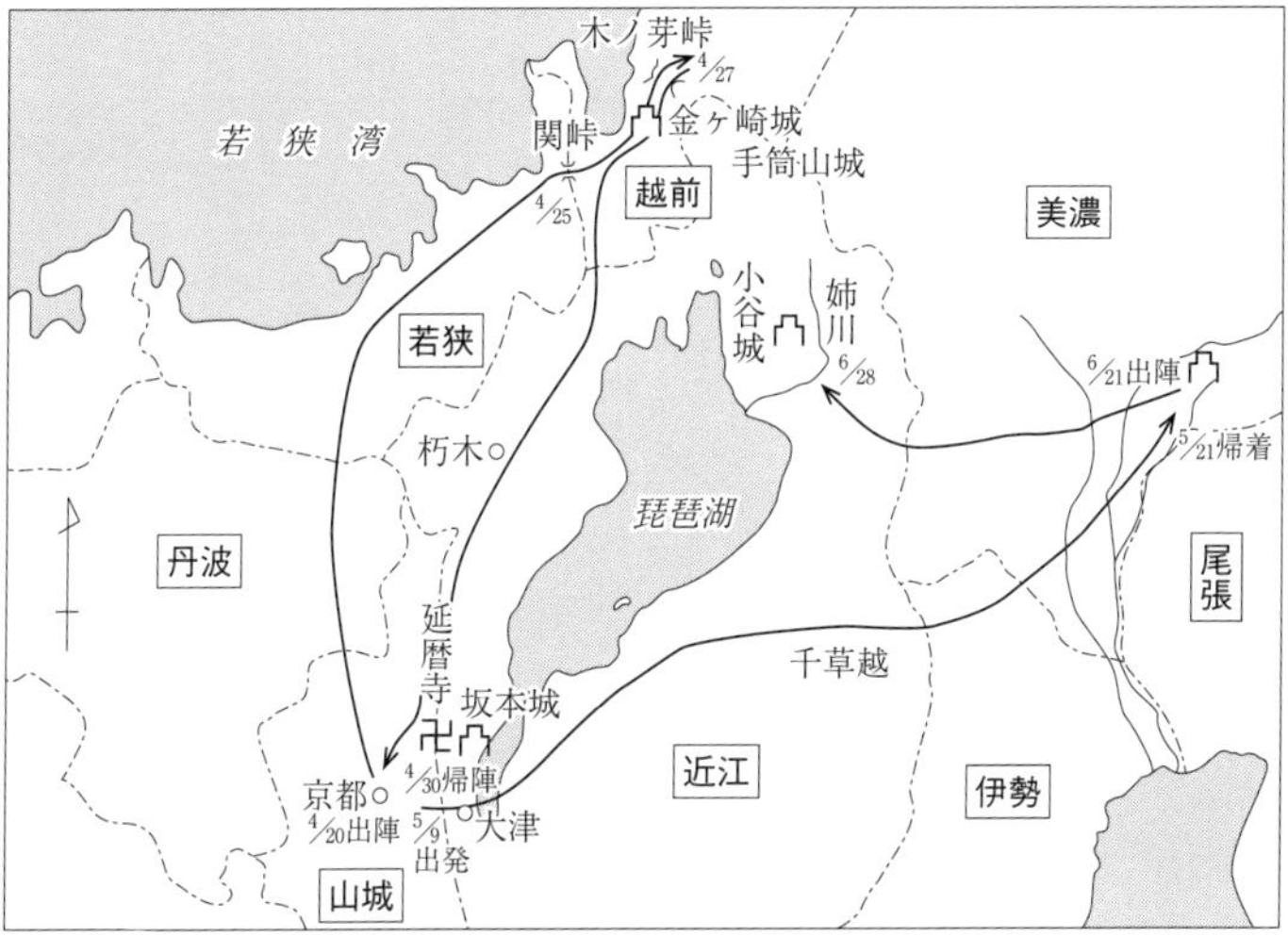

元亀元年４～６月の信長の動向

が光秀の旧主だったことである。

実際に信長の軍勢が越前の敦賀郡に入り、朝倉方の諸城を攻めはじめたのは四月二十五日からである。この日、信長は関峠を越えて敦賀の妙顕寺に本陣を置いて、天筒山《てづつやま》城（福井県敦賀市泉・天筒）と金ヶ崎《かねがさき》城（敦賀市泉・金ヶ崎）という朝倉方の支城を攻めさせている。天筒山城は手筒山城とも書かれる。

浅井長政の謀反

天筒山城を守っていたのは義景の重臣寺田采米正で、激戦となった。織田方が取った朝倉方の首が一三七〇余といわれていることから、すさまじい戦いだったことがうかがわれる。もう一つの金ヶ崎城を守っていたのは朝倉一族の朝倉景恒《かげつね》で、籠城戦となったが抵抗は無理と判断し、翌二十六日に城を織田方に明け渡して越前府中へ引いていった。

金ヶ崎城址全景（福井県敦賀市泉・金ヶ崎）

金ヶ崎城址（三の木戸址）

織田軍がその勢いで四月二十七日、木ノ芽《きのめ》峠を越えようとしたまさにそのとき、驚愕すべき情報が飛びこんできた。同盟者浅井長政が反旗を翻したというのである。なお、木ノ芽峠は史料によって木目峠とも書かれる。

このときの模様は『信長公記』に、「木目峠打越し、国中御乱入たるべきの処、江北浅井備前手の反覆の由、追々其注進候。然共、浅井は歴然御縁者たるの上、剰、江北一円に仰付けらる丶の間、不足これあるべからざるの条、虚説たるべきと思し食され候」とあるように、信長はその情報を信じなかった。信長としては妹お市の方を嫁がせてある浅井長政が反旗を翻すとは思っていなかったようである。

しかし、次々に入ってくる情報で、信長も浅井長政の謀反にまちがいないと考え、二十八日夜、兵を撤退させることにした。長政が背いたということになれば、退路を断たれ、義景と長政の挟み撃ちにあうことは火をみるよりも明らかだったからである。信長自身は、「せっかくここまで攻めこんだのだから」と未練の気持ちもあったようであるが、撤退に決している。

何が史料的根拠になったのかわからないが、朝倉方の史料『朝倉始末記』（『日本思想大系』17蓮如一向一揆）によると、このとき、信長に向かって、「天筒山城と金ヶ崎城の二つを落としたことで出陣の面目は保たれたのだから、すぐ兵をもどした方がよい」と諫言したのが松永久秀だったという。『總見記』も同じことを記しているので、信長に最後の決断をせまったのは松永久秀だったのかもしれない。

戦いは、攻めるときよりも引くときの方がむずかしいという。このとき、殿《しんがり》をつとめ、無事本隊を退却させたのが木下藤吉郎秀吉で、秀吉は金ヶ崎城に拠って追撃を防ぎながら、自身も無事退却することに成功した。世に「藤吉郎金ヶ崎の退き口」といわれ、秀吉の武功の一つに数えられているのは周知の通りである。

秀吉だけではなかった殿

ところが、実は、この「金ヶ崎退き口」で殿をつとめたのは秀吉だけではなかったのである。元亀元年と推定される五月四日付の波多野秀治宛一色藤長《いっしきふじなが》書状（「武家雲《うん》箋《さん》」所収文書）に、「金ヶ崎城に木藤・明十・池筑その外残し置かれ……」と記されているのである。

木藤は木下藤吉郎秀吉のこと、明十はいうまでもなく明智十兵衛尉光秀、池筑は池田筑後守勝正のことである。つまり、金ヶ崎城で殿をつとめたのが、秀吉・光秀と池田勝正の三人だったことがわかる。一色藤長は若狭の武将、波多野秀治は丹波の武将、二人とも越前の武将ではないので、その信憑性に疑問がもたれるかもしれないが、私はこの三人だったとみている。

というのは、「金ヶ崎退き口」は、のちに『太閤記』に書かれて有名になり、また、秀吉自身も自己の武功として宣伝したものと考えられるからである。こののち、光秀は秀吉によって討たれ、池田勝正も歴史の表舞台から消えていき、結局は、「勝者が書く勝者の歴史」というセオリー通り、光秀の戦功は消し去られてしまったものと思われる。

さて、このあと、信長はわずかの兵に守られて京都に逃げもどり、岐阜で態勢を整え、浅井長政攻めとなる。この年六月二十八日の姉川《あねがわ》の戦いであるが、この戦いに光秀が加わっていたかどうかはわからない。

では、光秀が義昭と袂《たもと》を分かったのはいつのことだったのだろうか。それを元亀二年（一五七一）十二月ごろではないかと推定されたのが桑田忠親氏である。桑田氏は『明智光秀』において、熱海のMOA美術館が所蔵する光秀自筆書状に注目する。

見ぐるしく候て、憚り入り候えども、御志ばかりに候。
唯今は御目にかかり、快然、此の事に候。これに就いて、我等進退の儀、御暇申し上げ候ところ、種々御懇志の儀ども、過分、かたじけなく存じ候。とにかくに、ゆくすえ成り難き身上の事に候間、直に御暇を下され、かしらをも、こそげ候ように、御取り成し、頼み入り存じ候。次に、此のくら、作にて候由に候て、然るべきかたより給わり置き候間、進め入り候。御乗習いに御用にたてられ候わば、畏み入て存じ候。かしく。

明十兵

光秀

曽兵公

人々御中

宛名の「曽兵公」は義昭の近臣で幕府の「御詰衆」でもある曽我兵庫頭助乗のことである。内容から、光秀が義昭への暇乞いの取り成しを曽我助乗に依頼したものだということがわかる。年月日の記載のないこの文書を元亀二年十二月ごろと推定したことについて桑田氏は、「これは、元亀二年（一五七二）の十二月ごろの消息と推定される。なぜかというと、光秀は、同年の十二月二十日、曽我助乗に下京の壺底分の地子銭二十一貫二百文を、義昭と光秀の間に立って、暇乞いについて奔走してくれたことに対する謝礼として、与えているからだ。光秀は、莫大な礼銭をあたえてまで、義昭のもとを辞去したかったのであろう。賢明な光秀は、このころすでに、将軍義昭の前途を見越していたらしい」と述べている。

ただ、このとき、光秀の暇乞いに対し、義昭が許可したかどうかはわからない。このあとの光秀をみると、たしかに信長家臣としての立場の方に軸足は置くが、幕臣としての立場も残していたようなのである。義昭が将軍として信長によって推戴されている間は光秀も義昭を見限ることができなかったのかもしれない。

第四章　信長家臣として頭角を現す光秀

1　「一国一城の主」第一号は光秀か

志賀の陣と光秀

元亀元年（一五七〇）六月二十八日の姉川の戦いは織田・徳川連合軍の勝利に終わった。しかし、信長側の損害も大きく、小谷城に逃げもどった浅井軍を追撃することもなく、そのまま兵を引き、信長は七月四日に上洛し、将軍義昭に姉川合戦の戦勝報告をしたのち、山科言継《やましなときつぐ》の『言継卿記《ときつぐきょうき》』によると、信長は光秀の京都屋敷に入っている。ただし、そこに泊まったかどうかはわからない。

姉川の戦い後、織田・徳川軍が浅井・朝倉軍を追撃することなく兵を引いたのを、織田軍の敗退と勘違いしたのが阿波に逼塞していた三好三人衆である。劣勢挽回の好機とみて七月二十一日、摂津中嶋まで進み、野田・福島に砦を築いて再び信長に反撃の姿勢をみせた。

信長は八月二十日になって出陣し、二十六日には摂津天王寺に本陣を置いて野田・福島砦に攻めかかったが、同時に四万の大軍で石山本願寺を包囲する形でもあった。このとき信長の意図がどこにあったかわからないが、結果として、石山本願寺の顕如は各地の門徒に信長との戦いの命令を出している。石山合戦のはじまりである。

こうした動きを受けて、姉川の戦いで手痛い打撃を受けた浅井長政および朝倉義景が本願寺と連絡を取りながら九月十六日、三万の兵を率いて坂本口まで進んできた。さらに、二十一日には醍醐・山科を焼き、京に迫ってきた様子をみた信長は、浅井・朝倉軍に京を占領されては面倒になると考え、野田・福島を引き払い、浅井・朝倉軍の追撃にかかった。そのとき、浅井・朝倉軍が比叡山延暦寺に布陣したため、信長は延暦寺側に、「わが方に味方するなら、信長分国中の山門領を還付安堵《あんど》しよう」といい、「それが無理なら、せめて中立を守ってほしい」と申し入れている。要するに、「浅井・朝倉軍に力を貸すな」という意味である。しかもその申し入れの末尾には、「味方もしない、中立も守らないということであれば、利敵行為とみなし、根本中堂・山王二十一社をはじめ、焼き払う」と、攻撃もありうることを通告していた。

結局、この信長からの申し入れは無視される形となり、朝倉軍は実際、山中の鉢ヶ峰に籠り、そこを居城とする形で麓の下坂本村に本陣を置く信長軍に対し、有利な戦いを展開していた。この九月から十二月までの比叡山およびその山麓を舞台にくりひろげられた戦いが志賀《しが》の陣とよばれ、信長の生涯最大の危難といわれている。

最終的には、信長が将軍・天皇にすがりつき、「勅命講和」という形で危機をすりぬけることになるが、このことが翌元亀二年（一五七一）の比叡山焼き討ちへと連動していくのである。

ところで、志賀の陣のときの光秀であるが、『信長公記』によると、はじめ、佐久間信盛・河尻秀隆・佐々《さっさ》成政《なりまさ》・村井《むらい》貞勝《さだかつ》ら信長家臣とともに穴太砦《あのう》（滋賀県大津市坂本穴太）に配備され、やがて比叡山西麓で京都に近い勝軍城（京都市左京区北白川）の守りについている。このあと、光秀と懇意になる公家で吉田《よしだ》神社の神官の吉田兼見《かねみ》が記した『兼見卿記《かねみきょうき》』（斎木一馬・染谷光広校訂『史料纂集』）によると、光秀は勝軍城を抜け出して吉田兼見邸の石風呂を所望したという。なお、講和成立後、光秀は志賀の陣のときに本陣としていた宇佐山《うさやま》城に入っている。

宇佐山城の光秀

宇佐山城は志賀の陣のはじめ、信長の重臣で、猛将といわれた森可成が守っていたが、浅井・朝倉軍の攻撃を受けて討ち死にしている。城は、近江と京を結ぶ要衝に築かれており、森可成の死後、信長は誰に守らせるか頭を悩ませたようである。というのは、近江の主要拠点にはすでに名のある重臣を配置してしまっていたからである。たとえば横山城には木下秀吉、佐和山城には丹羽長秀、安土城には中川重政、長光寺《ちょうこうじ》城には柴田勝家、永原《ながはら》城には佐久間信盛といったぐあいである。その中から誰かを宇佐山城に移せば、玉突き式にそのあとの人事も考えなければならなくなる。

そこで宇佐山城将に抜擢されたのが光秀だった。おそらく、信長としては金ヶ崎退き口での光秀の戦功に注目していたものと思われる。また、宇佐山城の位置にも注目したのではないかと考えられる。

信長の城で一番京に近いわけで、京都の政情にあかるく、また、将軍義昭の近臣でもあるという光秀の立場は、宇佐山城将にうってつけと信長は判断したのであろう。

ただ、ここで注意しておきたいのは、宇佐山城に入った時点では、光秀はまだ「一国一城の主」という意味での城主ではないという点である。これは、秀吉の横山城や勝家の長光寺城なども同じで、一城をまかされているという点では城主といってもまちがいではないが、厳密には城将とか城番とということになる。後述するが、「一国一城の主」は、城だけではなく、城付知行という、城の周辺の土地を知行地として与えられていなければならない。秀吉も勝家もまたこの光秀も、宇佐山城の時点では、あくまで城をまかされていたにすぎないのである。

比叡山焼き討ちに至る光秀の功績

そして、いよいよ翌元亀二年（一五七一）九月十二日の信長による比叡山焼き討ちの日を迎えることになる。前述したように、前年、信長が「自分の味方になるか、中立を守ってくれ。そのどちらにも応じないなら攻めるぞ」と脅していた言葉通りの焼き討ちであった。従来は、『天台座主記』に、「光秀縷々《るる》諫《いさめ》を上《たてまつ》りて云う」とあることから「王城鎮護の延暦寺に火をかけるなどもってのほか」と、光秀が先頭にたってこの暴挙を止めようとしたといわれてきた。ところが実際はそうではなく、光秀は信長の命令を忠実に実行していたことが明らかになっている。

焼き討ちのちょうど十日前の九月二日、光秀は雄琴《おごと》の土豪である和田秀純に書状を出し、その中で、比叡山麓の仰木《おおぎ》（滋賀県大津市仰木町）の土豪八木氏とともに自分に協力して宇佐山に入城することや、雄琴に弾薬などを補給することを伝えるとともに、抵抗する仰木の集落については「仰木の事ハ是非ともなでぎりニ仕るべく候」と、皆殺しを命じているのである。

通説のように比叡山への総攻撃を光秀らが直前になって知らされたのではなく、すでに十日も前の段階で、光秀が動いていたことがわかる。比叡山に一番近い宇佐山城をまかされていたという特殊事情も手伝ってのことではあるが、光秀が信長の命令に忠実に従っていたことが明らかである。だからこそ、このあとも、信長は光秀を自分の駒として使ったのであろう。

比叡山延暦寺根本中堂（滋賀県大津市坂本本町）

ところで、この信長による比叡山焼き討ちであるが、全山の堂塔がすべて焼かれ、僧俗男女が三〇〇〇から四〇〇〇人殺されたといわれてきた。それは、山科言継の日記『言継卿記』の元亀二年九月十二日条に次のように書かれていたからである。

……織田弾正忠、暁天より上坂本を破られ火を放つ。次いで日吉社残さず、山上東塔西塔、無童子残らず火を放つ。山衆悉く討死と云々（中略）。講堂以下諸堂に火を放ち僧俗男女三四千人を伐り捨て、堅田等に火を放つ。仏法の破滅、説《い》ふべからず。説ふべからず。王法如何なる事有るべけんや。大講堂、中堂、谷々伽藍一宇も残さず火を放つと云々。

ここに「一宇も残さず火を放つ」とあることは、『信長公記』にも「叡山を取詰め、根本中堂・三王廿一社を初め奉り、霊仏・霊社、僧坊・経巻一宇も残さず、一時に雲霞のごとく焼払ひ、灰燼の地と為社哀れなれ」とあることとも一致するので、全山焼き払われたといわれてきた。

ところが、延暦寺の発掘調査によると、このとき、全山の建物が火の海になったというのはまちがいで、焼き討ちをかけられたのは前年、浅井・朝倉軍が拠った山王社本殿のある鉢ヶ峰のあたりが中心だったといわれている。

坂本城主となる光秀

この比叡山焼き討ちの論功行賞で注目されるのが光秀である。『信長公記』に、「去《さ》て志賀郡明智十兵衛に下され、坂本に在地候なり」とあるように、光秀に坂本と、坂本を含む志賀郡が与えられているのである。その時点ではまだ坂本城という城はないので、「坂本に在地候なり」と記されているわけであるが、「そこに城を築くように」という含みをもたせた書き方になっている。

私が注目されるといったのは、このとき光秀が志賀郡といったまとまった領域を信長から知行地として受けとっていることである。つまり城付知行で、これはいわゆる「一国一城の主」の範疇に含まれるのである。ということは、柴田勝家や丹羽長秀、さらには佐久間信盛といった譜代の重臣たち、さらには光秀と同じ「中途入社組」といえる木下秀吉らを光秀が追い抜いたということである。私は光秀を「一国一城の主」第一号といっている。

それは、比叡山焼き討ちで目ざましい働きをしたというだけでなく、信長が光秀に期待するところがあったからである。光秀を京に近い坂本に置いたのは、義昭につながる幕府人脈を、光秀を通してつかもうとしていたからではないかと私は考えている。

光秀による坂本城の築城は元亀二年（一五七一）十二月にはもうはじまったらしい。『年代記抄節』の十二月のところに、「明智坂本ニ城ヲカマヘ、山領ヲ知行ス、山上ノ木マデキリ取」とみえる。また、吉田兼見は『兼見卿記』元亀三年（一五七二）閏正月六日のところで、「明十坂本に於いて普請なり。見廻の為に下向し了んぬ」と記しているように、普請がはじまっていたことがわかる。

兼見はこのあともたびたび坂本城を訪ねており、工事の進捗情況がうかがえておもしろい。同年十二月二十二日の記事に「城中、天主の作事」とみえ、天主の建築がはじまっていたことがわかる。翌四年（天正元・一五七三）六月二十八日に訪れた時には、ちょうど連歌師の里村紹叱《さとむらじょうじつ》が来ており、「天主の下に立つ小座敷」で歌仙連歌三十六句を興行している。また、その日の日記に「移徙《いし》の折節、下向祝着の由機嫌なり」とあり、どうやら、このころまでには天主を含めほとんど完成していたようである。

周知のように、信長の安土城天主はこれよりあとの築城である。ということは、光秀の坂本城天主の方が信長の安土城天主より早いということになる。このあたりも、信長と光秀の関係をみていく上で落とせないところである。

事実、ルイス・フロイスは『日本史』の中で、光秀について、「築城について造詣がふかく、すぐれた建築手腕の持ち主」と評しており、信長が安土城を築いたあとのこととなるが、坂本城は安土城

渇水で姿を現した坂本城石垣（大津市下阪本）

について立派な城だったと、やはり『日本史』に記している。

明智は都から四レーグァ（四里）ほど離れ、比叡山の近く、近江国の二十五レーグァもあるかの大湖（琵琶湖）のほとりにある坂本と呼ばれた地に邸宅と城砦を築いたが、それは日本人にとって豪壮華麗なもので、信長が安土山に建てたものにつぎ、この明智の城ほど有名なものは天下にないほどであった。

ただ、豪壮華麗だったといわれる坂本城も天正十年（一五八二）、山崎の合戦後、焼失してしまい、城跡の痕跡はほとんどなく、たまに琵琶湖が渇水して水位が低下したとき、石垣が姿を現す程度となってしまっている。次頁に示した縄張復原図からうかがわれるように、本丸・二の丸・三の丸の三つの曲輪から成っていた水城である。

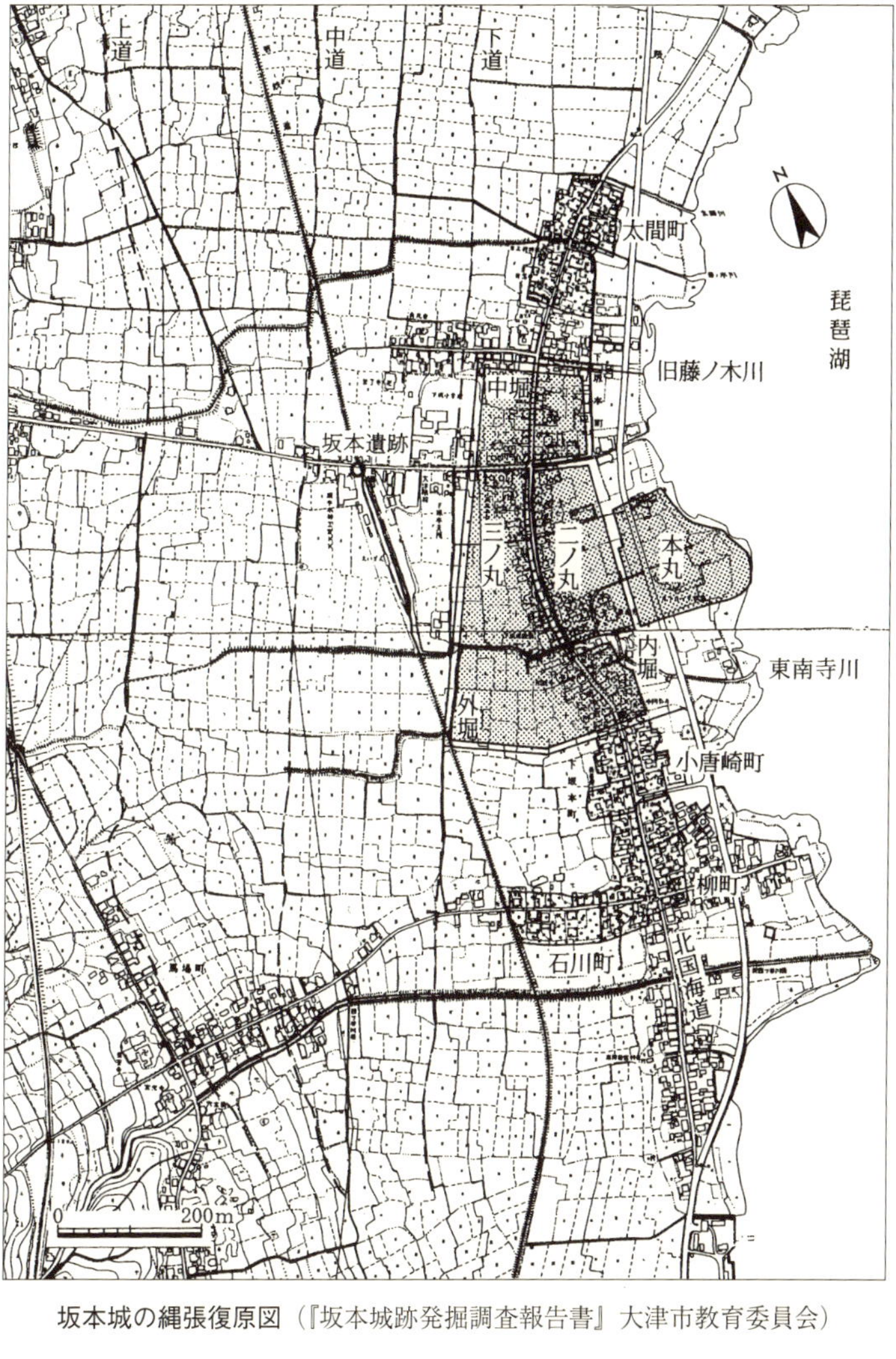

坂本城の縄張復原図（『坂本城跡発掘調査報告書』大津市教育委員会）

2　信長の義昭追放と光秀

光秀の志賀郡支配と水軍

信長から光秀に与えられた志賀郡はまさに比叡山の麓で、かなりの部分は山門領、すなわち延暦寺領荘園であった。その延暦寺を焼き討ちにしたわけなので、光秀はその直後から延暦寺領荘園の接収にかかっている。ところが、当然のことながらトラブルも発生した。たとえば、元亀二年（一五七一）十月の正親町天皇の女房奉書（「廬山寺文書」）からうかがわれる一件では、光秀が廬山寺を延暦寺の末寺として、その寺領を没収してしまったわけであるが、廬山寺は実際には末寺でないので、その行為をやめさせるよう甘露寺経元に指示している。

また、『言継卿記』同年十二月十日条からも、正親町天皇が光秀の押領をやめさせるよう信長から義昭に斡旋するよう指示があったことがわかる。こうしたトラブルは、事前の調査が不十分だったことからおこったものではあるが、光秀としては、「このあと、信長様の信頼をかちとれるかどうか」という、まさに正念場という思いがあり、多少の無理を承知で没収していったものと思われる。

ところで、先に坂本城を「水城」と表現したが、これはただ琵琶湖に面しているという意味ではなく、水軍の城として位置づけられていたからである。『信長公記』には、光秀が水軍を率いて江北の浅井方拠点を攻撃したという記事がある。元亀三年（一五七二）七月二十四日のところに、……海上は打下《うちおろし》の林与次左衛門・明智十兵衛・堅田の猪飼野《いかいの》甚介・山岡玉林・馬場孫二郎・居初《いそめ》又二郎仰付けられ、囲舟を拵へ、海津浦、塩津浦、与語の入海、江北の敵地焼払ひ、竹生島へ舟を寄せ、火屋《矢》・大筒・鉄炮を以て攻められ候。

と記されている。光秀が、堅田《かたた》の猪飼野甚介らとともに、軍船をあやつり、江北の浦々を襲って、火矢や大筒で攻めかけていたことがわかる。「囲舟」というのは防御装備を施した軍船のことであろう。堅田は、もともと本願寺と関係の深い本福寺という寺があり、本来は一向一揆地帯だった。しかも、「堅田湖賊」といわれる舟をあやつるのに巧みな者がたくさんいたところであった。光秀はその堅田の猪飼野甚介を味方とし、ある程度、堅田水軍の掌握に成功していたのである。この時期、秀吉が陸上で小谷城の浅井長政を追いつめ、光秀が湖上で浅井軍を追いつめていったのである。なお、光秀の水軍が今堅田《いまかたた》城を落とすのに成功したのは天正元年（一五七三）二月二十九日のことであった。これによって、志賀郡のほとんどが光秀の支配に服するようになったのである。

　もっとも、この時期、光秀は志賀郡支配に専念できていたわけではなかった。三好義継と松永久秀が信長に反したときにはその討伐に向かっている。元亀三年四月四日付の柴田勝家・佐久間信盛・滝《たき》川《がわ》一益《かずます》・明智光秀四名の連署状（「根岸文書」）がそのことを物語っている。

　これは三好義継と松永久秀が河内守護畠山秋高との戦いになったとき、秋高の家臣安見新七郎の交《かた》野《の》城（大阪府交野市）を攻めたため、片岡弥太郎に「来たる十四日に信長の河内出陣が決まったので出陣せよ。番手をどのようにするか、貴国衆で相談して馳走せよ」と命じているのである。光秀が柴田勝家らと肩を並べてこうした文書に署名していることが注目される。ちなみにこのときの光秀らの出陣によって、三好義継は若江《わかえ》城（大阪府東大阪市）に、松永久秀は信貴山《しぎさん》城（奈良県生駒郡平群町）に、久秀の子久通は多聞山《たもんやま》城（奈良県奈良市）に逃れ、籠城している。

そして、いよいよ、信長と義昭は完全に決裂することになる。

信長の「異見十七か条」

この年、すなわち元亀三年九月、信長は義昭に「異見十七か条」（『織田信長文書の研究』上巻）をつきつけている。日ごろの将軍義昭の所行について信長が気になっているところを十七か条にまとめた諫言書という性格のものであるが、「諸国に御内書を出して馬を所望するのはいかがなものか」と記し、そこには「そのような場合、信長が副状を出すといったのに守られていない」と、きびしい口調で義昭を非難している。十七ヵ条の十三条目には光秀に関係する項目もみられる。そこには、

一、明智地子銭を納め置き候て、買物のかわりに渡し遣し候を、山門領の由、仰せ懸け置き候者のかたへ御押し候事。

とある。奥野高広氏の『織田信長文書の研究』上巻では、「明智光秀が地子銭（貸地代）を収納しておいて、買物の代銭に渡したところ、そこは山門（延暦寺）領だといいかけ、渡した者から押領した事

は不法である」としている。そして、最後の第十七条では、「諸事に付きて、御欲にふけられ候儀、理非にも外聞にも立ち入らざるの由、其聞え候。然らば不思儀の土民・百姓にいたる迄もあしき御所と申しなし候由に候（以下略）」と、世間では義昭のことを「悪しき御所」と取り沙汰しているとかなり辛辣である。

この「異見十七か条」を受け取ったときの義昭の反応がどういうものだったか書かれたものがないのでわからないが、「ムッ」とするとともに、信長を亡き者にしたいという思いを強くしたのではなかろうか。信長と戦っている浅井・朝倉だけでなく、松永久秀・三好義継らを巻きこんだ「反信長包囲網」を築くため、御内書を濫発し続けることになる。

義昭の御内書がいつ、どのような形で武田信玄のところに届けられたかはわからない。従来、元亀三年十月三日に甲斐の躑躅ケ崎《つつじがさき》館を出陣し、十二月二十二日に遠江の三方原の戦いで徳川家康軍を打ち破ったこのときの信玄の目的について、上洛戦説と局地戦説、すなわち、上洛して信長と雌雄を決するための出陣だったとする説と、遠江・三河の徳川領奪取が目的だったとする説が分かれていたが、近年では、義昭の意向を受けた信長との戦いを視野に入れた出陣だったとする考え方が優勢で、私もその説に立っている。

理由の一つは、信玄が元亀三年十一月十九日付で越前の朝倉義景と連絡を取り合っているからである（「徳川黎明会所蔵文書」『戦國遺文』武田氏編第三巻）。そしてもう一つ、そうした信玄の快進撃を受け、義昭自身が反信長の戦いに立ちあがっているからである。

天正元年（一五七三）二月、義昭は御所の防備を厳重にするとともに、山岡光浄院・磯谷久次らに命じ、近江志賀郡今堅田（滋賀県大津市）に人数を入れ、同じく石山（同前）に砦を築かせ、側近に守らせている。そこで信長は光秀に命じ、それを攻めさせているのである。このときの戦いは『信長公記』に次のようにみえるが、光秀の勝利に終わっている。光秀がはっきり義昭と手を切った瞬間といってよい。

二月廿日に罷立ち、廿四日に勢田を渡海し、石山へ取懸候。山岡光浄院大将として伊賀・甲賀衆を相加へ在城なり。然りといへども、未だ普請半作の事に候間、二月廿六日降参申し、石山の城退散。則、破却させ、二月廿九日辰刻、今堅田へ取懸け、明智十兵衛囲舟を拵へ、海手の方を東より西に向つて攻められ候。丹羽五郎左衛門・蜂屋兵庫頭両人は、辰巳角より戌亥へ向つて攻められ候。終に午刻に明智十兵衛攻口より乗破り訖。数輩切り捨て、これに依つて志賀郡過半相静まり、明智十兵衛坂本に在城なり。柴田修理・蜂屋兵庫頭・丹羽五郎左衛門両三人帰陣候しなり。

公方様御敵の御色を立てさせられ、京童落書に云く、

かぞいろとやしなひ立てし甲斐もなくいたくも花を雨のうつをとと書付け、洛中に立置き候らひし。

そして、いよいよ義昭本人が信長によって攻められることになる。

槇島城の戦い

このあと、信長も直接、義昭と戦うことに躊躇したのだろう。日乗上人・村井貞勝・島田秀満《しまだひでみつ》を義昭のもとに遣わし、義昭へ和議を申し入れさせている。しかし、義昭がそれを断ったため、四月三日、信長は義昭に脅しをかけるため、まず洛外の寺を焼き、それでも義昭が講和に応じてこないので、ついに四日、上京に放火し、義昭の二条城を包囲し、圧力をかけた。ここで正親町天皇の調停が入り、七日、信長の名代として織田信広・佐久間信盛・細川藤孝の三人が義昭に対面し、義昭は信長との講和に応じている。ここで注目されるのは、このとき細川藤孝が信長側の使者として義昭のところに赴いていることである。ここにきて、義昭の一乗院脱出のときから側にあって義昭を支え続けてきた藤孝も義昭を見限ることになったことがうかがえる。

しかし、これでおとなしく引き下がる義昭ではなかった。武田信玄の西上《せいじょう》作戦に期待していたのである。ところが、その信玄は、この年四月十二日に信濃の駒場で亡くなっていた。よく知られているように、信玄は亡くなるとき、「三年間喪を秘せ」と命じており、義昭は信玄の死を知らなかった可能性がある。信玄が三方原の戦いで信長の同盟者徳川家康を破ったという情報を得て、強気になり、打倒信長に動きだしたのである。

具体的には、七月三日、将軍御所を出て宇治の槇島城《まきしま》（京都府宇治市槇島町）に立て籠っている。義昭挙兵の報を受けた信長はすぐ出陣を命じ、十六日から槇島城攻めがはじまったが、その軍勢の中に光秀はいた。結局、十八日に義昭は降伏し、実質的に室町幕府は滅亡した。「実質的に」といったのは、義昭自身は将軍を解任されたわけではなく、備後の鞆《とも》に退いたあとも将軍として行動しているからである。

すでに義昭のことを見限っていたとはいえ、義昭と信長の二人に仕える形だった光秀の心境は複雑なものがあったと思われる。

京都所司代村井貞勝と光秀

義昭を追放した信長が京都にもどったのは七月二十一日のことであるが、『信長公記』はそれに続けて、「天下所司代村井長門守仰付けられ、在洛候て、天下諸色申付けられ候なり」と伝えている。村井長門守は貞勝のことで、信長が村井貞勝を天下所司代に任命したというのである。天下というと何となく日本全体のことをさすように思われるが、ここでいう天下とは京都のことなので、天下所司代は京都所司代のことをいっている。京都市中の行政・司法をはじめ、公家や寺社問題などを管轄するポストである。

京都所司代は村井貞勝一人だが、信長も貞勝一人ではこなしきれないと思い、その補佐役として光秀をつけている。朝廷・公家との人脈もあり、何より、幕府の一員だった過去の経歴に信長が目をつけたものと思われる。実際に、裁判にあたり、貞勝・光秀の二人が同席して裁定を下すこともあり、貞勝と光秀の二人を「両代官」といった例もある。

たとえば、次の清涼寺《せいりょうじ》宛の禁制《きんぜい》（「清涼寺文書」『織田信長文書の研究』上巻）では、

清凉寺

禁制

一国質・所質の事

一喧咙・口論の事

一押買の事

右条々、千部経中堅く停止せしめおわんぬ。若し違犯の輩有らば、速かに厳科に処すべき者也。仍って件の如し。

天正参年二月十三日

村井民部少輔
貞勝（花押）
明智十兵衛尉
光秀（花押）

とあるように、貞勝と光秀が連署しているのである。しかし、やがて京都所司代は村井貞勝専任となっていく。その理由について谷口克広氏は『織田信長家臣人名辞典』の村井貞勝のところで、「貞勝の京都所司代就任後より天正三年の前半まで、光秀が貞勝と一緒に、京とその近辺の宛行いなどの業務に携わっている有様がうかがえるであろう。光秀は北山城の土豪を指揮する立場であったが、それに加えて旧幕臣としての経験などが、信長に買われていたからではなかろうか。その光秀も、同三年九月より丹波経略の命を帯びて、京都の行政に加わる余裕がなくなり、貞勝が単独で政務にあたるという形になって行くのである」と述べている。

ちなみに、この北山城の土豪というのが、山城国愛宕《おたぎ》郡の土豪のことで、田中の渡辺氏、岩倉の山本氏、高野の佐竹氏などが光秀の配下となっていた。そして、いよいよ、光秀に丹波経略の命が下るのである。北山城と丹波は国境を接しており、順当な人選といってよい。

3 光秀の家臣団と一族

光秀の与力

ここで光秀の丹波経略に筆を進める前に、光秀の家臣団と一族について概略をみておくことにしたい。いま、北山城の土豪を配下に組みこんだといったが、この渡辺・山本・佐竹氏らは光秀の直臣というわけではなく、与力《よりき》としてつけられた者である。近江国志賀郡の磯谷氏も同じであった。だから、天正元年（一五七三）二月に義昭が挙兵した際には、このうち、渡辺・山本・磯谷の三人は「明智に対して別心」（『兼見卿記』）し、光秀から離反しているのである。

なお、このうち佐竹氏は「別心」していないが、このことについて谷口研語氏は『明智光秀』の中で、「佐竹氏は北山城のかなり有力な武士だったようである。年欠十一月十九日付け佐竹出羽守あて柴田勝家書状によれば、佐竹は与力関係か所領のことで光秀と争い、信長へのとりなしを柴田に依頼している。また、年欠十二月二十日付けの佐竹出羽守あて細川藤孝書状もあり、二十日銭のことで佐竹と光秀が争い、藤孝の仲裁で三ヶ条のとりきめをしている（「尊経閣文庫武家手鑑《そんけいかくぶんこぶけてかがみ》」）。なお、佐竹氏はその後光秀の与力として諸合戦に活躍しており、のちに明智の名字をあたえられている」と述べ、光秀と争ったこともあったというのである。もともとの直臣をもたなかった光秀家臣団の一面を物語るものといってよい。

旧幕府衆を組みこむ

近江国志賀郡は近世的な石高でいうと約五万石といわれている。つまり、光秀は「一国一城の主」として坂本城主となった時点で五万石の大名という位置づけである。近世の軍役体系は、よくいわれるように一万石あたり二五〇人という計算なので、単純計算すれば家臣の数は一二五〇人ほどが必要となる。前述のように光秀は直臣をもっていなかったので、にわかに家臣を採用する必要があった。雄琴の土豪だった和田秀純や、山城国革嶋荘あたりから参陣してきていた河嶋刑部丞らは光秀による新規採用家臣といってよいが、ほかは、与力としてつけられた者が多かったものと思われる。この与力というのは寄子《よりこ》と同じで、戦国大名の多くが採用していた軍団編成方式の寄親寄子制と同じである。志賀郡領主時代でみると、『信長公記』の元亀三年（一五七二）七月二十四日、信長の軍勢が海津《かいづ》・塩津《しおつ》などの江北の浦々に攻めかかったときの林与次左衛門員清、猪飼野甚介昇貞《のぶさだ》、山岡玉林景佐、馬場孫次郎、居初《いそめ》又二郎らがこれにあたる。これらの者にはその下に何人かの被官を抱えており、総勢で一〇〇〇人を超す数が確保されたと思われる。

天正元年（一五七三）七月に義昭が逐われ、事実上、幕府は滅亡した。このとき、幕府の奉行衆・奉公衆の対応が割れているのである。義昭に従って河内若江へ退いていったグループと、京都に残り、信長に降ったグループに分かれた。そして注目されるのは、信長に降ってきた旧幕府衆の多くが、このあと、光秀に付けられているのである。主なところとして、伊勢貞興《さだおき》・諏訪飛騨守・御牧《みまき》景重といった名があげられる。また、一色藤長・一色昭秀・上野秀政《うえのひでまさ》・三淵藤英《みつぶちふじひで》らも光秀の麾下となっている。

しかし、これら与力にしても旧幕府衆にしても、光秀との主従の絆はそんなに強いものではなかった。やはり、光秀が一番頼りにしていたのは直臣と一族衆だったと思われる。では、直臣と一族衆にはどのような部将がいたのだろうか。

直臣と一族衆

さて、直臣となると、よく筆頭家老などといわれる斎藤内蔵助利三《としみつ》があげられる。斎藤道三以前の斎藤氏、すなわち前斎藤氏の利安の孫、利賢の子にあたり、はじめ、稲葉一鉄に仕えていたが、途中で光秀に鞍替えしたため、光秀と一鉄の間に一悶着あったことは周知の通りである。利三の母が光秀の叔母にあたるともいわれるので、一族衆でもある。

直臣であり、一族衆でもあるのが明智秀満である。左馬助を名乗っている。光春とするものもあるが、良質の史料には光春とはでてこない。三宅弥平次といっている時代が長く、荒木村重の子村次に嫁いでいた光秀の娘が、村重の謀反に伴って実家にもどされていたところ、秀満と再婚し、このとき、秀満は明智に姓を改めている。横山住雄氏は「明智軍団の構成と軍事力」（『別冊歴史読本　明智光秀野望！本能寺の変』一九八九年十一月号）の中で、天正八年（一五八〇）九月二十一日の「宗及茶湯日記」に三宅弥平次の名でみえ、翌九年四月十日の同記では明智弥平次の名に変わっているので、その間に秀満は光秀の娘の秀林院と結婚したのではないかとしている。また、横山氏は単なる改姓ではなく、秀満を一族（養子）に迎えたのではないかと指摘している。その可能性はありそうである。

同じように、明智光忠も直臣であり、一族衆である。やはり各種系図では、光秀の従兄弟とする。つまり、光秀の叔父光久の子を光忠としている。丹波攻めで活躍し、秀満と同じく、光秀の娘を娶っている。

そのほか、直臣として藤田伝五行政、溝尾庄兵衛茂朝らが知られ、天正五年（一五七七）十月の丹波亀山《かめやま》城攻略後、城主内藤定政の家臣たちが光秀家臣団に加わっている。並河《なみかわ》掃部・四王天《しおうてん》但馬守・荻野《おぎの》彦兵衛・中沢豊後・波々伯部《ほうかべ》権頭・尾石与三・酒井孫左衛門・加治石見守といった口丹波衆である。このように、光秀の所領拡大とともに家臣の数もふえていった。

第五章　光秀の丹波経略と丹波の領国経営

1　丹波経略をまかされる光秀

丹波への出陣命令

天正三年（一五七五）は信長にとっても光秀にとっても特筆される年となった。信長が同年五月二十一日の長篠・設楽原の戦いで武田勝頼《かつより》を破ったからである。信長はこれで東の脅威が無くなり、北および西に目を向けることができるようになった。早くも五月二十五日に岐阜に凱旋した信長は、丹波攻めの戦略を練りはじめている。いうまでもなく、丹波は山城国のすぐ隣りである。「畿内を征圧したはずの信長なのに、丹波は手つかずだったのか」と驚かれたかもしれないが、天正三年の時点ではたしかに手つかずだったのである。

というのは、天正元年（一五七三）七月まで、室町幕府が形としてあった段階には丹波の有力国人領主荻野直正《なおまさ》らが「信長・義昭二重政権」に組みこまれていたが、義昭が追放されたのに反発し、一斉に信長から離反してしまったからである。ちなみに、荻野直正は『信長公記』に赤井悪右衛門として出てくる。同一人であり、黒井城《くろい》（兵庫県丹波市春日町黒井）に拠り、このあと、光秀が苦しめられることになる。

荻野直正に少し遅れて元丹波守護代だった内藤氏や宇津《うつ》氏までも信長から離れたため、信長としてもそのまま放置しておくわけにもいかず、武田勝頼を破った余勢をかって丹波経略に乗り出したのである。そして、信長は丹波攻めの総大将として光秀を指名した。丹波に隣接する北山城の領主だということも関係したかもしれないが、それまでの光秀の戦いぶりを評価していたからだと思われる。

信長がその年の六月七日の時点で、光秀を総大将として丹波に攻めこませる構想をもっていたことは、次の川勝継氏《かわかつつぐうじ》宛信長の朱印状写（「記録御用所本古文書」二『織田信長文書の研究』下巻）によって明らかである。

内藤・宇津の事、先年京都錯乱の刻、此方に対して逆心未だ相休まず候哉。出仕なく候はゞ、誅罰を加うべきため、明智十兵衛を指し越され候。連々馳走の条、猶以って此時忠節を抽んずべき事、専一に候也。仍って状件の如し。

天正三

六月七日　　　信長朱印

川勝大膳亮（継氏）

川勝継氏は丹波国桑田郡《くわだ》在住の武将で、右の文書は丹波攻めに光秀を遣わすのでそれに協力するよう命じたものである。この文面からだとすぐにも出陣命令が出されそうな雰囲気だったが、このあと、信長は越前一向一揆攻めを優先し、それに光秀も動員されたので、実際の丹波攻めは九月末ないし十月はじめにずれこんでいる。なお、その間に、信長は光秀を惟任日向守《これとうひゅうがのかみ》としているが、本書ではそのまま明智光秀と表記する。

『信長公記』には、越前平定後の九月二日に柴田勝家が越前八郡を与えられたとあるのに続けて、「惟任日向守直に丹波へ相働くべきの旨に候」とみえ、さらに「丹波国桑田郡・舟(船)井郡、細川殿へ進せられ」と、丹波国の二郡が細川藤孝に与えられたことがわかる。もちろんこの段階ではまだ完全に平定されていたわけではないので、約束手形のような意味あいということになろう。あるいはこの二郡は信長の意識の中では、自分の勢力圏と思っていたのかもしれない。

荻野直正の黒井城を攻める

実は、光秀が越前一向一揆平定のために越前へ行っているとき、つまり、光秀の留守中に丹波攻略の戦いははじまっていた。私が監修している『明智光秀の生涯と丹波福知山』の第二章「明智光秀と丹波福知山」を執筆された福島克彦氏は、一連の小畠《こばたけ》左馬助永明の関連文書から、いくつかの事実を明らかにしている。たとえば、天正三年と推定される七月二十四日付の光秀書状（「小畠文書」大東急記念文庫所蔵）により、小畠永明に出陣要請をした光秀が、永明に鋤・鍬その他普請道具を用意して出陣するよう指令しており、工作部隊を伴った軍事活動だったとし、また、八月二十一日付の永明宛ての光秀書状（「小畠文書」大阪青山大学歴史文学博物館所蔵）においいて、光秀が負傷した永明のことを心配しながら、越前が解決したならすぐ「宇津表」へ押し入ると伝えている。

結局、光秀が実際に兵を率いて、但馬の竹田から丹波の氷上郡に攻め入ったのは十一月のことで、氷上郡からさらに天田郡の荻野直正の居城黒井城の包囲にかかった。このとき、光秀が丹波経略のターゲットに荻野直正を選んだのには理由があった。直正は隣国但馬の一部にまで勢力を伸ばしており、出石《いずし》城の山名氏、竹田城の太田垣《おおたがき》氏から信長に救援要請があったらしいことも理由であるが、何より、直正が、甲斐の武田勝頼、石見の吉川元春《きっかわもとはる》らと連絡をとりあっており、信長にしてみれば「反信長統一戦線」というか「反信長包囲網」の一角を崩す目的があったからである。なお、後述するように、黒井城の戦いはこのあともう一度あるので、天正三年十一月にはじまったこのときの戦いは第一次黒井城の戦いとする。

第一次黒井城の戦いでは丹波国多紀郡の八上城（兵庫県丹波篠山《ささやま》市八上）の波多野秀治も光秀軍に加わっていた。そのため、同年十一月二十四日付で吉川元春に宛てた八木豊信の書状（『吉川家文書』）によると、「丹波国衆過半無レ残惟日一味候」という状態だった。「惟日」はいうまでもなく惟任日向守で光秀のことである。つまり、光秀による丹波経略が順調に進み、丹波の国衆のほとんどが光秀に一味したというわけで、光秀としても黒井城の落城は時間の問題と考えていたと思われる。

しかし、黒井城は要害堅固な山城で、光秀の猛攻にもかかわらず容易に落ちなかったのである。しかも、そのあと、思わぬ展開となった。翌天正四年（一五七六）正月十五日、光秀に一味し、一緒に

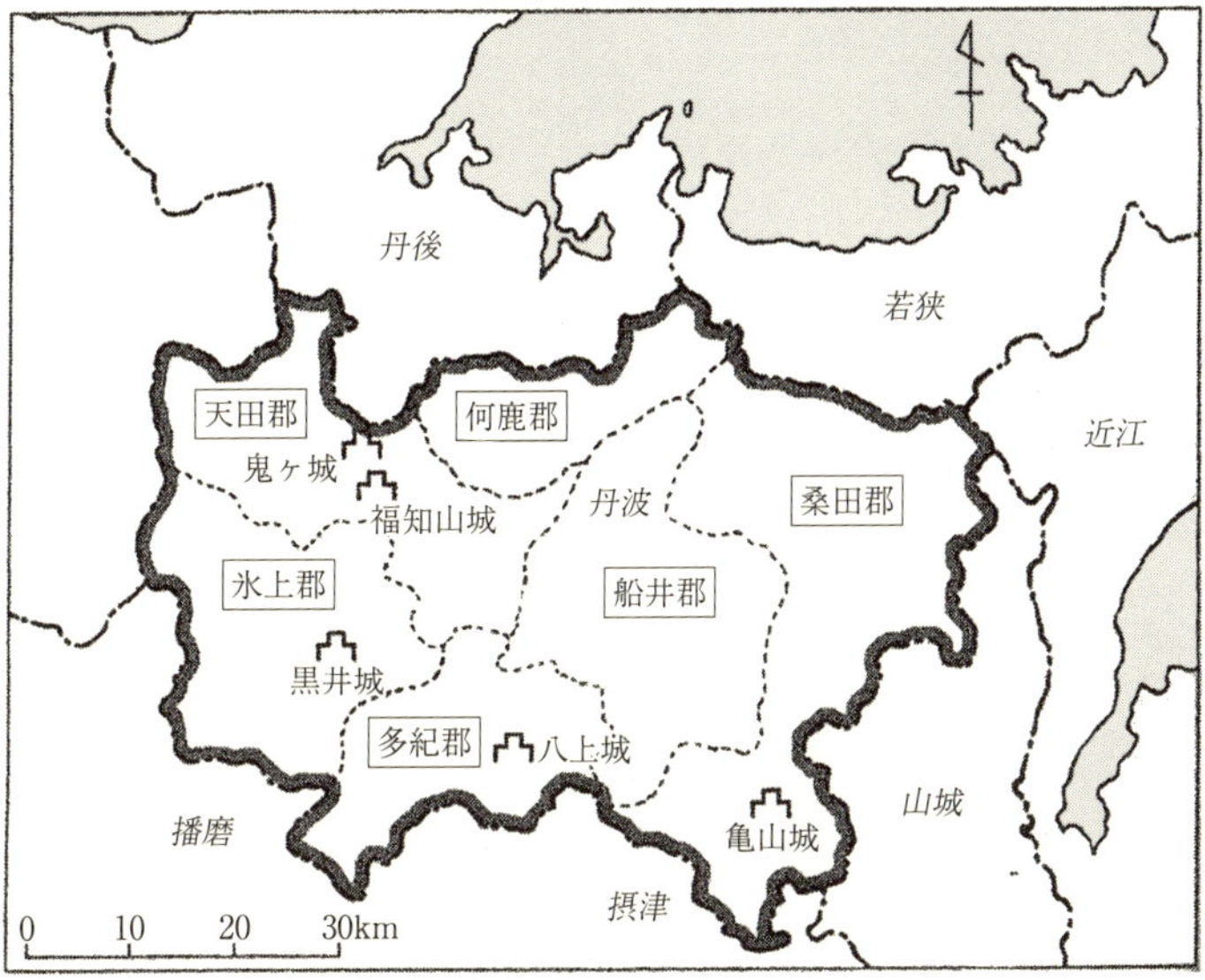

丹波国の諸郡と主要な城

黒井城攻めをしていた波多野秀治が突然裏切り、第一次黒井城攻めは失敗に終わり、光秀はその月の二十一日、自分の居城である坂本城に逃げもどっているのである。

これは、いってみれば光秀の大失態で、さぞや信長から大目玉をくらったと考えるところであるが、このとき、光秀が信長から叱責を受けた形跡はない。「光秀でなくとも同じ結果になったのではないか」と信長は考えたのかもしれない。そして、このあと、信長は思い切った行動に出る。何と、それまで敵対していた荻野直正と講和しているのである。直正からの詫言《わびごと》を信長が受け入れたという。信長は、丹波経略のため、黒井城の荻野直正と、八上城の波多野秀治の二人を同時に敵とするのは不利であると考えたのであろう。このあと、光秀に命じて八上城攻め一本に絞っているのである。

八上城攻めの開始

黒井城攻め失敗のショックがあったものか、このあと光秀はしばらく病気がちとなり、出陣していない。光秀の妻熙子が亡くなったのはこの年十一月七日といわれているので、このことも関係していたかもしれない。

翌五年（一五七七）正月からの雑賀《さいか》攻め、十月の松永久秀攻めには光秀も従軍しているが、この久秀討伐の戦いの口火を切ったのは光秀だった。十月一日、久秀の家臣森秀光の守る片岡城（奈良県北葛城郡上牧町）を光秀と細川藤孝の軍勢が攻めており、このとき、藤孝の嫡男忠興の武功を賞した信長の感状（「細川家文書」）は、信長の数少ない自筆書状として知られている。このように、光秀としても丹波経略に専念できるような状況ではなかったのである。

このあと、光秀は兵を休める間もなく十月十六日には丹波経略に出陣している。『綿考輯録』によると、光秀は細川藤孝・忠興父子とともに丹波亀山城（京都府亀岡市荒塚町）攻めをはじめている。亀山城のある桑田郡はすでにみたように越前一向一揆討伐後の論功行賞で藤孝に与えられていたが、元丹波守護代の内藤定政が居すわっていたのである。

その定政が病死し、幼い子があとをついだばかりという時期をねらっての攻撃であった。当主は幼いので、実際は家老の安村次郎右衛門がとりしきっており、光秀ははじめ安村次郎右衛門に勧降工作をはじめている。しかし、それに乗ってこなかったので戦いとなり、攻防は三日三晩続いたという。

この戦いで、光秀が大手口を、忠興が搦手口を担当していたが、結局、猛攻に耐えかねて安村次郎右衛門が降伏を申し出てきた。大手口の光秀はそれを承知し、ただちに城攻めをやめさせたが、搦手口を担当していた若い忠興は、落城間際の降伏は認められないと、攻撃を続行しようとしていた。それをみた光秀は忠興に「そうした行動は慎むように」と指導している。

光秀から報告をうけた信長も光秀のやり方を認め、内藤氏と亀山城の処分を光秀に一任しているのである。光秀は内藤氏とその家臣団をすべて赦し、彼らを自分の家臣団に組みこんでいる。こうして、並河掃部・四王天但馬守・荻野彦兵衛といったその後の光秀家臣団の中でも活躍する口丹波衆が光秀の傘下に入っているのである。信長では考えられないことではあるが、それを信長が認めているところもおもしろい。

このあと亀山城が光秀による丹波経略の拠点となり、近江の坂本城とともに光秀の居城として整備されていくことになる。『兼見卿記』によると、光秀は亀山城を開城させたあと多紀郡の籾井城（兵庫県丹波篠山市福住）を攻め、『綿考輯録』によると同郡の笹山城（丹波篠山市北新町）を攻めたとしているので、天正五年段階で、光秀によって多紀郡のかなりの部分が征圧されたことがわかる。そして、いよいよ、翌六年（一五七八）三月から本格的な八上城攻めがはじまるのである。

このときは信長自らが出陣する意向だったという。しかし、信長の出馬はなく、その代わり、滝川一益・丹羽長秀それに細川藤孝が支援に駆けつけている。光秀は三月三日に坂本城を出陣し、丹波に入って八上城を囲んだ。

ところが、この時期、織田軍団は丹波攻略だけに集中するわけにはいかなかったのである。大坂の石山本願寺と敵対している信長としては、大軍をいつまでも一つの城攻めにまわすことはできず、摂津への転戦を余儀なくされている。光秀は援軍としてきていた一益・長秀・藤孝の三人と相談し、光秀の家臣明智治右衛門光忠を残し、主力は摂津へ向けて出陣していった。包囲はしていても、いつ敵が城内から城外へ打って出てくるかわからないし、また、兵糧が城内に運びこまれないよう、包囲の塀を二重にしたといわれている。

四月に入って、四日・五日と摂津での戦いの状況がよくなったということで、光秀をはじめ、応援の諸将は八上城攻めにもどってきた。このとき、光秀らは相談の上、八上城だけを攻めるのではなく、まわりの城から落とし、八上城を孤立させる戦法に切り替えている。『信長公記』に、

戊寅四月十日、滝川・惟任・惟住両三人丹波へ差遣はされ、御敵城荒木山城居城取巻き、水の手を止、攻められ、迷惑致し降参申し退散。去て、惟任日向守人数入置き、寅四月廿六日、京都に至つて帰陣。

とあるように、八上城の支城の一つだった荒木《あらき》山城守氏綱《うじつな》の守る城を攻め、水の手を切って降参に追いこんだことがわかる。なお、ここに「惟住」とあるのが丹羽長秀のことである。従来、この城を園部城（京都府南丹市園部町）としてきたが、福島克彦氏は前述「明智光秀と丹波福知山」で、多紀郡東

部の細工所城《さいくじょ》（兵庫県丹波篠山市細工所）ではないかとしている。園部城は旧船井郡なので、細工所城の可能性が高いように思われる。ちなみに、この荒木氏綱は、降伏後、光秀の家臣に組みこまれている。光秀らは、このまま八上城を攻めれば落とせると考えていたようであるが、この時期、八上城だけに力を投入できるような状況ではなくなってきたのである。

2　荒木村重の謀反と光秀

播磨への転戦命令

光秀が信長から丹波経略をまかされたあと、播磨経略をまかされたのが羽柴秀吉である。秀吉は天正五年（一五七七）十月、播磨に乗りこみ、小寺政職の家臣だった姫路城主の黒田官兵衛を味方にし、早くも十二月には、播磨と備前・美作の国境近くに位置する上月城《こうづき》（兵庫県佐用郡上月町上月）を落とすことに成功している。上月城はこのあと一度宇喜多直家《なおいえ》に攻め取られているが、翌六年（一五七八）三月、その奪回に成功し、信長の命令で尼子勝久《あまごかつひさ》・山中《やまなか》鹿介幸盛《しかのすけゆきもり》主従が城主として入っている。信長としては、尼子家を滅亡に追いこんだ毛利打倒の執念に燃える尼子主従を前面に立てる戦略をとったわけであるが、それが裏目に出て、結局、四月に入り、毛利輝元《てるもと》が二人の叔父である吉川元春と小早川隆景《こばやかわたかかげ》に三万の大軍をつけ、上月城攻めに向かわせている。

このころの秀吉の最大動員兵力は一万ほどだったので、秀吉軍だけで上月城の救援にいくのは無理と判断し、信長に援軍出馬の要請をしている。このとき、信長は八上城攻めに出陣していた光秀・一益・長秀らに播磨への出陣を命じた。信長の命を受けて、光秀・一益・長秀らが四月二十九日、織田信忠《のぶただ》・信雄《のぶかつ》・信孝《のぶたか》・信包《のぶかね》らが五月一日に出陣し、播磨に向かった。その数二万というので、秀吉率いる一万と合わせ三万となる。

ところが、ここでもう一つの一大事が発生した。何と、信長方だった播磨三木《みき》城（兵庫県三木市上の丸町）の別所長治《べっしょながはる》が反旗を翻し、毛利方となってしまったのである。結局、このとき、信長の判断で上月城は見捨てられることになり、光秀は七月十六日に播磨の神吉《かんき》城（兵庫県加古川市東神吉町神吉）を落とすまで播磨での転戦を余儀なくされている。

荒木村重の説得に失敗

播磨での戦いに一段落がついたところで光秀は坂本城にもどり、本格的な八上城攻めのタイミングをうかがっていた。しかし、そこに、別所長治の謀反に続くもう一つの謀反の情報が届けられた。それが、摂津有岡《ありおか》城（兵庫県伊丹市伊丹）の荒木村重の謀反である。別所長治の謀反のときには光秀はまだ他人ごとと考えていたが、荒木村重の場合はそうはいかなかった。村重の子村次に光秀の娘が嫁いでいたからである。このときの模様を『信長公記』は次のように記している。

寅（天正六年）十月廿一日、荒木摂津守逆心を企つるの由、方々より言上候。不実に思食され、何篇の不足候哉、存分を申上候はゞ仰付けらるべきの趣にて、宮内卿法印・惟任日向守・万見仙千代を以て仰遣はさるゝの処に、少しも野心御座なきの通り申上候。御祝着なされ、御人質として御袋様差上せられ、別儀なく候はゞ出仕候へと、御諚候といへども、謀反をかまへ候の間参ぜず候。惣別荒木は一僕の身に候といへども、一年《ひととせ》公方様御敵の砌《みぎり》忠節申すに付いて、摂津国一職に仰付けらるゝの処、身程を顧みず朝恩に誇り、別心を構へ候。此上は是非に及ばず、の由候て、安土御山に神戸三七・稲葉伊豫・不破河内・丸毛兵庫をかせられ、十一月三日御馬を出だされ、二条御新造御成。爰にても惟任日向守・羽柴筑前・宮内卿法印を以て色々御扱を懸けられ候へども、御請け申さず候。

ここに記されているように、「不実に思食」されたのは信長である。信長としては、「摂津の池田勝正の一家臣にすぎなかった者を摂津の一職支配者にまでしてあげたのに、なぜ裏切るのだ」との思いがあり、謀反は信じられなかったのであろう。ここにみえるように、宮内卿法印、すなわち松井友閑と光秀それに万見仙千代《まんみせんちょ》の三人を遣わし、謀反について問い詰めさせていたことがわかる。

残念ながら、これだけの文面では、光秀たちが村重に直接会えて会話をかわしたかどうかはわからない。このときは、村重から「少しも野心はない」という返答を受けただけで引き下がってきたようである。要するに翻意させることに失敗したといってよい。

ちなみに、同年十一月一日付小畠永明宛の光秀書状（「小畠文書」大東急記念文庫所蔵）では「摂津守逆心極まり候ば」と仮定形の書き方をしているので、説得次第によってはまだ村重を翻意させることができると考えていたのかもしれない。当時、摂津三田《さんだ》城（兵庫県三田市三田町）を守っていたのが村重の一族で小姓から重臣の列に加えられた荒木平太夫重堅《しげかた》で、光秀は摂津から丹後多紀郡に重堅が攻めてくるかもしれないと、小畠永明にそれに備えるよう命じている。光秀は、荒木村重と八上城の波多野秀治が連携することを警戒していたことがわかる。

ところで、この時期、なぜ荒木村重が謀反を起こしたのだろうか。先の別所長治とちがって、村重の子村次の妻は信長の重臣明智光秀の娘という姻戚関係にあったにもかかわらず、なぜ反旗を翻したのか。この点について、天野忠幸氏は「信長を見限った者たちは、なにを考えていたのか」(日本史史料研究会編『信長研究の最前線』)で、「村重は百姓や摂津平定のなかで滅ぼしていった牢人らの反発に苦慮し、危機感を抱いていた。村重は自らの摂津支配を維持するためにも、信長を見限り百姓らと連携する道を選んだ」とし、さらに続けて次のように指摘する。

松永久秀・別所長治・荒木村重は、信長の上洛や西国への進出において功績があった。しかし、信長はそれらを無視し、彼らと対立する筒井順慶や浦上宗景、傲慢な羽柴秀吉を登用した。そのため、長治や村重は家臣や与力関係にある国人に対する面目を潰された。そのうえ、信長の目指した政策は、在地の国人や百姓との関係を損なうものであった。さらに信長が登用した塙直政や宗景、秀吉は結果を残せなかった。信長の不公平で失態続きの人材登用が繰り返される一方で、西国には現職の征夷大将軍に味方するという大義名分が存在していた。

久秀・長治・村重は、与力の国人や家臣、百姓に対する支配を信長に脅かされるなかで、自らの将来が見えたからこそ、信長を見限らざるを得なかった。

ここで私が注目するのは、ただ面目を潰されたというだけではなく、「現職の征夷大将軍に味方するという大義名分」の存在である。この点は、この時期、足利義昭が裏で積極的に動いていることを明らかにされた山本浩樹氏の『西国の戦国合戦』にも共通するところで、今後の研究課題として重要と思われる。

再び八上城攻めに向かう

そして、この年、すなわち天正六年十二月から八上城攻めが本格化する。『信長公記』同年十二月のところに、次のようにみえる。

維（惟）任日向守は直に丹波へ相働き、波多野が舘取巻き、四方三里がまはりを維任一身の手勢を以て取巻き、堀をほり塀・柵幾重も付けさせ、透間もなく塀際に諸卒町屋作に小屋を懸けさせ、其上、廻番を丈夫に、警固を申付けられ、誠に獣の通ひもなく在陣候なり。

「波多野が舘」というのが八上城であるが、獣も通ることができないくらい厳重に包囲したことがわかる。包囲したままの状態で年を越し、いよいよ天正七年（一五七九）を迎えた。『兼見卿記』によると、正月十七日に吉田兼見が坂本城に光秀を訪ねているので、正月は坂本城で過ごしたのかもしれない。このあと、光秀本人は二月二十八日に亀山城に入り、三月十六日には多紀郡まで進んでいる。こうして最後の戦いとなる攻防戦がはじまるわけであるが、八上城側も城から打って出ることもあり、口丹波衆の中心武将の一人小畠永明は、籠城兵が打って出てきたときの戦いで討ち死にしている。

光秀は兵糧攻めを続け、包囲網を縮める一方、城主波多野秀治に降伏勧告も行っていた。二面作戦である。結局、この調略が功を奏し、波多野秀治・秀尚兄弟が六月二日、降伏してきた。なお、このとき、波多野兄弟が城を出るにあたって人質を要求し、光秀が自分の母を人質にして八上城に送りこんだということが人口に膾炙している。このあと、安土城に送られた波多野兄弟が信長の命によって磔にされて殺されたため、怒った城兵が、人質にとっていた光秀の母を殺したという話である。これが、本能寺の変の一つの要因になったといわれているが、光秀の母が人質になったということも、母が殺されたということも後世創作された話である。ただし、波多野秀治・秀尚兄弟が安土で磔になって殺されたのは事実である。

3　第二次黒井城の戦い

宇津城を落とす

八上城が開城する少し前、五月はじめから十五日にかけて、光秀は同じ波多野一族である波多野宗長・宗貞父子の守る氷上山城（兵庫県丹波市氷上町氷上）を攻め落としており、八上城開城後の七月には宇津頼重の宇津城（京都府船井郡京北町宇津）を攻めている。宇津氏は禁裏御料所の山国荘を侵略していた船井郡を代表する武将であった。『信長公記』に、

七月十九日、維《(惟)》任日向守、丹後へ出勢の処に、宇津構明退候を、人数を付け、追討に数多討捕り、

頸を安土へ進上。それより鬼か城へ相働き、近辺放火候て、鬼か城へ付城の要害を構へ、維任人数入置く。

とみえる。ただ、『信長公記』には書かれていないが、このとき、宇津頼重自身は城を脱出し、逃げだしていたことが七月二十五日付の丹羽長秀宛信長文書（「溝口文書」『織田信長文書の研究』下巻）によって判明する。このころ若狭を所領としていた長秀に、頼重が若狭の浜辺から船で逃げるかもしれないので警戒するようにと命令しているのである。

なお、ここに出てきた「鬼か城」は鬼ヶ城（京都府福知山市猪崎）のことで、丹後加佐郡と丹波天田郡の境に位置し、麓からの高さ、すなわち比高が四八〇メートルもある山城である。この鬼ヶ城の方には「付城の要害」を築いて監視させ、封じこめている。城を守っていたのは荻野直正の兄家清の子忠家で、忠家は鬼ヶ城が落ちたあと、黒井城に合流した。そしていよいよ、荻野直正、すなわち、『信長公記』がいう赤井悪右衛門の本城である黒井城攻めとなる。前述したように、黒井城攻めは天正三年から翌四年正月にかけての戦いがあり、これを第一次黒井城の戦いとよんだので、天正七年八月の戦いを第二次黒井城の戦いとよんでいる。

黒井城を落とす

ところで、そのころの黒井城の城主は荻野直正ではなかった。直正は天正六年三月九日に亡くなっており、子直義がついでいたが、まだ幼かったので叔父の赤井悪七郎が陣代をつとめ、前述したように鬼ヶ城陥落後は赤井五郎忠家も合流していた。最後の戦いの模様は『信長公記』に次のようにみえる。

八月九日、赤井悪右衛門楯籠り候黒井へ取懸推詰候処に、人数を出だし候。則、噇と付入に外くるはまで込入り、随分の者十余人討取る処、種々降参候て退出。維《（惟）》任右の趣一々注進申上げられ、永々丹波に在国候て粉骨の度々の高名、名誉比類なきの旨、忝くも御感状成下され、都鄙の面目これに過ぐべからず。

こうして、天正三年九月にはじまった光秀による丹波経略はここにおいて幕が引かれたわけである。そして、すぐに領内統治に乗り出していった。次の百姓還住施策はその一つである。光秀は戦い直後の八月二十四日付で次のような文書を氷上郡の村に出している（「富永文書」『織田信長文書の研究』下巻）。

今度赤井五郎《（忠家）》御成敗の儀、仰せ出され、上意の旨にまかせ申し付け候。仍って、在々所々誰々に寄らず、急度還住すべき者也。

天正七年

八月廿四日　　光秀（花押）

氷上郡

寺庵中
高見山下町人中
所々名主中
所々百姓中

村人たちは戦乱を避け、村を離れて避難していたが、そのままでは田畠が荒廃し、村が成り立たなくなるわけで、光秀は、村人たちに村へ戻り、従前通り、農業経営に携わるよう呼びかけているのである。これは、基本的な戦後復興策の一つということになる。

周山城の築城と城割り

ところで、光秀の丹波経略の拠点は、前述したように亀山城であったが、丹波平定後、いくつかの新しい城を築いて丹波の領国経営を進めている。その一つが周山《しゅうざん》城（京都市右京区京北周山町）である。桂川と支流弓削川の合流点の西側に広がる丘陵上、標高四八〇メートル、比高二三〇メートルの山頂に築かれている。築城年代について、当時の文献に書かれたものはないが、『丹波誌』は何を根拠としたか不明ながら、天正八年（一五八〇）としている。丹波平定後の築城であることはまちがいないので、そのころの築城とみてよさそうである。文献上はっきりするのは、天正九年（一五八一）八月十四日で、光秀が茶人の津田宗及《そうぎゅう》を周山に招いたとき、「彼山」で十五夜の月見を楽しんだことが『津田宗及茶湯日記』にみえる。

なお、よく、光秀が自分を周の武王になぞらえ、周山と命名したといわれることもあるが、周山と

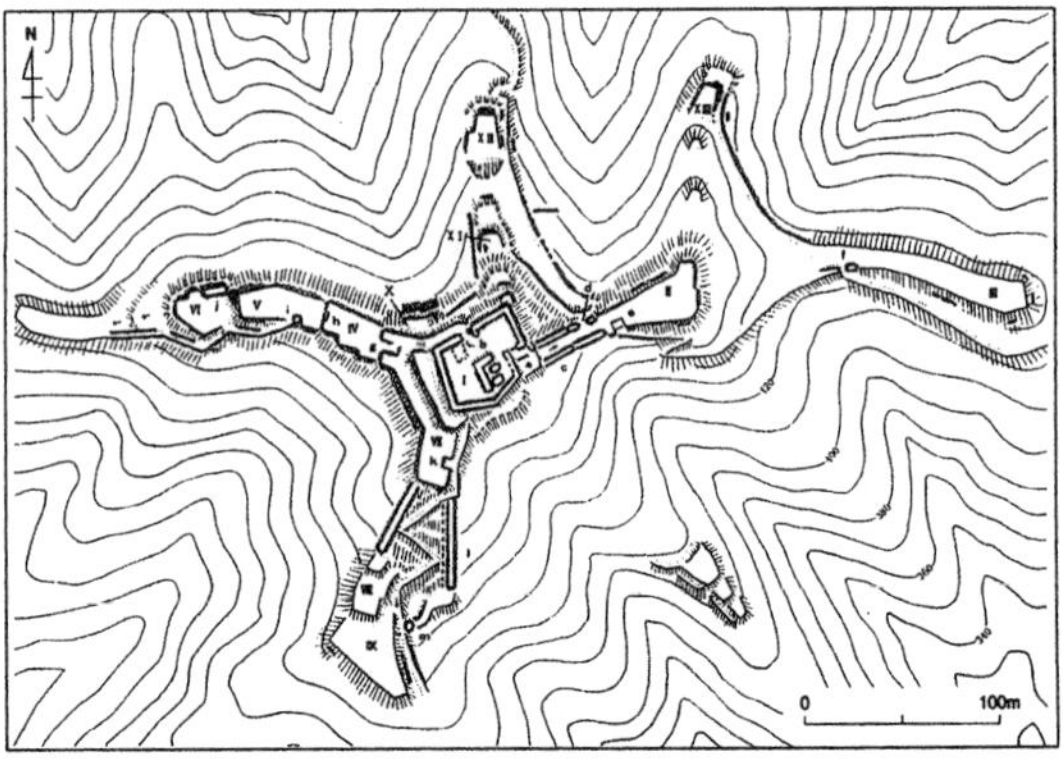

周山城址主要部

（福島克彦作図／仁木宏・福島克彦編『近畿の名城を歩く　滋賀・京都・奈良編』）

いう地名はそれ以前からあり、光秀の命名ではなく、ましてや、信長に代わって天下人になろうとしたという天下取りの野望説の論拠の一つにされることもあるが、それもまちがいである。

この周山城やあとでふれる福知山城の築城のように、光秀による新規築城がみられる反面、城割り、すなわち城の破却も同時に進められていた。福知山市の「御霊神社所蔵文書」の中に、天正六年と推定される六月二十一日付の片山兵内・出野左衛門助宛の光秀書状があり、そこに「和久左衛門大夫城破却の儀、去年申し付け候ところ、寺家と号するを残し置き、雅意にまかすの条、昨日成敗を加え候。近年逆意の催その隠れあるべからず候」とあるように、光秀による城破却が進められていたことがわかる。

光秀は、大和でも信長の推進する支城破却を行っており、丹波における支城破却も信長の方針に沿ったものである。

4　光秀による丹波の領国経営

丹波一国を与えられる

光秀が丹波を平定したころから、信長をめぐる状況が好転しはじめた。翌天正八年（一五八〇）正月十七日には秀吉によって包囲されていた播磨の三木城が陥落し、閏三月七日には、実に足かけ十一年にわたって戦ってきた石山本願寺の顕如が、講和に応ずるという形で屈服してきたのである。これら一連の戦いにおける光秀・秀吉の働きは信長にとっても満足のいくものであったにちがいない。それにくらべ、いかにも腑甲斐なくみえたのが、本願寺攻めを中心になって担っていた佐久間信盛・信栄父子の働きぶりだった。

何と、信長は十九か条の折檻状（『信長公記』所収）を認め、佐久間信盛・信栄父子を高野山へ追放しているのである。その罪状とされるのが、本願寺攻めの責任者だったにもかかわらず、五年間、何もしなかったということである。信長は信盛・信栄の怠慢をなじりながら、それと比較対照するような形で、第三条目で次のようにいっている。

一、丹波国日向守働き、天下の面目をほどこし候。次に羽柴藤吉郎、数ヶ国比類なし。然て池田勝三郎小身といひ、程なく花熊申付け、是又天下の覚を取る。爰を以て我が心を発し、一廉の働きこれあるべき事。

福知山城址（京都府福知山市字内記）

このあと、第四条目に柴田勝家が出てくるが、この書き方からすると、光秀・秀吉、その次に池田勝三郎、すなわち池田恒興《つねおき》がきて、宿老といわれ、数々の戦功をあげてきた勝家は四番手とされていたことがわかる。

『丹波誌』によると、信長によって「丹波国日向守働き、天下の面目をほどこし候」と称揚された同じころ、光秀は信長から丹波一国を与えられたという。丹波は近世石高で二十九万石で、それまでの近江国志賀郡五万石と合わせると三十四万石となる。このような場合、ふつうは志賀郡は取りあげられ、別な部将に与えられるということが多いが、光秀のこのときは純粋な加増であった。そのため近江の坂本城と丹波の亀山城という二つの城の城主となっている。

坂本城の方は天正期になると普請に関する史料はほとんどみられなくなるが、亀山城の方は天正六年あたりからふえ、同九年あたりまで継続してたしかめられる。城下町の「惣堀」普請が進められている。ちなみに、亀山城は口丹波の要衝で、奥丹波の要衝が福知山城ということになり、光秀としても、亀山城と福知山城の築城には力を入れている。

福知山城の築城と町づくり

福知山城は由良川と土師川《はぜ》が合流する段丘上に築かれ、その北側に城下町がつくられている。合流地点で水害に見舞われやすい土地だったため、洪水を防ぐための堤防が築かれた。これが「蛇ヶ端御藪《じゃがはなおんやぶ》」といわれるもので、現在では明智藪とよばれている。どちらも当時からあった名称ではないが、光秀の治水事業として伝えられている。私は、明智藪は光秀が山崎の戦いのあと落武者狩りで殺された明智藪のイメージがあるので、むしろ、治水名人武田信玄の信玄堤、加藤清正の清正堤のように、光秀堤の方がいいのではないかと考えている。なお、築かれた福知山城には光秀の女婿の明智秀満が入っているのである。この秀満のときに、現在の福知山の基礎が築かれたといわれている。ちなみに、黒井城には斎藤利三が入り、八上城には明智光忠が入っている。

蛇ヶ端御藪（福知山市堀蛇ヶ端）

光秀が丹波で善政を布いたことは地子銭《じしせん》の免除の例などによって知られているが、下村信博氏の「織田政権の徳政と知行制」（有光友学編『戦国期権力と地域社会』）という論文でこれまで知られてこなかった例も明らかにされている。それによると、名古屋市の旧家が所蔵する「貼雑屏風」に光秀文書の写が貼りつけられていたという。光秀が天正三年（一五七五）十二月二日付で「在々所々百姓中」に年貢米未進などを破棄する徳政令を出したときの文書写で、織田領に組みこんだばかりの地域に徳政令を出し、民心の安定をはかりつつ、さらに支配領域を拡大していった様子が読みとれる。

また、江戸時代になってから書かれたものなので、信憑性の点で問題がないわけではないが、福知山市の威光寺に所蔵されている「寺社改ニ付一札」の中にある「里老茶話」という史料によると、光秀は検地を行い、千石を一村とし、一人の名主を置き、万石に一人の代官を置くようにしたという。また、年貢以外の雑税を賦課しない方針をとったとみえる。雑税を賦課しなかったというのはにわかに信じられないが、この時期、光秀が細川藤孝に協力して丹後で検地を行っていることは『兼見卿記』や『綿考輯録』にみえるので、当然、丹波でも検地を行ったであろう。

「明智光秀家中軍法」

光秀が丹波一国および近江志賀郡を支配していた時代、信長家臣としてはほかに例をみない珍しい文書を残している。それが福知山市の御霊神社が所蔵する「明智光秀家中軍法」である。本来の表題は「定　条々」で、前半の七か条は軍法、後半の十一か条は軍役賦課基準について書かれたものである。戦国大名の軍役基準については、後北条氏の着到状などが知られ、武田氏も同様の文書が出されているが、信長家臣団の場合、そのようなものはなく、この「明智光秀家中軍法」はその意味において異例である。

軍法の第一条では、「武者、備場において、役者の外、諸卒高声ならびに雑談停止の事。付り、懸り口その手賦・鯨波以下、下知に応ずべき事」とあり、また、第六条では「或いは動き、或いは陣替の時、陣取と号し、ぬけかけに遣う士卒の事、堅く停止せしめおわんぬ」と、いわずもがなの規定が

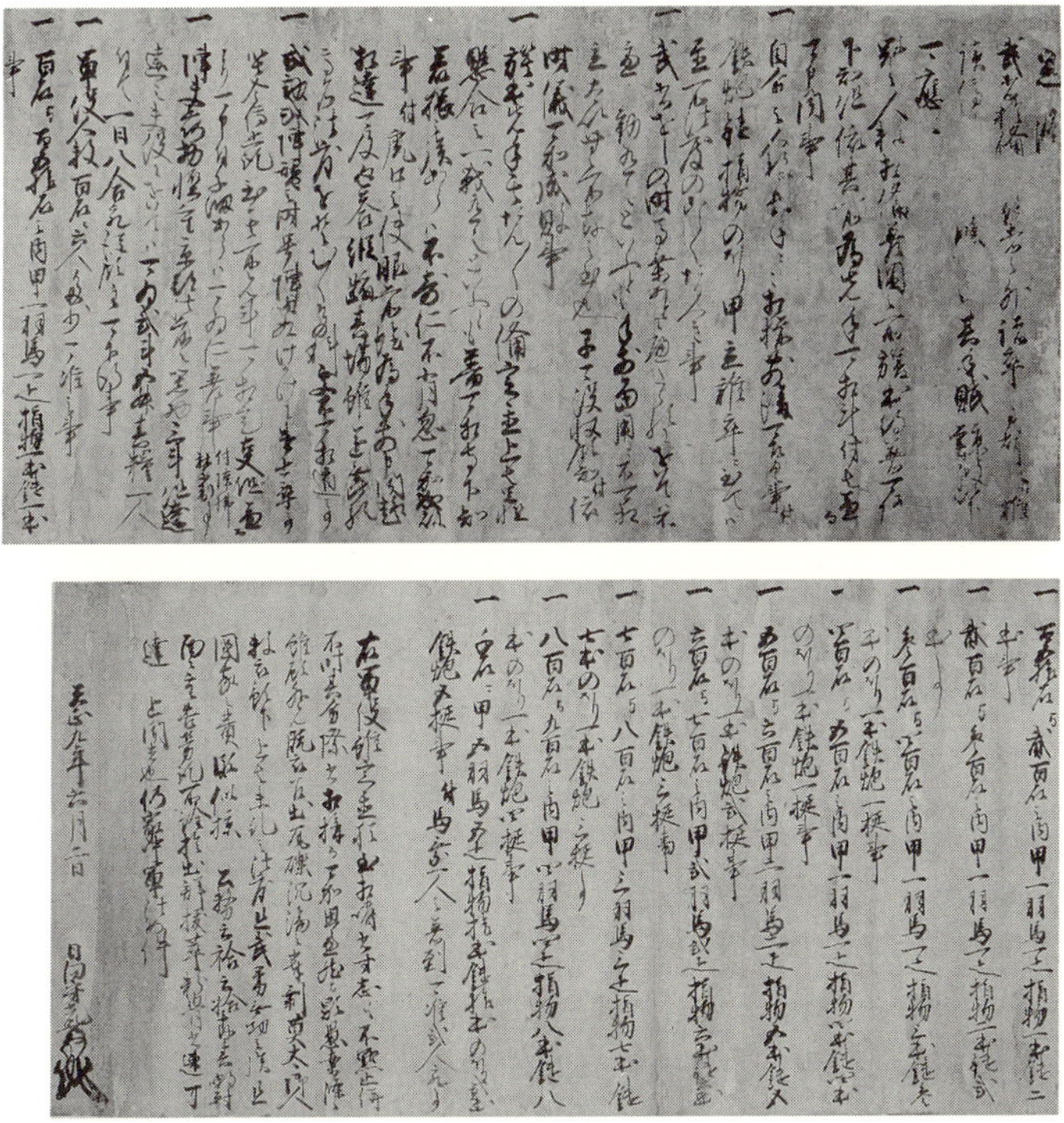

「明智光秀家中軍法」
(京都府福知山市・御霊神社蔵／福知山市教育委員会提供)

家中軍法の軍役規定（谷口研語『明智光秀』より）

	石高	兜	馬	指物	鑓	幟	鉄炮
第８条	軍役人数は100石に６人，多少はこれに准ずべく候						
第９条	～150石	1	1	1	1		
第10条	～200石	1	1	1	2		
第11条	～300石	1	1	2	2		
第12条	～400石	1	1	3	3	1	1
第13条	～500石	1	1	4	4	1	1
第14条	～600石	2	2	5	5	1	2
第15条	～700石	2	2	6	6	1	3
第16条	～800石	3	3	7	7	1	3
第17条	～900石	4	4	8	8	1	4
第18条	～1000石	5	5	10	10	2	5

含まれていることから、本当に当時のものなのかと疑問視する声があがっていることも事実である。ただ、後半の軍役賦課基準は、信長軍団の軍役の実態をうかがう上では参考になるのではなかろうか。谷口研語氏が整理した表を上に掲げておく。福島克彦氏も「明智光秀と丹波福知山」で、「この史料は、後世の脚色という意見も見られるが、織田権力による馬揃えなど、軍勢の整備が進行した時期であり、何らかの意図があって作成されたものと思われる」としている。

明智秀満の福知山統治

すでにみたように、光秀の娘婿である明智秀満が福知山城の城主となり、由良川の改修などを中心的に行ったことが知られているが、これまでは「天寧寺文書」によって、秀満が天寧寺に対し、光秀の証判にしたがって諸税を免除したことぐらいしか知られていなかった（口絵二頁上参照）。

ところが、最近、秀満の福知山統治をうかがわせる新しい文書が発見された。この文書は現在、福知山市郷土資料館の所蔵となっており、その文面は次の通りである（口絵二頁下参照）。

□□しの事、鮎鮨到来祝着候。ありしのとうの事、明候への由申し遣わし候間、定めて其の分たるべく候。由（油）断無く鮭取候て上げ候への由申し付くべく候。恐々謹言

弥平次

八月廿三日　　秀満（花押）

前欠であり、宛名が欠けていて、しかも書状なので年欠である。ただ、文中にある「ありしのとう」は「有路《ありじ》の塘」なので、これは、現在の福知山市大江町の有路に築かれていた堤のことをさしていることはまちがいなく、秀満の福知山統治にかかわる文書ということになる。

おそらく、宛名は有路の土豪であろう。土豪から鮎鮨を贈られたことへの礼状と有路の堤を開けるよう指示した内容である。注目されるのは、鮭捕獲にかかわる漁業権を土豪に与えていることである。江戸時代の有路村は由良川を遡上する鮭捕獲の特権を持っていたといわれ、そのルーツがこの秀満の発給文書と思われるからである。戦国期の由良川の水運や水利をうかがわせる史料はほとんどなく、秀満がそのことにかかわっていたことが明らかになった意義は大きい。

第六章　本能寺の変の謎を解く

1　本能寺の変までの信長と光秀

近畿管領といわれる光秀

室町幕府の職制として、関東管領や九州探題などはあるが、近畿管領というポストはない。しかし、光秀のことを近畿管領と称する研究者は多い。光秀に対し、正式な職名ではない近畿管領という呼称を与えたのは高柳光寿氏である。高柳氏の『明智光秀』で「近畿管領光秀」という項目を設け、「光秀は丹波を貰って細川藤孝以下を与騎としていたが、それでもそのころまでは旅団長格であった。それが信盛が追放されると、信盛配下のものが光秀に附属されたのではないかと思う。すなわち大和の筒井順慶をはじめとして、摂津の池田恒興・中川清秀《きよひで》・高山重友《たかやましげとも》らはこのときに光秀の組下に入ったらしい。ここに至って光秀は師団長格になり、近畿軍の司令官、近畿の管領になったのである。近畿管領などという言葉はないが、上野厩橋《まやばし》（群馬県前橋市）へ入った滝川一益を関東管領というのを認めれば、この光秀を近畿管領といっても少しも差支えないであろう」と述べている。

高柳氏の指摘のように、この時期、光秀は筒井順慶・池田恒興・中川清秀・高山右近《うこん》重友らを与力、すなわち組下大名としている。五畿内といわれる山城・大和・河内・和泉・摂津の武将たちを与力としているということは、その統括責任者である。正式名称ではないが、光秀を近畿管領と称してもよいのではないかと考えている。五畿内は以上の五か国であるが、光秀は近江の一部、そして丹波一国を与えられており、近江も丹波も五畿内に隣接する国として、古来、五畿内同然に扱われてきた地域であり、それに隣接する丹後を与えられた細川藤孝・一色義有《よしあり》も光秀の与力とされている。なお、光秀の娘玉《たま》（ガラシャ）が藤孝の子忠興に嫁いでいったのは天正六年（一五七八）八月のことで、よく知られているように、これは信長お声がかりの輿入れであった。

私が光秀近畿管領説に賛同するもう一つの理由は、単なる近畿軍管区の師団長、すなわち司令長官というだけでなく、畿内諸国の庶政にもかかわっていたからである。たとえば、久野雅司氏の「織田政権の京都支配――村井貞勝の職掌の検討を通して」（『白山史学』三十三号）によると、光秀は京都所司代の村井貞勝とともに京都市中の裁許にかかわっていたことが明らかにされているし、天正八年（一五八〇）九月から十二月にかけては、光秀は滝川一益とともに、大和の諸寺社から寺社領の差出を徴収する仕事をこなしていたことが知られている。

なお、こうした近畿管領という立場から、北陸方面軍司令官といわれる柴田勝家や、中国方面軍司令官といわれる羽柴秀吉とのちがいも浮き彫りになってくる。要するに、朝廷人脈とのつながりである。たとえば、天正七年（一五七九）に行われた誠仁親王のための二条御所造営にあたっては、光秀がその奉行をつとめている。奉行というだけなので、誠仁親王との直接的なつながりはなかったかもしれないが、光秀が京都の公家たちと交流を深めていたことは十分考えられるところで、実際、吉田兼見とのかかわりは『兼見卿記』によってよく知られている。こうしたことから、本能寺の変、光秀謀反の理由の一つとして朝廷黒幕説が取り沙汰されることになるが、この点については、あとで項を改めてみていきたい。

京都馬揃えを統括する

天正九年（一五八一）正月十五日、信長は安土城の馬場で左義長《さぎちょう》を盛大に催している。左義長は三毬杖、三毬打・三鞠打などいろいろな字があてられているが、小正月に行われる火祭り行事で、現在でも、ドンド焼きとか、御幣《おんべ》焼きなどという形で残っている。本来の左義長は陰陽師が主催するものであったが、信長はこれを一種の娯楽に変え、小さな竹筒に火薬を入れて、それをたばねていくつもの爆竹を作り、信長馬廻りの家臣たちが馬に乗って爆竹を鳴らしながら安土の城下にまでくりだしたもので、『信長公記』にも「見物群集をなし、御結構の次第、貴賤耳目を驚かし申すなり」と記されているように、城下の民衆たちが大よろこびで見物したことに気をよくしたものと思われる。

注目されるのはその先である。『信長公記』に「正月廿三日、維（惟）任日向守に仰付けられ、京都にて御馬揃なさるべきの間、各及ぶ程に結構を尽し罷出づべきの旨、御朱印を以て御分国に御触れこれあり」とみえる。つまり、安土の左義長の成功に気をよくした信長が、光秀に「京都で馬揃えをやるので、その準備をするように」と命じたというのである。

実は、このとき諸国に触れたという信長の光秀宛の朱印状（「士林証文所収文書」『織田信長文書の研究』下巻）が写ではあるが残されている。天正九年正月二十三日付で、冒頭の書き出しが、「先度は、爆竹諸道具こしらへ、殊きらびやかに相調え、思ひよらずの音信、細々の心懸神妙に候」とあり、安土の左義長の準備をしたのが光秀だったことがわかる。信長は、安土での左義長成功の立て役者である光秀に京都馬揃えの準備を命じたのである。

光秀宛信長朱印状写には、京都で行われる馬揃えの目的を、信長自身、「京にてハ、切々馬を乗り遊ぶべく候。自然わかやぎ、思々の仕立有るべく候」としている。要するに、京都の公家や町衆たちに、織田軍団の面々が馬を乗り遊ぶ、その若やいだ姿をみせたいというところにある。

なお、もう一点、光秀宛信長朱印状写には、光秀から京都の公家や信長家臣団にこの京都馬揃えを申し触れることが命じられており、光秀は単なる準備担当者ではなく、統括責任者に指名されていたことがわかる。

ここで疑問なのは、安土の左義長における家臣たちの乗馬行進が、なぜ、正親町天皇を出席させての京都馬揃えにつながったかである。『信長公記』にはこの点についての論及がない。一つ考えられるのは、『信長公記』に、安土の左義長に公家の近衛前久《さきひさ》が参加したと記されていることから、もしかしたらの話であるが、左義長が終わったあと、信長から感想を求められた前久が、「すばらしかった。京都でもやってほしい」とでもいったのかもしれない。前久のことなので、「できれば正親町天皇にもおみせしたい」という話に発展していった可能性もある。

一説には、安土の左義長の評判を聞いた天皇側のリクエストがあったとする。たとえば、山室恭子氏はその著『黄金太閤』の中で、

宮中の女官の日記には、「都でさぎちょうをやるなら、まろも見たいよう」と信長に使者を送って無心する天皇の姿が見られる（『御湯殿上日記』）。この要請を「こちらからお誘いしようと思っていたところでございました、どうぞお出まし下さいませ」と受けて、この閲兵式実現の運びになったのだから、天皇を恐怖させるための催しだったとは、到底考えられない。

と述べている。たしかに、二月二十八日の馬揃えを正親町天皇が「見事だ」といって褒めたことは『立入左京亮入道隆佐記』にもみえるので事実だったろう。しかし、それが天皇の本心だったかどうかはわからない。信長との関係を考慮しての一種の外交辞令という側面はなかったのだろうか。

さて、天正九年二月二十八日に行われた京都馬揃えであるが、この日の馬揃えのために、内裏東側に急ごしらえの馬場がつくられた。幅が東西一町（一〇九メートル）、長さが南北八町（八七二メートル）で、馬場のまわりには柳が植えられ、正親町天皇をはじめ、公家・女官たちの見物用の桟敷《さじき》も立派なものがつくられていた。

「馬場入りの次第」、すなわち、行進の順番は『信長公記』によると、次の通りであった。

一番　丹羽長秀隊と摂津衆・若狭衆
二番　蜂屋頼隆隊と河内衆・和泉衆
三番　明智光秀隊と大和衆・上山城衆
四番　村井貞勝隊と根来衆・上山城衆
五番　織田信忠ら「御連枝の御衆」
六番　近衛前久ら公家衆
七番　細川昭元ら旧室町幕府衆
八番　御馬廻衆・御小姓衆
九番　柴田勝家隊と越前衆
十番　織田信長隊

この陣容から明らかなように、中国攻めを行っている最中の羽柴秀吉隊を除く、織田軍団のほとんどがこの馬揃えに顔を揃えている。その意味では、まさに織田軍団の威容をアピールする軍事パレードであった。総人数については記載がないのでわからないが、そのときの最大動員数が六万なので、それよりは少ないものの相当な人数だったものと思われる。また、見物人の方も、正親町天皇をはじめ公家衆、さらに京の町衆たちも含め、かなり多くの人たちがつめかけたともいわれている。

正親町天皇や公家、さらに多くの町衆といった群衆が見守る中、信長は「きんしや」を身につけて馬に乗って登場したという。『信長公記』には、「此きんしやと申すは、昔、唐土《もろこし》か天竺にて、天守《(チカ)》・帝王の御用に織りたる物と相見えて、四方に織止ありて、真中に人形を結構に織付けたり」と、わざわざ説明がなされている。「きんしや」は、錦紗か金紗ではないかと思われるが、中国の皇帝が身につけるほどのものを、信長が正親町天皇のみている前で着ていたというわけで、信長が天皇を凌駕しようとしていたのではないかと考え、私は、このときの京都馬揃えは正親町天皇に圧力をかけるものだったとみた。

私がそのように考えたもう一つの理由は、吉田兼見の日記『兼見卿記』からわかってきたことで、信長はこのとき、内裏の東側に馬場をつくるにあたり、内裏東南隅の鎮守社が邪魔になるというので、京都所司代村井貞勝に命じて取り壊させていることである。天皇の要望で馬揃えをみせるためなら、内裏の鎮守社を壊すようなことをしなかったのではなかろうか。

そしてもう一つ、この時期、不思議な動きがある。二月二十八日の京都馬揃えのあと、三月五日に二度目の馬揃えが行われているのであるが、「天皇の要望があったから二度目を開催した」といいながら、二度目の馬揃えに天皇の臨席はなかったのである。

私はこれらのことから、このころ、信長が正親町天皇から誠仁親王への譲位を要求していることと関連させ、京都馬揃えは信長の圧力とみた。今谷明氏も『信長と天皇』で、正親町天皇に譲位を迫るための一大イベントだったととらえている。

ところが、こうした信長・朝廷対立説に対し、最近は、信長と朝廷は協調していたとする論調がふえてきた。

たとえば、金子拓氏はその著書『織田信長〈天下人〉の実像』において、次のように述べる。


近年では、史料の整理と公開が進み、そのうえで史料研究が深化したことにより、これまでには用いられてこなかった多くの関係史料が見いだされるに至った。そうした史料の紹介検討を含め、史料の整合的な解釈から立ち上げた実証的研究のなかから、信長と天皇・朝廷は対立ではなく、むしろ協調関係にあったという議論が提起され、いまや対立説を一掃せんとする勢いがある。


金子氏は、同書で、天正改元問題をとりあげ、「これまで依存してきた室町将軍を失った天皇・朝廷が、いかに信長に大きな期待を寄せていたかがわかる」と述べ、協調という以上に依存していたとする認識を示している。

また、桐野作人氏は『だれが信長を殺したのか――本能寺の変・新たな視点』で、「朝廷と信長の種々の交渉をつぶさに知るうちに、織田権力期に深刻な公武対立があったとはとうてい考えられず、公武協調が基調であるという感触をもつにいたった」と述べ、公武協調説を唱えている。

こうした近年の論調を受け、呉座勇一氏は『陰謀の日本中世史』で、次のように述べている。

現在の主流学説は堀新氏の「公武結合王権論」であり、信長と朝廷の相互依存的関係が強調されている。信長の経済的援助により、危機に瀕していた朝廷の財政状況は劇的に改善された。朝廷が信長を敵視していたとは考えられず、むしろスポンサーである信長の歓心を買うことに必死だったのである。

では、この呉座氏が「公武結合王権論」の旗手とみる堀新氏は、京都馬揃えをどのように解釈しているのだろうか。安部龍太郎ほか著『真説本能寺の変』に所収されている堀新氏の「信長の動向――朝廷との関係を中心に」で、天正九年の京都馬揃えを次のように分析している。

それでは、朝廷側はなぜ天正九年に馬揃を要望したのであろうか。結論からいえば、誠仁親王の生母新大典侍《しんおおすけ》（万里小路秀房女《までのこうじひでふさ》）が前年十二月二十九日に急死したことにより、新年の賑《にぎ》わいが消え、京都を覆った沈滞ムードを一掃する目的から、京都馬揃は行われたのである。天正九年正月の朝廷儀式は、元旦の四方拝《しほうはい》こそ通常通りであったが、四日の千秋万歳《せんしゅうばんぜい》は鼓なしで舞われ、十五日の三毬打《さぎちょう》は誠仁親王の吉書を伴わず、十八日の三毬打は囃子《はやし》が省略され、十九日の歌会始は中止された。これは朝廷だけでなく、一般的な状況でもあった。このような重苦しい雰囲気のなか、安土での馬揃の評判を聞いた朝廷側が、自発的に京都馬揃を望んだのであろう。信長にとっても、生母との離別を悲しむ誠仁を励まし、同時に京都町衆や諸国の大名へのデモンストレーション効果を期待できた。こうして天正九年にだけ、京都で馬揃が実施されたのである。

この点は前述の金子拓氏もほぼ同じで、その本の中で、京都馬揃えについて、「これを軍事的威圧と見ることはほぼ否定されている」とした上で、「わたしは、前年末十二月二十九日に生母新大典侍局を急病で喪った誠仁親王を励ます目的が天皇・信長双方にあったのではないかと推測している」と述べ、現在はこれが定説となりつつある。

京都馬揃えを信長の軍事的威圧とみたのは譲位問題がからんでいたからであるが、最近は、この譲位問題についても新たな視点が提示されている。たとえば、渡邊大門編『戦国史の俗説を覆す』に所収されている木下昌規氏の「本能寺の変の黒幕説〈朝廷・足利義昭〉は成り立つのか」は、「中世の天皇にとって譲位しないというのは、いわば異例のことであり〈当然若年で崩御した場合は含まれない〉、正親町天皇も当然、儲君《ちょくん》の誠仁親王への譲位を望んでいた」と述べ、「しかし、譲位を行うための費用は武家〈当時は室町幕府〉が捻出することになっており、事実上京都から将軍がいなくなっていた当時、その任を果たすべき存在が信長だった。実際に天正元年〈一五七三〉時点で、正親町天皇は信長からの譲位の申し入れについて喜んでおり、譲位を拒む理由がない。むしろ、早期に譲位することが天皇の意向であり、信長が譲位を強要したという説は、そもそも前提からして成り立たない」としている。

このように、近年、信長・朝廷が協調路線にあったとする説が主流になってきたため、項を改めて論ずるが、かつての本能寺の変朝廷黒幕説は影をひそめるようになってきたのはたしかである。では、信長と朝廷の間に全く軋轢はなかったのだろうか。私は、近年の若い研究者による協調路線説に賛意を示しつつも、いくつか引っかかることがらを感じているのも事実である。

行幸問題と暦問題をどうみるか

一つは行幸問題である。信長が正親町天皇の安土行幸を計画していたことが、橋本政宣氏の「織田信長と朝廷」（『日本歴史』四〇五号）によって明らかにされている。具体的には、『言継卿記』所収の山科言継宛阿茶書状に、「ミやうねんハあつちへ大りさまきやうこう申され候ハんよし、あら〳〵めてたき御言候や」とあり、明年、すなわち天正五年（一五七七）に、安土への「大りさま」＝内裏様の「きやうこう」＝行幸が計画されていたことが明らかである。

しかし、どうしたわけか、このときの行幸は実現しなかった。そして、史料的には、信長による天皇の安土行幸計画がもう一度たしかめられるのである。それは、勧修寺晴豊《かじゅうじはれとよ》の日記『晴豊公記《はれとよこうき》』（『続史料大成』九）の天正十年（一五八二）正月七日条で、そこに「行幸之用意馬くらこしらへ出来、禁裏御目かけ申候」とみえる。これでみると、信長は天正十年（一五八二）にも正親町天皇の安土行幸を計画していたことがわかる。それも実現しなかったので、結局、信長の時代、天皇の行幸は一度も実現しなかったわけであるが、その準備をしていたことは、平成十一年（一九九九）に行われた安土城址の伝本丸の発掘調査によって明らかになってきた。

伝本丸は最近の研究によって二の丸ではないかと考えられているが、滋賀県安土城郭調査研究所に

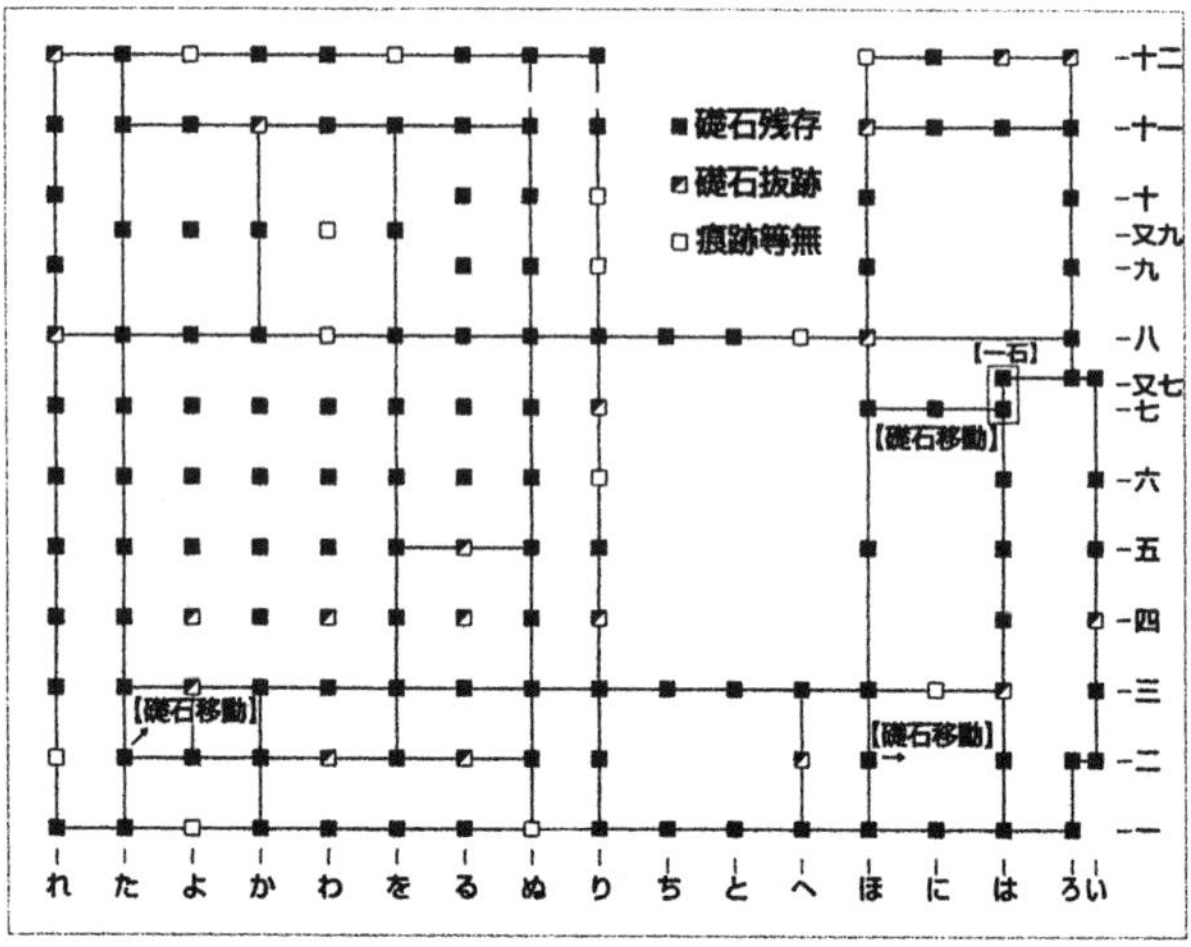

▲本丸御殿の礎石配置図　▼それをもとにした復元平面図

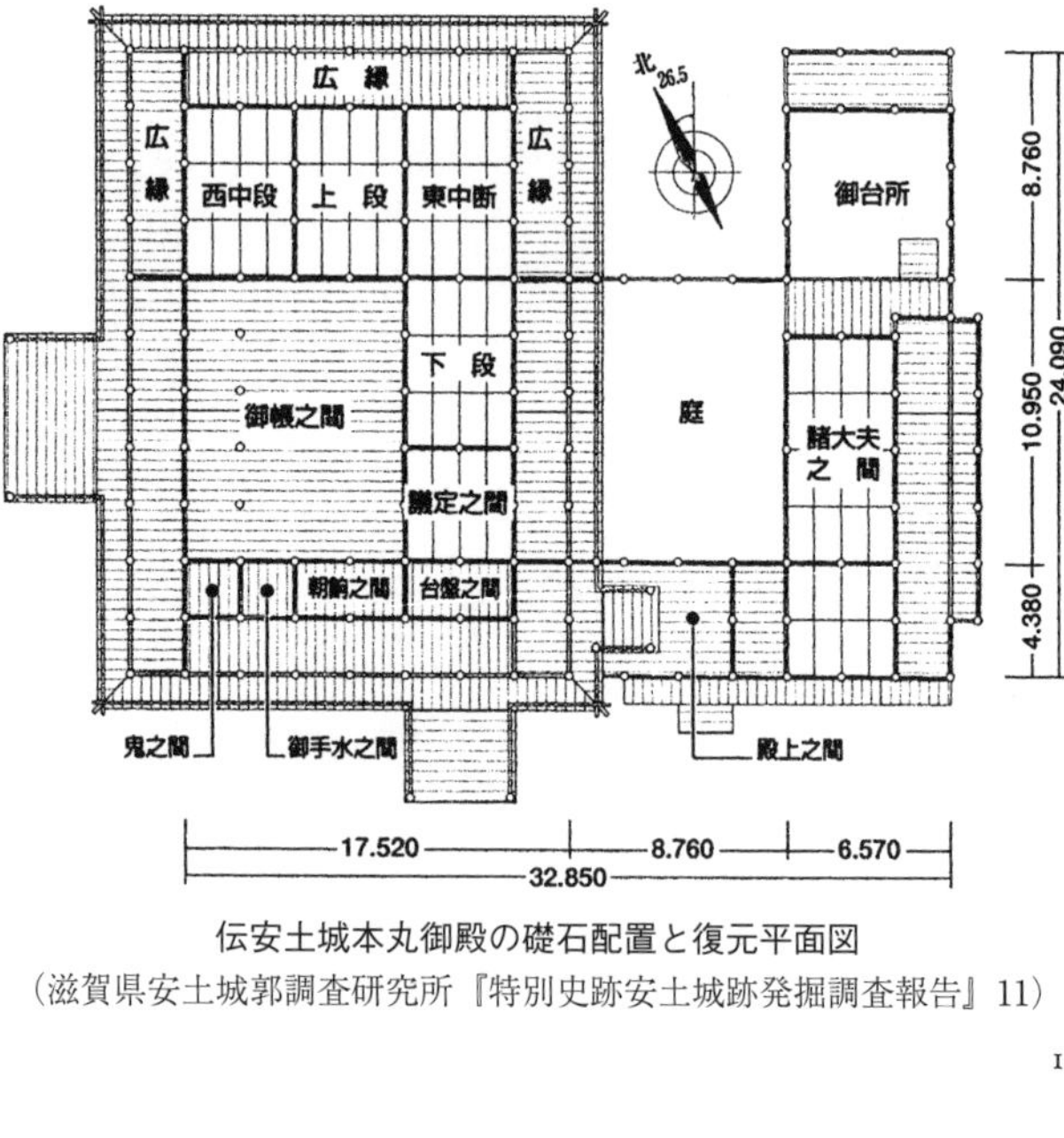

伝安土城本丸御殿の礎石配置と復元平面図
（滋賀県安土城郭調査研究所『特別史跡安土城跡発掘調査報告』11）

よる発掘調査で、礎石が姿を現し、右に図で示したようなコの字型の建物が浮かびあがってきた（滋賀県安土城郭調査研究所『特別史跡安土城跡発掘調査報告書』11）。これは内裏の清涼殿の間取りそのもので、左右を逆にすれば京都御所の清涼殿と全く同じであり、『信長公記』にみえる「御幸の御間」の可能性がでてきたのである。

周知のように、このあと、信長死後に実権を握った豊臣秀吉が天正十六年（一五八八）に後陽成天皇の聚楽第への行幸を実現させているが、信長による正親町天皇の行幸計画に倣ったのかもしれない。秀吉は信長のやろうとしていたことのいくつかを後追いで実現させているからである。さらに、もしかしたら、信長は安土遷都も視野に入れていたのかもしれない。

行幸にしても、遷都にしても、ここで一つの問題が生じてくる。清涼殿風の建物のある伝本丸は、天主より下なのである。信長が日常、天主に起居していたことは『信長公記』からも明らかで、信長は天皇を下にみることになる。前述の木下昌規氏の「本能寺の変の黒幕説〈朝廷・足利義昭〉は成り立つのか」では、「信長は安土城に天皇を移そうとしたという説もあるが、史料的根拠は乏しい」とされる。しかし、私はありえたと考えている。

また、谷口克広氏は『検証本能寺の変』で、「近年、安土城伝本丸跡に天皇の御幸のための建物跡らしい遺跡が見つかった。当然天主より低い位置にある。それをもって、信長は天皇を見下ろそうとした、天皇を超えた地位を望んだ、などという短絡的結論を出す研究家もいる。これなど、信長をはじめから特別視している端的な例といえよう」と、名前こそ出さないものの、私の説を批判されているが、私は、安土城の清涼殿風の建物だけからいっているのではなく、当時、ヨーロッパから日本にきていた宣教師の証言も参考にしている。

前述の天正九年（一五八一）二月二十八日に、内裏東門外で信長が馬揃えを行った際、イエズス会から巡察師として派遣されてきていたヴァリニャーノが、信長に「天皇と謁見したいので、その段どりをお願いしたい」といったとき、信長は不愉快そうに、「予がいる処では、汝等は他人の寵を得る必要がない。なぜなら予が国王であり、内裏である」といい放ったことが、一五八四年十二月十三日付、加津佐発ルイス・フロイス書簡（『日本巡察記』解題Ⅱ所収）によって知られる。馬揃えにおいて、中国の皇帝しか着ることができないという「きんしゃ」を着て登場した信長の姿と重なるものがあるように思われる。

このように、私自身は、信長・朝廷協調路線という考え方を大筋で認めながら、どこかに、信長が天皇より上に立つ、あるいはやや朝廷を蔑《ないがし》ろにする気持ちも芽ばえていたのではないかとみている。光秀がこうした信長の態度に危惧を抱きはじめたのではなかったか。それがもう一つの暦問題として現れる。

本来、年号や暦の決定は天皇大権に属すことがらであった。天皇が土地・人民だけでなく、時をも支配しているという観念である。朝廷の陰陽頭・天文博士の土御門《つちみかど》家の制定する宣明暦《せんみょうれき》が全国的な統一された暦として使われていた。ところが、当時は、三島暦《みしまごよみ》といった地方暦もあり、天正十年（一五八二）一月から、光秀によって信長が討たれる直前まで、朝廷側の宣明暦と信長側の三島暦との間に問題が生じていたのである。

具体的にいうと、宣明暦では、翌天正十一年（一五八三）正月の次に閏月を入れることになっていたのに、信長は三島暦の作成者が主張する天正十年十二月の次に閏十二月を入れるよう要求しはじめたのである。困った朝廷では、宣明暦を作っている責任者の土御門久脩《ひさなが》と加茂在政《あきまさ》（在昌）の二人を安土に遣わし、そこで二月三日、三島暦側の「濃尾の暦者」と対決させたが結論は出ず、四日、五日と議論が続き、結局、宣明暦の主張が通り、翌十一年正月の次に閏月を入れるということで一件落着した。

ところが、六月一日、安土から上洛した信長のところに公家たちが挨拶に訪れたところ、信長は突然この問題をむし返し、十二月の次に閏十二月を入れるようい出したのである。そこに同席した公家の一人勧修寺晴豊はその日記『日々記』（「天正十年夏記」国立公文書館内閣文庫）六月一日条で、「いわれさる事也。これ信長むりなる事と各申事也」と書きつけている。

晴豊がいみじくも書いているように、信長が無理難題を再びふっかけてきたのであり、このことをもって私は、信長が天皇大権に口をはさみはじめたととらえ、この暦問題を信長非道の一つとカウントしてきたわけであるが、最近の論調は少しちがっている。たとえば、神田裕理氏は「信長は、天皇や朝廷をないがしろにしていたのか」（日本史史料研究会編『信長研究の最前線』）において、「これまで暦に関する信長の行動については、朝廷特有の権限を奪うものと捉えられることが多かったが、その見方は妥当ではない。信長は、暦の統合に向けて、いずれの暦がふさわしいか、正確性を探るために、東西で流通する暦をとりあげ、双方の作成者たちに議論させたのである」とする。

この暦問題について、遠藤珠紀氏は、「信長は「天皇大権」を奪おうとしていたのか？——暦問題と変前日の「日蝕」」（洋泉社編集部編『ここまでわかった本能寺の変と明智光秀』）において、次のように述べている。

六月一日の信長の上洛は、甲斐武田氏を滅ぼしての凱旋だった。公家たちとの談笑の中でも「関東討ち果たし候物語」があったという。この甲斐・信濃では天正十年閏十二月を使用している例が見られる。支配地域内にさまざまな時間軸が存在することが、統治者にとって不便なことはいうまでもあるまい（中略）。信長は一度は納得し、朝廷の暦に統一した。しかし新たな支配地も美濃・尾張の暦師が具申してきたものと同じ閏十二月の暦を使用しているのを眼前にし、やはりそちらで統一した方がよいか、と考えたのではないだろうか。「天皇大権」の「侵害」と意識していたかも不明である。

このように見ていくと暦をめぐるトラブルが、本能寺の変を引き起こしたとは考えにくいのである。

朝廷への圧力ではなかったという結論で、そのようにみるのが妥当と思われるが、勧修寺晴豊が、「信長がまた無理なことをいい出してきた」と日記に書きつけている点も無視できないのではないかと私は考えている。

武田攻めに従軍する光秀

本能寺の変に至る光秀の動きで、私が特に注目しているのが、同年三月にくりひろげられた武田勝頼との戦いである。周知の通り、信長は天正三年（一五七五）五月の長篠・設楽原の戦いで勝頼を破っており、一般的には、「すでに武田は脅威ではなくなっていた」と考えられているが、直接国境を接している徳川家康にとっては依然として脅威であった。本来、家康の領国である遠江には、武田方の拠点として高天神城《たかてんじん》・滝堺城《たきざかい》をはじめいくつかの城が築かれていたのである。

その高天神城が天正九年（一五八一）三月二十二日、ついに徳川方の手に落ちた。城兵が勝頼に後詰を要請して戦っていたにもかかわらず、勝頼は後詰に出ず、城兵は見捨てられる形となり、その結果、武田軍の中に、「勝頼様は頼りにならない」という空気が生まれてきたのである。家臣たちが戦国大名に従っていたのは、強い戦国大名によって保護してもらえるというメリットがあったからである。この結果、武田家臣の中から勝頼離れがはじまることになる。

早くも翌天正十年（一五八二）正月十五日、信玄の娘を妻とし、武田一族としての扱いを受けていた信濃の木曾義昌《きそよしまさ》が、弟の上松蔵人を人質に出して信長に通じてきた。木曾義昌の寝返りを知った勝頼は二月二日、一万五〇〇〇の大軍を率いて義昌討伐に出陣し、義昌もすぐ信長に援軍の要請をし、ここに武田攻めが本格化することになった。

このときの武田攻めの部署は、信州の伊那口から信長嫡男の信忠、駿河口から徳川家康、関東口から北条氏政、飛騨口から金森長近《かなもりながちか》といった陣容であった。駿河を支配していた武田一族の穴山信君《あなやまのぶただ》

（梅雪《ばいせつ》）も家康に降っていた。

戦いは織田方優勢で進み、三月二日には勝頼の弟仁科盛信《にしなもりのぶ》が守っていた高遠城《たかとお》も落ち、勝頼も居城としていた新府城《しんぷ》に火をかけ、重臣小山田信茂《おやまだのぶしげ》の岩殿城《いわどの》をめざして落ちていった。

信長が安土城を出陣したのは、勝頼主従が敗走している三月五日のことで、この信長に光秀・筒井順慶・細川藤孝らがつき従い、何と、それに現職の太政大臣である近衛前久も従軍していた。結局、三月十一日、甲斐の天目山《てんもくざん》麓の田野（山梨県甲州市大和町田野）で勝頼は自刃し、武田家は滅亡した。

この信長による武田攻めにおいて、光秀にかかわることが三つあったと考えられるので、次にそれをみていきたい。まず一つは、この武田攻めの論功第一とされたのが滝川一益だったことと関係する。一益は、光秀と同じく方面軍司令官とはされず、遊軍の扱いで、光秀の丹波経略のときには光秀の下につけられるような形であった。それが今回の武田攻めでは先鋒軍として出陣し、しかも敵将勝頼の首を取っているのである。戦後の論功行賞では、上野一国と信濃の二郡を与えられ、関東管領も命じられている。何も手柄のなかった光秀が焦りの気持ちをもったとしても不思議ではない。

二つ目が信長の近衛前久への暴言である。前述したように前久は現職の太政大臣でありながら、このときの武田攻めに従軍していた。信長は武田氏を滅亡に追いこんで安土へ凱旋するにあたり、来たときの木曾路ではなく、駿河を通って帰りたいと思ったのであろう。富士山を見ながらの遊覧旅行といった趣だったことが『信長公記』からうかがえる。

ところが、『信長公記』には書かれていないびっくりするようなできごとがあったことが『甲陽軍《こうようぐん》

鑑《かん》』にみえるのである。すなわち、

信長は甲州柏坂をこし、駿河一見有べきと有儀也。然れとも武田の高家退治の故、近衛殿を同道ましまし候に、近衛殿も駿河通を参るべきかと有事を、柏坂のふもとにて、然も下に御座有て、奏者にて仰られ候へば、信長は馬上にて、近衛、わごれなどは木曾路をのぼらしませと申さるゝ様子なれば（以下略）。

とあり、「駿河路を同道したい」という近衛前久に対し、馬上から「わごれなどは木曾路をのぼらしませ」といい放ったというのである。近衛前久は現職の太政大臣で、しかも、「下に御座有て」とあるところからすれば、前久は馬には乗っていなかったことがわかる。それを信長は、馬上から前久を見下ろしてこの言葉を吐いていたことになる。

光秀はこの場面を見ていたはずである。長い間、自分を苦しめてきた武田氏をようやく滅亡に追いこんだということで、信長が正気を失いつつあると光秀は見ていたかもしれない。

もっとも、この近衛前久に対する暴言の件については、『甲陽軍鑑』の記事そのものに対して疑問符をつける研究者もいる。たとえば桐野作人氏はその著『真説本能寺』でこの一件を取りあげ、「後世の編纂物である同書を根拠にするのはやや疑問であるし、また同書は京都政局に対する無理解や公家に対する無知が多々見られる点を指摘しておきたい」と述べ、さらに「『甲陽軍鑑』における前久の記事は、武田氏の宿敵だった織田の非道さを際立たせる手段に利用されているように見受けられる。だから、鵜呑みにするのは禁物である」とする。

たしかに、『甲陽軍鑑』は武田氏サイドの史料である。かつては「偽書」といわれたこともある史料なので、全幅の信頼を置くことはできないが、私はこのときの信長の前久に対する暴言はあったとみている。『甲陽軍鑑』の史料的性格については拙著『甲陽軍鑑入門』でふれているので、ここでは省略する。

さて、武田攻めのとき、光秀の眼に信長の暴走と映ったもう一つのできごとがあった。それが武田氏の菩提寺である恵林寺《えりんじ》（山梨県甲州市塩山小屋敷）の焼き討ちである。武田氏の菩提寺であるというだけでは信忠率いる織田軍も火をかけることはなかったと思われるが、この恵林寺に、信長と敵対した近江の戦国大名六角氏の残党が逃げこんでいて、その引き渡しを命じたところ、寺側がそれを拒んだのである。いわゆる「アジール」ということで、寺は世俗の縁が切れている場所なので、逃げこんできた者を匿《かくま》う慣習となっていた。その延長線上に位置づけられるのが江戸時代の駆けこみ寺である。

しかし信忠は、六角氏残党の引き渡しに応じないとみるや、寺中の僧一五〇人余りを山門に追いあげ、下から火をつけて全員焼き殺している。『信長公記』には、

……寺中老若を残さず山門へ呼び上せ、廊門より山門へ籠草をつませ、火を付けられ候。初めは黒

煙立つて見えわかず、次第〳〵に煙納まり焼き上、人の形見ゆる処に、快川長老はちともさはがず、座に直りたる儘働《(動)》かず。

と記されている。「快川《かいせん》長老」は快川紹喜《じょうき》のことで、武田信玄に招かれ恵林寺の住持となっていた高僧で、美濃の出身で、土岐一族の出ともいわれている。つまり、光秀とは近い関係にあった。

すでに述べたように、光秀は元亀二年（一五七一）九月の比叡山延暦寺の焼き討ちにあたっては、対浅井・朝倉戦略上の必要から自ら積極的に焼き討ちに荷担したが、このときはちがった目で見ていたものと思われる。というのは、この快川紹喜は、前年、正親町天皇から大通智勝《だいつうちしょう》国師という国師号を授けられていたからである。朝廷から国師号を受けた僧侶が焼き殺されるのを複雑な思いでみたのではないかと思われる。

徳川家康の安土接待

ところで、富士遊覧を楽しんだ信長は東海道を通り、岐阜を経て四月二十一日に安土城にもどっている。この武田攻めの論功行賞で、徳川家康に駿河一国が与えられた。家康の所領はそれまで三河・遠江の二か国だったので、これで駿河・遠江・三河の三か国となったことになる。かつての今川義元の支配領域と同じである。それと、武田重臣で一族でもある穴山梅雪が帰参を許されたので、家康は梅雪を伴って、御礼をいうため、安土へ向かった。安土到着が五月十五日、光秀にその接待役が命ぜられている。『信長公記』に、五月十五日、家康公、ばんば（番場）を御立ちなされ、安土に至つて御参着。御宿大宝坊然るべきの由上意にて、御振舞の事、維（惟）任日向守に仰付けられ、京都・堺にて珍物を調へ、生便敷《おびただしき》結構にて、十五日より十七日迄三日の御事なり。

と記されている。この『信長公記』の書き方だと、信長は、はじめから光秀を接待役とし、それも十五日から十七日までの三日間に限定していたと読める。

ところが、光秀と親しかった吉田兼見の日記『兼見卿記』では、家康一行が安土に到着したとき、信長が光秀に「在荘」を命じたことになっている。「在荘」とは仕事から離れることを意味し、休暇を与えられたことになる。ちなみに『兼見卿記』は天正十年に関しては、正本と別本の二冊あり、別本の方は、山崎の戦いで光秀が敗れたあと書き直したもので、こちらでは、光秀が「在荘」を命じられたとだけ書かれていたが、正本では、「在荘」を命じられるとともに家康らの接待を命じられたという書き方になっている。

このときの家康らの接待に関しては、『川角太閤記《かわすみたいこうき》』に興味深い記述がある。光秀の用意した魚が夏の暑い盛りで腐り、その匂いが城内に充満し、怒った信長が光秀の接待役を解任したというのである。あとでふれる怨恨説論者は、このことを一つの要因にカウントしているが、それはどうだろうか。『川角太閤記』によると、解任された光秀が不満をぶつけるかのように、腐った魚を安土城の堀にぶちまけたと書かれているが、あの慎重な光秀がそのようなことをするとは思えないので、そのことはなかったものとみてよい。

実は、このときの接待役解任は、光秀の不手際ではなく、状況の変化によるものだった。毛利輝元側の備中高松《びっちゅうたかまつ》城を攻めていた羽柴秀吉から信長に後詰の要請があったのである。水攻めをしている秀吉軍の近くに吉川元春・小早川隆景が備中高松城の清水宗治《しみずむねはる》救援に出てきたことで、秀吉が信長の出馬を依頼してきたため、毛利氏を倒す好機到来と判断した信長が光秀に出陣を命じたのである。五月十七日、光秀は安土から坂本城にもどり、さらに二十六日、丹波亀山城に向かった。

なお、このとき、信長からの使いとして青山与三が光秀のもとを訪れ、「出雲・石見の二か国を与える。その代わり、丹波と近江の志賀郡を召し上げる」と伝えたことが『明智軍記』にみえ、出雲・石見はまだ敵地であり、その仕打ちを光秀が怨んだとし、怨恨説の一つの理由にカウントされることもある。もちろん、『明智軍記』の記述なので、そのことがあったかどうかも明らかではないわけであるが、仮にあったとしても、それが怨みにつながるとみるのは早計である。というのは、当時、戦闘地域を約束手形のような形で恩賞とすることは一般的にありえたからである。

むしろ、光秀としては、丹波と近江二郡を領し、近畿管領という形で政権中枢にいる自分が、山陰地方二か国への転封で、政権中枢から遠ざけられる、つまり左遷として意識した気持ちの方が強かったのではないかと考えている。

それだけではない。中国攻めは秀吉が中国方面軍司令官なのでトップである。応援に行くということは、その秀吉の指揮下に入ることを意味するわけで、光秀としてはプライドを傷つけられる形になり、我慢できないことだったと思われる。

愛宕参籠の意味するものとは

五月二十六日、坂本城から亀山城にもどった光秀は、翌二十七日、愛宕山の愛宕大権現へ参詣し、参籠している。愛宕大権現は愛宕勝軍地蔵を祀っており、参詣・参籠は戦勝祈願のためである。戦いの前に戦勝祈願のために軍神へ参詣・参籠することはふつうのことで、家臣たちも同行した連歌師たちも奇異の念は抱かなかったはずである。当時、出陣前に連歌会を開き、その連歌を奉納して出陣すれば戦いに勝てるということが信じられていたからである。これを「出陣連歌」といっている。

翌二十八日、愛宕大権現五坊の一つ、威徳院西坊で連歌会が興行された。いわゆる「愛宕百韻」である。二十八日としたのは『信長公記』に拠ったが、「愛宕百韻」を伝える写本は二十四日か二十七日の奥書となっている。二十四日ということはありえないが、二十七日だった可能性はある。あるいは、連歌会そのものは二十七日にはじめられたが、終わったのは深夜、日をまたいで二十八日のことだったかもしれない。

この「愛宕百韻」は「明智光秀張行百韻」の名で知られ、『続群書類従』にも収められており、連《れん》衆《じゅ》は、光秀、連歌師里村紹巴《じょうは》を含め、全部で九人である。冒頭部分を次に引用しておこう。

ときハ今あめか下知る五月哉　　光秀
水上まさる庭のまつ山　　西坊

花落つる流れの末を関とめて　紹巴
　かせは霞を吹をくるれ　宥源
松も猶かねのひゝきや消ぬらん　昌叱
　かたしく袖は有明の霜　心前

以下、百韻が続くわけであるが、発句の「ときハ今あめか下知る五月哉」はインパクトがある。「とき」を単なる「時」ではなく、明智氏の本姓である「土岐」にかけ、「あめが下知る」を「天下を治《し》る」にかけ、「今こそ、土岐の人間である私が天下を治めるときである」と、信長に対する謀反の心のうちを吐露したものと理解されてきた。

もっとも、桑田忠親氏は『明智光秀』で、こうした通説を批判し、こじつけにすぎないと一蹴するが、すでに述べたように、光秀がまわりからも「土岐の随分衆」などとみられていたとすれば、光秀自身も土岐の人間であることを意識していたと思われ、「時」と「土岐」を重ねたと私は考えていた。

ところが、津田勇氏は「愛宕百韻に隠された光秀の暗号」（『歴史群像』一九九五年四月号）で「ときハ今」の「時」を「土岐」に結びつけるのは短絡的だと批判し、『三国志』の「今ヤ天下三分、益州疲弊シ、此レ危急存亡ノ秋《とき》ナリ」という一文を面影にした句作りだと指摘する。そして注目されるのは、「愛宕百韻」の句の多くが、『平家物語』『太平記』『増鏡』『源氏物語』といった古典を下敷きにして成り立っているという指摘である。

具体的に津田氏は、光秀の発句「ときハ今あめが下しる五月哉」と、二句目の西坊行祐の「水上まさる庭のまつ山」は、『延慶本平家物語』巻四の「程ハ五月雨シゲクシテ、河ノ水カサマサリタリ」という文章を踏まえているという。さらに、三句目の「花落つる流れの末を関とめて」も、『源氏物語』の花散里をテキストにしているとする。

『平家物語』『太平記』に描かれた情景が多く詠みこまれている点について、津田氏は、「源頼政・頼朝（『平家物語』）、源頼兼・高氏・義貞（『太平記』）が時を隔てながら〝朝敵〟となった横暴な平氏を討つという出来事がもう一度、時を隔てて繰り返されたということになるであろう」と述べている。つまり、「愛宕百韻」には、連衆一致しての、打倒平氏・源氏台頭の寓意がこめられていたというのである。津田氏はそのあと、「『愛宕百韻』を読む――本能寺の変をめぐって」（安部龍太郎ほか著『真説本能寺の変』）で、「その興行を通して光秀は朝廷の意向を受けた源氏が平氏を討つことの正当性を表明したのである」とも述べている。

周知のように、信長の家の織田氏は本来、藤原姓だったが、信長のときから平姓に変わっている。それは、すでに指摘されているように、源平交替思想に拠ったものであるが、美濃源氏土岐氏の分かれという明智光秀の意識の中に、源氏が平氏を討つといった構図があったことをうかがわせる。

実は、このことと、例の三職推任《さんしきすいにん》問題が微妙にからんでくるのではないかというのが私の考えである。三職推任問題というのは、信長が武田氏を滅亡に追いこんだあと、朝廷から信長に、「太政大臣か関白か征夷大将軍か、お好きな官に任命しましょう」と伝えてきた一件である。この件について、かつて立花京子氏は「信長への三職推任について」（『歴史評論』四九七号）で、信長の意向を受けた京都所司代の村井貞勝が朝廷に対し圧力をかけたからであるとする考えを提起したが、その後、堀新氏は、「村井も含めて誰も信長の意向を理解していないために、三職のいずれかという玉虫色の推任となったと考えるべきである」（「織田信長と三職推任」『戦国史研究』三十四号）と述べ、立花説に反論を示している。なお、堀氏は、信長が三職のどれにも任官する意思がなかったとするが、私は、征夷大将軍への任官を希望していたのではないかと考えている。

ここから先は、推測に推測を重ねる形となるが、この三職推任の動きが具体的な動きとなった天正十年（一五八二）五月の段階で、信長の側にいた重臣といえるのは光秀だけであった。信長が「征夷大将軍に任官したい」という意向を光秀が知ったとしたらどうだろう。仮にその場合でも、光秀が源氏の人間でなかったらどうということはなかったかもしれない。しかし、本書でも述べてきたように、光秀は清和源氏（美濃源氏）である土岐氏の流れを引くと意識しており、それだけでなく、光秀は学識もあり、故実にも通じていた。「武士で平氏の人間が将軍になった先例はない」と考えたものと思われる。「愛宕百韻」の発句を重ねあわせると、平姓将軍誕生を阻止するという光秀の動機も指摘できるのである。

2　天正十年（一五八二）六月二日

信長が宿所とした本能寺とは

周知のように、信長は京都に自分の城を築かなかった。といっても、一度は「二条新造」とよばれる京都屋敷を築いて何度か宿泊しているが、すぐ誠仁親王に譲渡し、自らは京都市中の法華宗寺院を定宿としていたのである。最期の宿所が本能寺なので、定宿は本能寺だったと思っている人が多いが、桐野作人氏の『真説本能寺』によると、信長が本能寺に泊まったのはたった四回で、むしろ妙覚寺の方が多かったという。妙覚寺には十八回泊まっている。

ただ、「二条新造」を誠仁親王に譲渡してからは、信長は京都所司代の村井貞勝に命じて本能寺を宿所とするため、庫裡《くり》とは別に「御殿」を造営させていたことが『信長公記』からうかがわれる。本能寺の変があったときの本能寺は、現在の本能寺と場所がちがっていて、北は六角通、東は西洞院通、南は錦通、西は油小路通に囲まれた一角で、四町（約四三六メートル）四方という広大な寺域で、まわりに堀をめぐらし、土塁が築かれ、寺院城郭というか、城郭寺院というか、とにかく、寺でありながら城構えとなっていたのである。

さて、信長は五月二十九日、わずかの供を従えただけで安土をたち、その日のうちに本能寺に入った。天正十年五月は小の月で、二十九日の翌日は六月一日である。この日、信長は本能寺で茶会を開いている。このときの上洛は、信長自身、中国の毛利攻めに向かうのが目的だったと思われるが、あと、前述の三職推任に対する返答と、この茶会が大きな目的であった。博多の豪商島井宗室《しまいそうしつ》を正客とし、信長秘蔵の名物茶器を披露するためである。そのため、わざわざ安土からたくさんの名物茶器を運ばせていたのである。

ところが、この信長の一世一代の茶会といってよい六月一日の本能寺における茶会のことを記した史料が極端に少ないのである。太田牛一の『信長公記』にはこのときの茶会のことは全く触れられていない。しかし、幸いなことに、『仙茶集』などによって、九十九茄子《つくもなすび》・珠光《しゅこう》小茄子・紹鷗《じょうおう》白天目・小玉澗《こぎょくかん》の絵・蕪《かぶら》なしの花入・宮王釜など、三十八種にもおよぶ名物茶道具が、この日、本能寺において披露されたことがわかる。

本能寺址（京都市中京区元本能寺南町）

注目されるのは、この日の正客が博多の豪商島井宗室だったことである。『言経卿記《ときつねきょうき》』によって、近衛前久ら公家たちも招かれていたことがわかるが、作家の中には、島井宗室が正客だったことから深読みする方もいる。たとえば、私と作家の中津文彦氏・羽山信樹氏との鼎談「日本史探偵団　本能寺の謎に迫る」（『月刊現代』一九九五年七月号）で、中津氏は、一介の商人島井宗室を正客としたのは、宗室所持の「楢柴」を手に入れるためだったと推測している。同じく作家の新井英生氏も「堺の豪商黒幕説」（『歴史と旅』一九九五年四月号）で、信長の「楢柴」に対する執心ぶりを熟知していた津田宗及が、この名物を餌に信長謀殺を企てたのではないかとする。後述するように、私は黒幕説には否定的であるが、この日の茶会のねらいについては、「楢柴」が関係していた可能性はあったとみている。ただ、光秀自身、この六月一日の本能寺における茶会のことをどの程度、情報としてつかんでいたかは不明である。

名物びらきの茶事が終わって、酒宴になり、信忠が宿所である妙覚寺にもどったのは、すでに真夜中になってからのことである。本能寺では、そのあと、本因坊算砂《ほんいんぼうさんさ》と鹿塩利賢《かしおりげん》との囲碁の対局があり、信長もそれを観戦しており、床についたのはやはり真夜中のことである。

光秀の動き

それに対する光秀の方の動きであるが、六月一日の申の刻というから午後三時から五時ごろ、家中の侍大将や主だった物頭を集めて、すぐ出陣の準備にとりかかり、準備が出来次第出発することを命じている。もちろん、この段階では、まだ重臣たちにも謀反のことは打ち明けていない。やがて、勢揃いしたところで光秀は全軍に、「森蘭丸から使いがあり、信長様が明智軍の陣容・軍装を検分したいとのことなので、京に向かう」と説明をしている。いうまでもなく、これは嘘である。

午後八時から九時ごろにかけて、一万三〇〇〇の大軍が亀山城を出陣していった。では、光秀が重臣たちに「信長を討つ」と本心を明かしたのはいつのことなのだろうか。一般的には、出陣を前にして、女婿明智秀満・斎藤利三・明智光忠・溝尾庄兵衛・藤田伝五の五人にはじめて謀反のことを打ち明けたといわれている。突然の光秀の発言に五人はびっくりし、危惧する意見、積極的賛成論、消極的賛成論、いろいろあったと思われるが、結局は、「殿がこのことをいったん口にした以上、それを決行するしかない」という結論になったようである。

もっとも、光秀が信長を討ちたいといいだしたのは、亀山城出陣のときではなく、出陣してからという異説もある。たとえば、明智滝朗氏の『光秀行状記』では、光秀がはじめて自分の決意を語ったのを、出陣してすぐに戦勝祈願のために立ち寄った篠《しの》八幡宮だったとする伝承があるのを紹介している。

私はその可能性があるとみている。というのは、この篠八幡宮は八幡宮の名の通り、源氏の氏神であり、八幡太郎義家が東征のときに祈願したという由緒をもっていることと、元弘・建武の争乱のとき、幕府軍の一員として後醍醐天皇討伐のため、伯耆に向かった足利尊氏が、この篠八幡宮において討幕方になることを決意した、まさに源氏にとっては意味のある神社だったからである。

篠八幡宮に語り伝えられる伝承が事実とすれば、前述「愛宕百韻」のところで述べたように、源氏である光秀が平氏である信長を討つという図式がより鮮明となる。

野条から老の坂の頂上に到着したのが午後十時から十一時ごろで、十二時ごろには沓掛で小休止をし、そこで夜中の食事をとっているが、日付が六月二日となる。ここで光秀は家臣の天野源右衛門という者を尖兵隊長として先遣させている。これは、味方の中から本能寺へ通報に走ろうとする者を殺すためであり、本能寺の偵察という役目もあった。

二日午前二時ごろ、本隊は桂川に到着した。そこで、馬の沓《くつ》をはずし、徒歩の足軽たちに足半《あしなか》をは

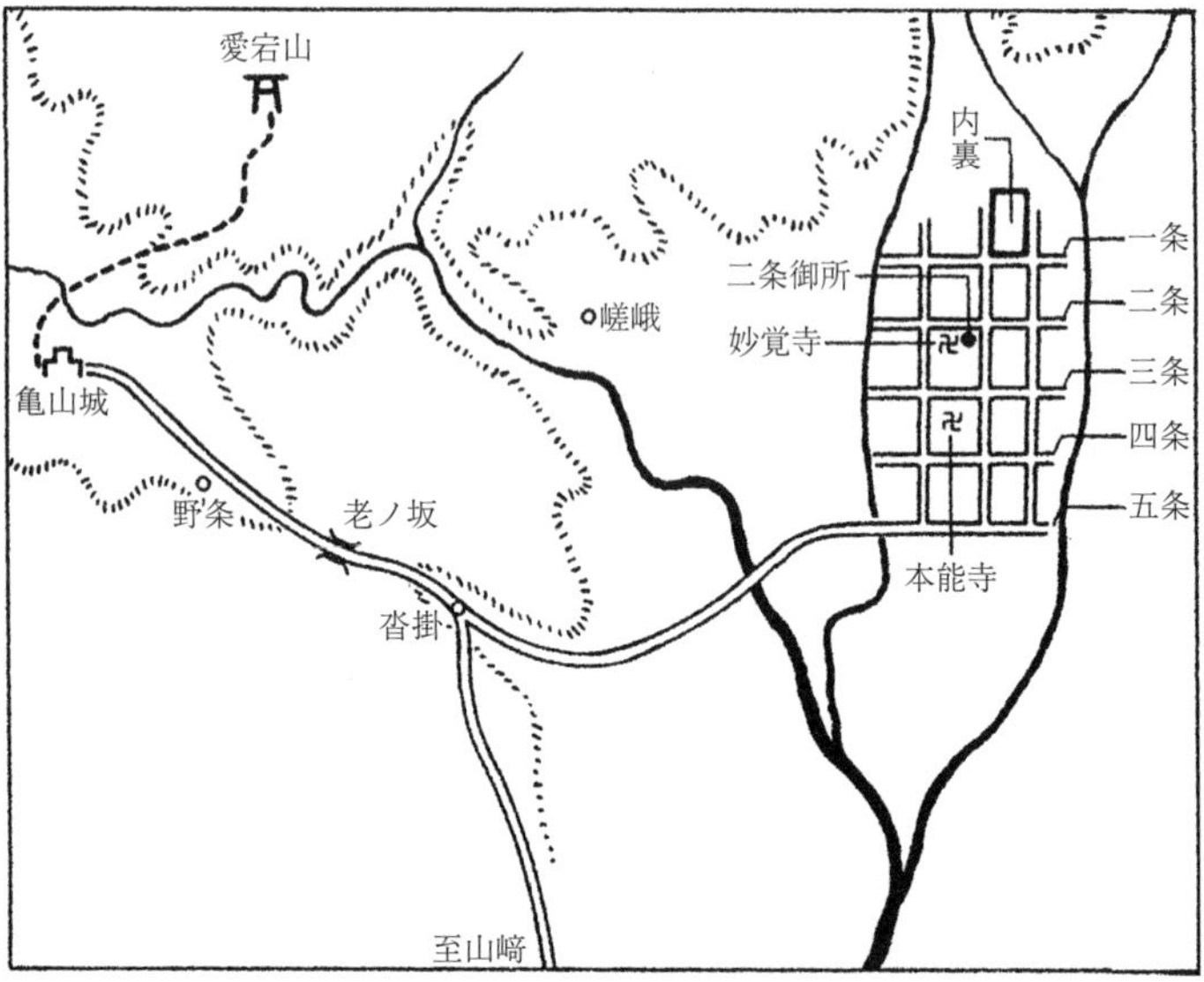

亀山から本能寺までの道程

くよう命令が出され、同時に、鉄砲の火縄に火をつけさせているのである。このころ、馬の足にはひづめの保護のため藁沓をはかせていたが、それをはずすということは、実戦態勢に入ることを意味していた。走りやすい足半にはきかえさせたのもそうだし、鉄砲の火縄に火をつけさせるということは、戦い間近を意味した。

この命令を聞いたところで、それまで、信長の軍装検査に向かうとのみ思っていた光秀家臣たちに動揺が走ったと思われる。中にはこのとき光秀軍の一員だった本城惣右衛門のように、徳川家康を討つと思いこんでいた者もいる。このとき、光秀が全軍にどのような指示を出したかはわかっていない。頼山陽《らいさんよう》の有名な漢詩

「本能寺」で広く知られた「我が敵は本能寺にあり」はいうまでもなく山陽の創作であり、たしかな言葉は不明である。ただ、何を根拠としたかがわからないが、『川角太閤記』の伝える、「今日よりして、天下様にお成りなされ候間、下々草履取り以下に至るまで勇み悦び候へとの触れなり。侍どもは、彼の二ヵ所にてのかせぎ、手柄、この度の儀にて候」というのが一番近いのではないかと思われる。ちなみに、ここでいう「二ヵ所」とは信長のいる本能寺と信忠のいる妙覚寺である。

光秀軍の本能寺襲撃

時間の流れからみて午前四時ごろと思われるが、光秀の軍勢は本能寺を包囲し終わった。旧暦の六月二日は新暦の七月一日で、一年中で一番昼が長く、当然、夜明けも早く、ちょうど夜が白みはじめてくる時間である。夜の戦いは相手を討ちもらす可能性が高く、「夜討ち朝駆け」といっても暗い時間は敬遠される。早く着いても相手に気づかれてしまえば元も子もないわけで、夜が白みはじめるころの包囲完了は、まさに知将光秀らしい緻密な行動である。

全軍揃ったところで、光秀は一斉攻撃の命を下し、光秀軍は土塁・塀を乗りこえて寺内に乱入していった。信長は夜半過ぎに床についたということもあり、文字通り、寝入りばなだったらしい。熟睡をしていたが、ただならぬ物音で目をさまし、小姓の森蘭丸をよんでたしかめさせている。信長も、はじめは家臣同士の喧嘩ぐらいに思っていたようであるが、蘭丸の報告で、光秀の謀反ということを知らされる。

『信長公記』は、「是は謀叛歟、如何なる者の企ぞと御諚の処に、森乱申す様に、明智が者と見え申候と言上候へば、是非に及ばずと上意候」とこのときの状況を記している。「森乱」は森蘭丸のことである。そのあと、信長は自ら弓を取って敵とわたりあうが、弦が切れてしまい、今度は槍で防戦したが、敵の槍で肘に怪我をし、槍も持てなくなったので、最後、奥の間で切腹したとする。

ところで、このあまりにも有名な信長の最期の場面、森蘭丸から「明智光秀の謀反」と聞かされた信長の「是非に及ばず」という言葉をどのように解するかである。私は、「光秀の謀反ならじたばたしてもしょうがない」と、信長のあきらめの気持ちを表明したものとみてきた。それに対し、関厚夫氏は『信長君主論』で、「是非に及ばず」を、「言語道断」「けしからん」と光秀に怒りをぶつけた言葉と解しており、その可能性もあるかなと考えている。

なお、ふつう、信長の最期の場面は『信長公記』がベースになって語られ、また、NHKの大河ドラマなどでもその流れで描かれることが多いが、もう一つ貴重な情報がある。当時、本能寺の近くにあった南蛮寺、すなわちイエズス会の教会にいた宣教師も本能寺の変を目撃しており、それらの証言を集めて記述したと思われるルイス・フロイスの『日本史』には、『信長公記』とはやや異なる情景として描かれているので次に引用しておこう。

……御殿《(本能寺)》には宿泊していた若い武士たちと奉仕する茶坊主と女たち以外には誰もいなかったので、兵士たちに抵抗する者はいなかった。そしてこの件で特別な任務を帯びた者が、兵士とともに内部に入り、ちょうど手と顔を洗い終え、手拭で身体をふいている信長を見つけたので、ただちにその背中に矢を放ったところ、信長はその矢を引き抜き、鎌のような形をした長槍である長刀という武器を手にして出て来た。そしてしばらく戦ったが、腕に銃弾を受けると、自らの部屋に入り、部屋を閉じ、そこで切腹したと言われ、また他の者は、彼はただちに御殿に放火し、生きながら焼死したと言った。だが火事が大きかったので、どのようにして彼が死んだかは判っていない。我らが知っていることは、その声だけでなく、その名だけで万人を戦慄せしめていた人間が、毛髪といわず骨といわず灰燼に帰さざるものは一つもなくなり、彼のものとしては地上になんら残存しなかったことである。

妙覚寺
（京都市上京区上御霊前通小川東入下清蔵口町）

この記述によると、熟睡していたところを騒動で起こされたのではなく、すでに信長は目覚めていたとするが、このあたり、実際はどうだったのかわからない。ただ、いずれにしても、信長の遺骸がみつからなかったことはたしかである。

二条御所の戦い

光秀の一万三〇〇〇の兵が本能寺を囲んだとき、本能寺にはわずかの兵しかいなかった。諸書によって人数にちがいがあり、『川角太閤記』は「御馬廻百六十七騎」とし、『当代記』は「小性《(姓)》衆百五六十騎」、『惟任謀叛記』は「小性《(姓)》衆百人」としており、一〇〇人から一五〇人ぐらいだったことがわかる。『信長公記』は人数がどのくらいだったのかの記載はなく、御厩での討ち死にが二十四人、御殿での討ち死にが二十六人、合わせて五十人が討ち死にしたことを伝えている。一万三〇〇〇に対し、一〇〇人か一五〇人では相手にならない。

本能寺が包囲されたとき、信忠は妙覚寺におり、信忠のもとには京都所司代の村井貞勝から連絡が入った。妙覚寺は本能寺の北北東およそ一キロのところにあったので、信忠はすぐ五〇〇ほどの兵で本能寺に向かった。しかし、圧倒的多数の明智の兵に阻まれ、結局、近くの二条御所に入って防戦することになった。二条御所には誠仁親王がいたので、信忠は光秀に誠仁親王の救出を要請し、光秀もそれを了承したので、誠仁親王を外に出したあと、本格的な戦いとなった。ここでも多勢に無勢で、信忠も自刃している。

3　光秀謀反をめぐる諸説

五十を超える説

歴史雑誌で「日本史の謎」とか「日本史迷宮事件」といった特集が組まれることがあるが、そうした特集の際には、必ずといってよいほど本能寺の変が入っている。人によっては「日本史最大のミステリー」などといういい方もする。それほど謎に満ちた事件ということになる。

もちろん謎だらけの事件ではあるが、事件の具体的経過や結果についてはかなり詳細に明らかにされてきている。にもかかわらず、光秀がなぜ謀反を起こしたのか、その動機についてはさまざまな考え方があり、定説といわれるものはないのが現状である。

では、これまでにどのような説が提起されているのかをみておきたい。諸説について、最もわかりやすい形で整理されたのが後藤敦氏ではないかと思われる。後藤氏は「本能寺の変学説&推理提唱検索」(『別冊歴史読本』54完全検証信長襲殺)で、大きくA光秀単独犯説、B主犯存在説・黒幕存在説、C関連する諸説の三つに分け、さらにそれぞれを細分化し、五十の説に整理している。わかりやすくまとめたのが次頁に示した「本能寺の変の真相をめぐる諸説」である。

これでみると、表現はちがうが、いっている内容は同じと思われるものもあるので、もう少しまとめることができるが、いずれにしても、一つの事件で、事件を起こした張本人である光秀の動機にしぼって、これだけの諸説があるのは異例といってよい。ただ、中には何ら史料的な裏づけがなく、全くの臆測によって提唱されているような説もあるので、この五十の説をすべて同等に扱うことはできないが、光秀が何を考えていたのかを追いかけていくうえで、この整理は参考になる。

しかも、歴史家・作家だけでなく、分野の異なる医師や医学史研究者といった学際的な広がりのある点も注目されるところで、たとえば後藤氏の整理で光秀単独犯説のⅡ消極的謀反説の④不安説とか⑤ノイローゼ説などは医師・医学史研究者の参入もみられる。服部敏良《としろう》氏は『室町安土桃山時代医学史の研究』において、「光秀謀反の原因」という一節を設け、次のように述べている。

本能寺の変の真相をめぐる諸説（後藤敦氏による）

光秀単独犯説	Ⅰ積極的謀反説 ①野望説　②突発説 Ⅱ消極的謀反説 ③怨恨説　④不安説　⑤ノイローゼ説　⑥内通露顕説 ⑦人間性不一致説　⑧秀吉ライバル視説 Ⅲ名分存在説 ⑨救世主説　⑩神格化阻止説　⑪暴君討伐説 ⑫朝廷守護説　⑬源平交替説 Ⅳ複合説 ⑭不安・怨恨説　⑮怨恨・突発説　⑯不安・突発説 ⑰野望・突発説　⑱不安・野望説　⑲怨恨・野望説 ⑳複合説
主犯存在説・黒幕存在説	Ⅰ主犯存在説 ㉑羽柴秀吉実行犯説　㉒斎藤利三実行犯説 ㉓徳川家康主犯・伊賀忍者実行犯説 ㉔複数実行犯・複数黒幕存在説 Ⅱ黒幕存在説 ㉕朝廷黒幕説　㉖羽柴秀吉黒幕説　㉗足利義昭黒幕説 ㉘毛利輝元黒幕説　㉙徳川家康黒幕説 ㉚堺商人黒幕説　㉛フロイス黒幕説　㉜高野山黒幕説 ㉝森蘭丸黒幕説 Ⅲ黒幕複数説 ㉞秀吉・家康・光秀共同謀議説　㉟足利義昭・朝廷黒幕説 ㊱近衛前久・徳川家康黒幕説 ㊲毛利輝元・足利義昭・朝廷黒幕説 ㊳堺商人・徳川家康黒幕説　㊴上杉景勝・羽柴秀吉黒幕説 ㊵徳川家康・イギリス・オランダ黒幕説 ㊶足利義昭・羽柴秀吉・毛利輝元黒幕説 Ⅳ従犯存在説 ㊷近江土豪連合関与説　㊸長宗我部元親関与説 ㊹濃姫関与説　㊺光秀の妻関与説　㊻羽柴秀吉関与説
その他	㊼信長の対朝廷政策との関連　㊽家臣団統制との関連 ㊾信長自滅説　㊿信長不死説

……光秀は当時の武将としては一級に属する文化人であったと言い得る。しかしこのような内向性の強い、神経質な弱い性格の持主は、表面謹厚・慇懃ではあるが、内面には常に不快さがただよい、鬱々としたものが積もることは当然である。クルト・シュナイデルは、このような性格を「抑鬱型精神病質人」的なものと称し、この種の性格者は常に厭世的・懐疑的人世感を持ち、心気性の恐怖・自信の喪失がみられる。表面的には柔順で情深く、情感が細やかであるが、心の底にはたえず不快さがあり、世評に思い悩むところが多い。時には甚だしく爆発的となり、そのため長い間鬱積していた疑念や被害感情をそんなことを夢にも考えていない人に向って、たちまち発散することがあると述べている。光秀の性格は、まさしくこのような「抑鬱型精神病質人」的な性格に合致するものである。

さらに服部氏は、信長から秀吉の応援に行くよう命ぜられたことが光秀謀反の直接的原因ではないかとし、「日夜懊悩し、心が乱れてくると、このような命令を出した信長さえも怨めしくなってくる。いろいろと過去のことが思い出されて今までの信長の仕打ちが胸にせまってくる。戦国武将としての天下取りの野望も頭を持ちあげてくる。いろいろな妄想が走馬燈のように光秀の頭をかすめて行く。このような心境は、性格の弱い、抑鬱性のものが大きな精神的ショックを受けたとき経験するものであって、正常人が単なる空想や想像では推量し得ぬ複雑なものがあったと想像される」とまとめている。また、別なところで、秀吉に対する不信感・危惧感があったと指摘しているが、私は、秀吉とのライバル争いに光秀が疲れたという側面もあったのではないかとみている。ただ、この秀吉とのライバル争いというのも、それが決定的な要因だったかとなると、必ずしもそうとはいえず、副次的な要因とみるのが正しいのではないかと考えている。

否定される怨恨説と野望説

いくつかある諸説の中で、従来から多くの人が唱えてきたことで知られるのが怨恨説である。作家の方に多く、もちろん研究者の中にもこの説を唱える人は少なくない。たとえば研究者で代表的なのは桑田忠親氏で、その著『明智光秀』でも、怨恨説をベースに語られている。もっとも、桑田氏の怨恨説は単純な怨恨説ではなく、武道の面目を立てるために主君信長を謀殺したととらえ、「光秀自身の面目を傷つけられた鬱憤を晴らしたのが、光秀謀反の真相と見るべきであろう」と述べている。なお、桑田氏は「自分が天下を取るのが目的ではない。信長を殺しさえすれば満足だったのだ」と、野望説を暗に批判している。

怨恨説のもとになっているのは、信長による光秀への今でいう「いじめ」あるいは「パワハラ」にあたるもので、その積もり積もった鬱憤を爆発させたのが本能寺の変だったとする。たしかに、イエズス会宣教師ルイス・フロイスも、信長を観察し、逆上しやすい性格だったことと、光秀を足蹴にしたことを記しているので、信長が光秀の恨みをかっていたことは事実であるが、伝えられる「いじめ」に該当することがらは、その多くが江戸時代に書かれたものが出典になっているので注意が必要である。

怨恨説と並び広く流布しているのが天下取りの野望説、略して野望説である。「光秀にも天下を取りたいという野望があった」とするもので、謀反とか反逆というより、下剋上という、戦国時代にあってはあたりまえの行為だったとする。野望説の主な提唱者は高柳光寿氏で、高柳氏は『明智光秀』の中で、それまで比較的有力視されていた怨恨説の史料的根拠とされてきたものを一つひとつ検証し、否定した上で、「光秀も天下がほしかった」ととらえ、「光秀は信長と争い得る兵力はない。けれども機会さえあれば信長を倒し得ないことはない。今やその機会が与えられたのである」と、本能寺の変直前、信長の家臣たちが四方に散っていた状況、本能寺に近臣数十名を従えただけで出かけた信長側の油断をあわせ論じている。

そして、この野望説から派生したのが突発説とか偶発説といわれるものである。これはある意味、野望説に対する批判から生じた考え方といってもいいかもしれない。というのは、「天下を取りたい」という確かな野望をもって光秀が信長を討ったにしては、その後の光秀の行動が支離滅裂であり、到底、前々からの計画にのっとったものとは考えられないからである。突発説によれば、光秀は事前に何の計画性もなく、「京の本能寺にわずかの兵で泊まっている」という情報を得て、突発的に、もっといえば発作的に信長を討ってしまったということになる。

怨恨説・野望説、そしてこの突発説にしても、いずれも光秀個人の感情というものが柱になっている。しかし、本能寺の変は、そうした個人レベルの問題ではないのではなかろうか。政変であり、光秀のクーデターとしての側面で本能寺の変をとらえるとき、これら怨恨説・野望説・突発説はあまり意味をもたないように思われる。

そこで一九九〇年ころから急浮上してきたのが朝廷黒幕説であり、さらに足利義昭黒幕説も登場しているので、次にこれら黒幕説について考えてみたい。

4 黒幕はいなかった⁉

朝廷黒幕説とは

もっとも、黒幕といういい方に関しては、桐野作人氏が『真説本能寺』で「政変に別の『黒幕』がいたとすれば、光秀が一方的に何者かに使嗾《しそう》されたというニュアンスが強く、光秀は単なる傀儡《かいらい》で主体性がなかったと誤解されかねない用語なので適切とはいえない」とし、「朝廷内共同謀議グループとの盟約」といういい方を提示しているが、わかりやすさを優先し、ここでは、朝廷黒幕説といういい方で話を進めたい。

朝廷黒幕説は朝廷関与説ともいい、明確な形で提唱したのは立花京子氏で、立花氏の『信長権力と朝廷 第二版』において、本能寺の変は、信長の朝廷侵食攻勢が激しくなるのを懸念した誠仁親王・近衛前久ら朝廷勢力が光秀を動かし、信長謀殺に動いたとした。勧修寺晴豊の日記である『日々記』(『天正十年夏記』ともいう)を詳細に読みこんだ研究であり、戦前の天皇制的歴史観、すなわち皇国史観全盛の時代には考えられなかった説といってよい。要するに、光秀が朝廷の中の人物と連絡をとりつつ、朝廷にとって不都合な存在である信長を討ったというもので、黒幕とされる人物については、論者によって分かれるし、また、信長が朝廷に対して行ったとされる無理難題の類も論者によってさまざまにいわれている。

しかし、最近は、信長と朝廷は敵対していなかったという論調が主で、黒幕説はやや影が薄い。私は、朝廷勢力に操られたとみるのは反対で、光秀本人の意向と、朝廷勢力の意向が合致した結果ではないかとみている。呉座勇一氏も『陰謀の日本中世史』で、「朝廷黒幕説はもはや過去の学説である」といい切っている。では、もう一つの黒幕説である足利義昭黒幕説の方はどうだろうか。

足利義昭黒幕説への批判

足利義昭黒幕説の提唱者は藤田達生氏である。藤田氏が論文「織田政権から豊臣政権へ――本能寺の変の歴史的背景」（『年報中世史研究』二十一号）で論を展開し、その後、藤田氏の著『謎とき本能寺の変』などに受けつがれている。

藤田氏はいくつかの関連史料から、裏で糸を引いていたのが足利義昭だったと主張しているが、たとえば、その一通、義昭の御内書（東京大学史料編纂所架蔵「本法寺文書」）は次のような内容である。

信長討ち果たす上は、入洛の義、急度馳走すべき由、輝元・隆景に対し申し遣わす条、この節、いよいよ忠功を抽んずべき事肝要。本意においては、恩賞すべし。仍つて肩衣・袴これを遣わす。猶、昭光・家孝申すべく候也。

（天正十年）六月十三日　（義昭花押）

乃美兵部丞とのへ

ここに、冒頭、「信長討ち果たす上は」とあることから、藤田氏は、義昭が主体的に信長を討ったと解釈したと思われるが、これは、信長の死を復権の好機とみた義昭が、またぞろ、蠢動《しゅんどう》をはじめたことがうかがわれるといった程度の意味ではないかと私は考えている。

ほかに、義昭黒幕説にかかわる文書として、六月十二日付、光秀の雑賀五郷、土橋平尉《つちはしへいのじょう》宛の文書、六月十七日付の高（香）宗我部安芸守宛の文書もあるが、同じであろう。この足利義昭黒幕説についても、前述の呉座勇一氏が『陰謀の日本中世史』の中で、「もし明智光秀が足利義昭の命令を受けて織田信長を討ったのだとしたら、義昭の家臣だった藤孝を説得する最大の材料だろう。にもかかわらず義昭の話を出していないという事実は、そもそも光秀は義昭の命令を受けていないし、信長を討った後も義昭を擁立する気はなかったことを意味する」と述べており、私も同意見である。

なお、前述の後藤敦氏の整理になる「本能寺の変の真相をめぐる諸説」五十の中には入っていないが、黒幕説のもう一つとして本願寺黒幕説も提起されているのでふれておきたい。小泉義博氏の「教如の諸国秘回と本能寺の変」（『本願寺教如の研究』上第一部第二章）で、本願寺教如が首謀者だったと説く。また、咲村庵氏は『明智光秀の正体』で、勧修寺晴豊の『晴豊公記』に本願寺関係者がたびたび登場することから「本願寺が信長殺害に関わった可能性がある」と指摘するが、論証不十分との印象を受ける。

そうした諸説の中で、近年、注目されているのが四国問題説、後藤敦氏の整理による㊸長宗我部元親《ちょうそかべもとちか》関与説といわれるものである。

5　浮上してきた四国問題説

光秀と長宗我部元親の関係

長宗我部氏は元親のとき、急速に版図を広げ、土佐一国を平定し、さらに阿波・讃岐・伊予へと勢力を拡大していった。単に合戦に強いだけでなく、外交感覚もすぐれたものをもっていて、早くも天正三年（一五七五）には信長に誼《よしみ》を通じているのである。この時点では、信長も阿波の三好氏とは対立しており、両者にとって、遠交近攻策型の同盟として意味あるものであった。

この天正三年の同盟締結のとき、信長が元親の嫡男弥三郎の烏帽子親《えぼしおや》となって、「信」の一字を与えて信親と名乗らせているが、その取次役をつとめたのが光秀だったのである。従来、この元親の信長への服属を『元親記』などの記述から天正三年としてきたが、後述する「石谷《いしがい》家文書」の発見によって天正六年（一五七八）の可能性が出てきた。いずれにせよ、光秀が取次役となったことはまちがいない。実は、長宗我部元親と、光秀の家老斎藤利三とが姻戚関係にあったのである。

斎藤利三の兄頼辰《よりとき》が幕府の奉公衆石谷光政（出家して空然）の娘と結婚し、光政の婿養子となった。その光政の娘のもう一人が長宗我部元親の正室となっていたのである。わかりやすく略系図にすると次のようになる。

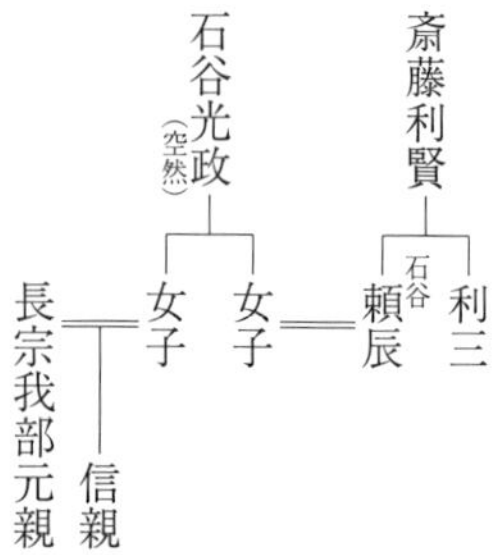

このあと元親は、光秀を介して信長と結びつく形をとった。そのまま推移していれば何の問題もなかったわけであるが、天正九年（一五八一）六月になって、急遽、元親と信長が断交するという事態となってしまった。取次役としての光秀の面目丸つぶれといったところである。

なぜそうなったのかというと、信長は、元親が本当に四国を制覇しそうになったのをみて脅威を感じはじめ、突然、路線変更をし、阿波の三好康長の支援をはじめたのである。何と、そこに秀吉の動きが関係していた。具体的にいうと、秀吉の甥にあたる秀次《ひでつぐ》を三好康長の養子にして、三好氏の阿波支配を支援しはじめたのである。ただでさえ、秀吉と光秀はライバル争いをくりひろげていたわけで、光秀としてはよけいショックだったと思われる。

もっとも、これまで、この四国長宗我部問題に関しては良質な史料がなく、具体像はほとんど明らかではなかった。ところが平成二十六年（二〇一四）六月、岡山市の林原美術館所蔵の「石谷家文書」

四十七点が発見され、その中に四国長宗我部問題にかかわる文書が数点含まれており、具体的なことがわかってきたのである。

信長の四国攻めで光秀は窮地に

「石谷家文書」の中に、天正十年（一五八二）正月十一日付の石谷空然宛斎藤利三書状がある。この中で利三は、「御朱印之趣も元親ため可然候」といっている。つまり、「元親のためには、信長の朱印状に従った方がよい」とアドバイスしていたことがわかる。ちょうどこの時期、信長が元親にいっていた「四国は切り取り次第」というそれまでの方針を撤回し、元親が手にしていた伊予・讃岐を返納させようとしていたのである。信長と元親の取次役だった光秀としては頭の痛い問題であった。光秀としては信長の命令には逆らえないので、家老の斎藤利三を通して元親の説得に動いたことがこの文書からわかる。元親がそれに応じていれば問題はなかった。ところが元親は、「四国は自分の力で切り取ったものである」と、説得に応じようとしなかったことで、光秀はさらに窮地に立たされることになった。

そして、このあともう一通、本能寺の変に直接かかわるであろう文書が「石谷家文書」にある。同年五月二十一日付、斎藤利三宛長宗我部元親の書状である。この中で元親は、自分が領有していた阿波の一宮《いちのみや》城・夷山《えびすやま》城・畑山《はたやま》城から撤退したことを伝えるとともに、海部《かいふ》城・大西《おおにし》城は確保したいといっている。つまり、徹底抗戦から条件闘争に切りかえたことがわかる。ただ平井上総氏も「光秀謀叛の契機は長宗我部氏にあったのか？」（洋泉社編集部編『ここまでわかった本能寺の変と明智光秀』）で、「なお、この元親の書状は、当時の使者の移動速度から見て、本能寺の変当日までに届かなかった可能性が高い」と述べた上で、次のように指摘している。

五月下旬の段階で、本心はどうであれ表面上は信長に恭順することを元親は決定し、一方で信長の側はそれを知らずに四国攻撃軍を編成していた。そして元親と信長の関係修復に奔走していた光秀も、元親の恭順を知らないまま、六月二日に信長の殺害を実行したのである。そのため、元親の書状は利三のもとに渡らずに石谷家に残されたのだと思われる。

なお、この四国問題が光秀の謀反の直接的引き金になったとする研究者は少なくない。たとえば、藤田達生氏は『本能寺の変の群像』で、「クーデターの決行日が、信孝の四国出陣を阻む目的で設定されたことがうかがわれる。光秀の重臣斎藤利三は、妹婿の長宗我部元親が滅亡の危機に瀕していることを心配していたのである。決行を最後まで逡巡していた光秀は、利三にも迫られ、ぎりぎりの時点で決心したのであった」と述べている。まさに新しく発見された「石谷家文書」は、そうした四国問題説の決定打といってよいのかもしれない。

しかし、平井上総氏は前述の「光秀謀叛の契機は長宗我部氏にあったのか?」で、「四国政策説については、対四国外交での存在感を維持するために、光秀が変の直前まで元親と信長の衝突を避けようとしていたことが明らかになったため、かなり有力な材料が加わったことになる。ただしこれも、四国問題が光秀と利三を悩ませていたことが確定しただけである。謀反の最大の要因が四国問題にあったと断定する決定打にはならないことは注意したい」と釘をさしている。

左遷を意識した光秀

ここまで四国問題を中心に、このころ光秀が置かれていた苦しい立場というものをみてきたが、もう一つ、光秀を悩ませるできごとが生じていた。これは信長の家臣団全体にいえることであるが、信長家臣団の基本ともいえる与力制度にも光秀をめぐって問題が生じていたのである。光秀には何人かの与力大名が従っていた。与力大名とは光秀の家臣ではなく、信長の家臣であるが、合戦のときなど、光秀の旗の下に集まって行動を共にする大名のことで、光秀には細川藤孝・筒井順慶らがいた。本来は荒木村重も光秀の与力であったが、謀反を起こして滅ぼされてしまったので、本能寺の変直前でいえば、この藤孝・順慶の二人が主なメンバーである。

実は、本能寺の変の直前、光秀の与力大名の一人、筒井順慶が光秀から引き離される動きのあったことが谷口研語氏の『明智光秀』にみえるのである。すなわち、

> 光秀が納得できなかったのは、自身の山陰への国替えではなく、順慶の東国への国替えだったと私は思う。順慶は光秀からはなされ、滝川一益の与力にされること（徳川家康の与力もありえただろうか）になったからである。光秀は、細川藤孝とも筒井順慶とも荒木村重とも良好な関係をつくるべく努力してきた。それは、これまでみてきた三人との関係にあきらかである。光秀が堪忍袋の緒を切ったのは、その長年つちかってきた与力大名との縁を断ち切られることにあったのではないか。

と指摘し、さらに、「新天地へ進駐する光秀は、信長の直臣か毛利旧臣を与力としなければならない。いずれにしても、畿内と縁辺の軍勢をひきいるような訳にはいかないのである。これが光秀がキレた理由であっただろう」とも述べている。つまり、光秀は左遷を意識し、自分の身を守るためにも、ここで決起せざるをえなかったというのである。

このように動機はいくつもあったと考えられるわけであるが、私は以前から「信長非道阻止説」というのを唱えている。最後にそれをまとめておきたい。

6　「父子の悪逆は天下の妨げ」をどう解釈するか

西尾光教宛光秀書状をめぐって

私の本能寺の変の謎解きもいよいよ最終コーナーである。そこで取りあげたいのが天正十年六月二日付、まさに本能寺の変当日に出された光秀の一通の書状である。原文書はなく、『武家事紀』に所収されている写しである。

父子の悪虐は天下の妨げ、討ち果たし候。其の表の儀、御馳走候て、大垣の城相済まさるべく候。
委細、山田喜兵衛尉申すべく候。恐々謹言。
（天正十年）六月二日　　（惟任日向守）惟日在判
西小　御宿所

宛名の「西小」は美濃の野口城《のぐち》（岐阜県大垣市野口町）の城主西尾《にしお》小六郎光教《みつのり》のことである。光秀が本能寺で信長を討った直後に出された文書の一通で、注目されるのは、そこで「（信長）父子の悪虐は天下の妨げ」といっている点である。光秀自身が、これだけはっきり、信長を討った理由を吐露したものはこの文書以外にはない。そのため、文書の信憑性に懐疑が出されていることは周知の通りで、木下昌規氏も「本能寺の変」（渡邊大門編『信長軍の合戦史』）でこの文書にふれ、「正文（オリジナル）ではなく、後世に編纂された書物に収録されたもののため、内容面についての信憑性には疑いが残る」と述べ、咲村庵氏は『明智光秀の正体』で、偽書の可能性が高いとしている。

私は、ここでは『武家事紀』所収文書に拠ったが、藤田達生氏は「松雲公採集遺編類纂」所収文書に拠っており、文面は「父子の悪逆天下の妨、討ち果たし候。その表の儀、御馳走候て、大垣の城相済ますべく候。委細山口喜兵衛尉申すべく候。謹言」と、若干の文言のちがい、使者の名前のちがいが指摘されるが、藤田氏も「内容的には問題ないであろう」とし、「同様の指令は、美濃のほか近江や若狭をはじめとする畿内近国の諸領主に対して、相当数発給されたと推測する」としている。

なお前述の木下昌規氏の「本能寺の変」では、西尾光教宛書状および小早川隆景宛書状にふれ、次のように述べている。

……同じく毛利輝元宛書状（『松雲公採集遺編類纂』）にも、「信長のこと、大悪無道にて天下の人民悩乱せしめ殷紂に准ずるの間相果たし候」と信長の非道さを訴える文言が見える。これらに共通するのは、信長の非道を訴え、そのために成敗したのだということになろう。ただし、もしこれが正文であったとしても、信長を討ったあとの大義名分をこじつけただけともいえ、信長に一方的な原因があるという主張を無条件に支持できない。

つまり、「信長父子の悪虐を討ち果たした」というのを、光秀が大義名分としてうたったものという理解である。そこで、この問題をもう少し掘り下げることにしたい。

光秀は何を信長の悪虐とみたか

これまでは多くの場合、ここでいう信長の悪虐とは、比叡山延暦寺の焼き討ち、一向一揆との戦いで門徒農民を何万人も殺したこと、そして将軍義昭を追放したことなどをさすのではないかと考えられてきた。しかし、本書でもふれてきたようにそれだけではなかった。

一つは、対朝廷関係である。譲位強要は、最近の研究によってなかったということが明らかにされ、むしろ信長・朝廷が協調路線にあったとの見方が主流になりつつあるので、対立はしていなかったとされることが多い。ただ、公家たちが両手《もろて》をあげて信長を歓迎していたかとなると「それはちがう」といわざるをえない。すでにふれたところであるが、信長が暦問題に口出しをしたとき、勧修寺晴豊がその日記『日々記』に、「十二月閏の事申し出、閏有るるべきの由申され候。いわれざる事也。これ信長むりなる事と各申事也」とあることを思いおこしていただきたい。快川紹喜という、正親町天皇から国師号を与えられた高僧を焼き殺したことも朝廷に対する挑戦とみられなくもない。

二つ目としてあげられるのが、家臣やまわりの人間に対し、人を人と思わない傍若無人なふるまいが目立つようになった点である。現職太政大臣である近衛前久に向かって「近衛、わごれなどは木曾路を上らしませ」といい放ったり、またこの武田攻めのときにはもう一つ、びっくりするような場面があり、それを光秀もみていたと思われる。

天正十年三月十一日、甲斐の天目山麓の田野で武田勝頼が自刃したあと、その首は信長がいる信濃の浪合というところに届けられた。そこで信長による首実検《くびじっけん》が行われ、『信長公記』には「十四日、平谷を打越し、なみあひに御陣取。爰にて武田四郎父子の頸、関与兵衛・桑原介六、もたせ参り、御目に懸けられ候」とだけ記されているが、細川家の史料『綿考輯録』によると、信長は勝頼の首に向かって悪罵《あくば》を投げかけただけでなく、勝頼の首を蹴とばしたというのである。

ふつう、首実検は、死者の霊を弔い、敵であっても丁重に扱うわけであるが、信長はちがっていた。文化人であり、有職故実に通じている光秀としては到底許しがたい行為と映ったのではなかろうか。「誰かが信長の暴走を止めなければ」と考えた可能性はある。「(信長)父子の悪虐は天下の妨げ」はこうした信長の暴走を止めるという意味がこめられていると私はみている。私が本能寺の変の光秀謀反の真因として、「信長非道阻止説」を提起するゆえんである。

幕府再興をねらったとする新説

なお、この私の「信長非道阻止説」について、呉座勇一氏はその著『陰謀の日本中世史』において、次のように述べている。

伝統的権威を重んじ朝廷を尊崇する明智光秀は、実力ある大名であり、かつ尊皇の志がありそうな織田信長《おだのぶなが》を盛り立てることで朝廷復興を目指した。しかし信長は次第に増長し（あるいは本性を現し）、自己神格化、正親町《おおぎまち》天皇への安土《あづち》行幸要求など傲慢《ごうまん》な振る舞いを見せるようになった。信長が天皇の上に立とうとしていると気づいた光秀は、朝廷・正親町天皇のために信長を討った、という筋立てである。小説やドラマで好んで用いられるが、歴史学者の小和田哲男《おわだてつお》氏の「信長非道阻止説」もこの勤王家説に含まれるだろう。

もっとも、勤王家説が正しいにしても、秩序と権威を重んじる光秀と革新者たる信長との「性格の不一致」が光秀の怨恨《えんこん》を生むことは十分に考えられるし、光秀は信長を討った後、自分が将軍になって朝廷を支えていく心積もりだろうから、光秀の野心は明白である。つまり勤王家説は必ずしも怨恨説や野望説を否定するものではなく、かえってこれらと併存し得るのである。実際、小説やドラマでは、これらの動機が複合的に語られることが多い。

私自身、光秀を勤王家とみているわけではないので、勤王家説に含まれるというとらえ方は本意ではないが、ここで呉座氏が本能寺の変後の光秀について、「自分が将軍となって朝廷を支えていく心積もりだろうから」といっている点は注目される。従来、本能寺の変後の光秀がどのようなビジョンを描いていたかが曖昧なままきていたからである。

もちろん、足利義昭黒幕説をとれば、将軍には義昭を据え、自らはナンバーツーとなるという構想であるが、足利義昭黒幕説も成り立ちにくい現状では、むしろ、自らが将軍になるという選択肢はあってもおかしくない。平姓将軍信長を阻止し、源氏である自分が将軍にと考えることは自然である。これまで、あとでふれる六月九日付の細川藤孝・忠興宛「覚」で、謀反の理由を「忠興なと取り立て申すべきとての儀ニ候」と記していることをもって、光秀は変後のビジョンをもっていなかったとされることが多かったように思われる。この点で、小林正信氏による『明智光秀の乱』での、「光秀の行動はその登場以来、『幕府再興』という点において終始一貫しています」との指摘は無視できない。

第七章　本能寺の変後の光秀と山崎の戦い

1　安土城に入る光秀

瀬田橋が落とされる

本能寺および二条御所での戦いが一段落したところで光秀は京を出て安土に向かった。このとき、京をそのまま占拠するのではなく、安土に向かった光秀の真意がどこにあったかわからないが、信長の居城だった安土城に入ることによって、信長を倒したことを内外にアピールするのと、安土城にあった信長の財宝を軍資金として接収するねらいがあったものと思われる。

ところが、京を出て、瀬田川を渡って安土に向かおうとしたところ、瀬田川に架かる瀬田橋が瀬田城主山岡景隆《やまおかかげたか》によって落とされてしまったのである。少人数なら、舟を使って渡ることもできたであろうが、とにかく一万を超す大軍で、結局、安土に向かうのをあきらめ、橋の修復を命じて、いったん、坂本城に入っている。安土城に入るのと、坂本城に入るのとでは世間に与えるインパクトという

瀬田の唐橋（大津市瀬田・唐橋町）

点で大きなちがいがあった。

坂本城に入ってからと思われるが、光秀は信長の家臣たちに宛てて味方になるよう勧誘の書状を出している。前述の西尾光教宛の文書しか伝わらないが、同様の書状が何通も出されたはずで、また、それまで信長に敵対していた越後の上杉景勝《かげかつ》、安芸の毛利輝元の叔父の小早川隆景に宛てても出されたことが知られている。小早川隆景宛の文書は国立公文書館内閣文庫所蔵『別本川角太閤記』に所収されているもので、文面は次の通りである。

急度、飛檄をもって言上せしめ候。今度、羽柴筑前守秀吉こと、備中国において乱妨を企て候条、将軍御旗を出だされ、三家御対陣の由、誠に御忠烈の至り、ながく末世に伝うべく候。然らば、光秀こと、近年信長に対し、憤りを抱き、遺恨もだしがたく候。今月二日、本能寺において、信長父子を誅し、素懐を達し候。かつは将軍御本意を遂げらるゝの条、生前の大慶、これに過ぐべからず候。この旨、宜しく御披露に預かるべきものなり。誠惶誠恐。

六月二日　　惟任日向守

小早川左衛門佐殿

この文書は、怨恨説を主張する人びとにはよく使われてきたものである。文中、「光秀こと、近年信長に対し、憤りを抱き、遺恨もだしがたく候」とある部分が怨恨説を裏付けるものとされてきた。実は、この文書の真偽については研究者の間でも意見が分かれているのである。私はこれを偽文書とみているが、坂本城において諸方に信長を討ったことを伝える書状は出していた可能性は否定しない。

瀬田橋の修復にあたったのが光秀の女婿秀満で、ようやく修理が終わり、五日、光秀自ら兵を率いて安土城に入っている。本能寺の変がおこったとき、安土城の留守をまかされていたのは蒲生賢秀《かたひで》で、本能寺の変の第一報が入ったとき、賢秀は光秀軍が安土に殺到するであろうと考え、嫡子氏郷《うじさと》と協力し、安土城にいた信長の妻子を自分の居城日野城に避難させていた。そのため、光秀は戦うことなく安土城入りを果たしている。信長の財宝はそのまま安土城に残されていたので、光秀は家臣たちにそれを分け与えている。

光秀は蒲生賢秀に味方になるよう誘ったが、賢秀はなびいてこなかった。その代わり、京極高次・阿閉貞征《あつじさだゆき》らがなびいてきたので、秀吉の本拠地である長浜城を攻めさせ、それを接収すると、斎藤利三を長浜城に入れ、安土城は明智秀満に守らせている。

本能寺の変から五日後の六月七日、光秀と懇意だった吉田兼見が勅使として安土城を訪ねてきた。

そのとき、兼見は誠仁親王が京都の経営を光秀にまかせる旨の意向をもっていることを光秀に伝えている。光秀の行為が朝廷から認められたことを意味するわけで、光秀自身、「自分は単なる謀反人ではない」という思いが芽ばえはじめたものと思われる。このとき、『兼見卿記』によると、兼見は光秀が「謀反之存分」を雑談したとある。光秀の口から「なぜ信長を討ったのか」の本音が語られたと思うが、残念ながら、どのような話があったかは書かれていない。

八日、光秀は秀満に安土城をまかせ、自らは坂本城にもどり、九日、上洛している。この日、公家たちは白川まで光秀の迎えに出ており、光秀は朝廷に銀子五〇〇枚、五山や大徳寺に各一〇〇枚を贈っている。朝廷への献金は、勅使派遣に対する礼ということであるが、政治工作資金としての意味あいもあったのではないかと思われる。兼見もこのとき銀五十枚を受け取っている。光秀としては、先ゆき不透明ながら、まずまずの滑り出しといってよかった。ところが、その九日、光秀の周辺は暗雲に包まれることになる。

細川藤孝・忠興に背かれる

何と、真っ先に味方してくれると思っていた細川藤孝・忠興から拒否の返事がきたのである。光秀から細川父子に宛てた手紙は残っていないが、たぶん六月二日に出されたものと思われる。光秀と藤孝は、協力しあって義昭を将軍にしたときの同志であり、また、忠興には光秀の娘の玉が嫁いでおり、光秀としては、当然、自分の味方になってくれると思っていた。

「藤孝・忠興父子が信長の死を悼んで髪を切った」というしらせがいつ光秀のもとに届けられたかはわからないが、日をおいて悠長な対応をしたとも思えないので、私は六月九日に手紙が届き、それを

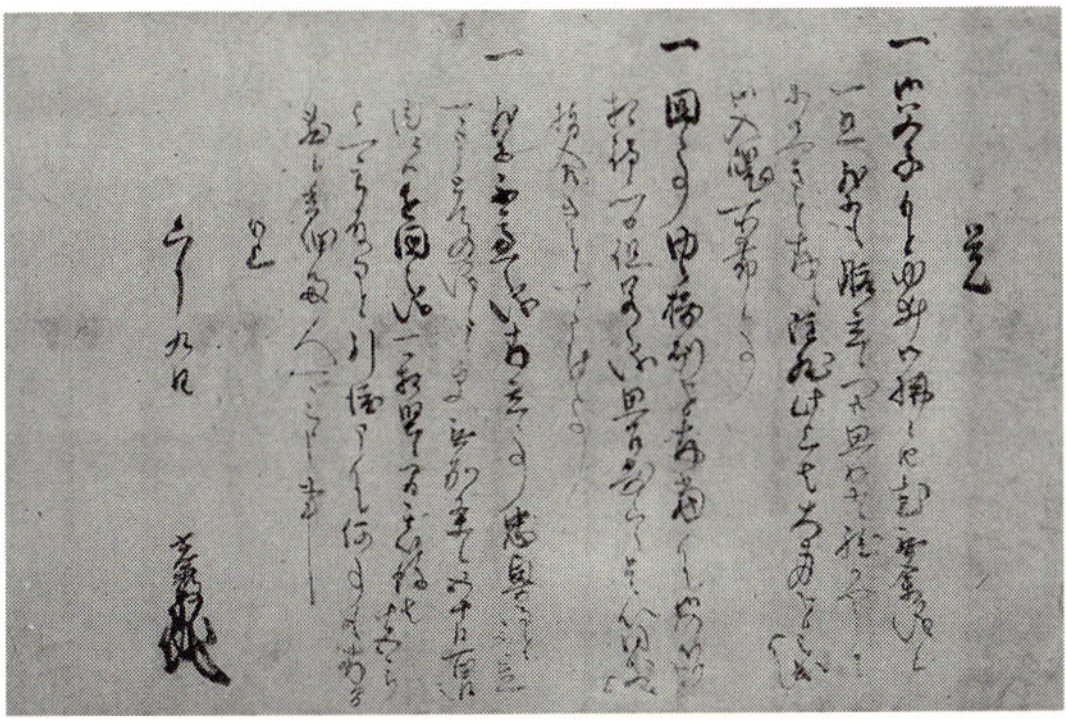

明智光秀覚書（永青文庫蔵）

読んだ光秀がすぐ返書を認めたものとみている。その返書が六月九日付の光秀の「覚」（「細川家文書」『大日本史料』第十一編之二）である。

覚

一、御父子もとゆゐ御払候由、もっとも余儀なく候。一旦我等も腹立候へ共、思案候程、かやうニあるべきと存じ候。然りと雖も、この上は大身を出され候て、御入魂希う所に候事、

一、国の事、内々摂州を存じ当て候て、御のぼりを相待候つる。但し、若の儀、思し召し寄り候ハヽ、是以って同前ニ候。指合きと《急度》申し付くべく候事、

一、我等不慮の儀存じ立て候事、忠興など取り立て申すべきとての儀ニ候。更に別条なく候。五十日、百日の内ニハ、近国の儀、相堅めるべく候間、以後者、十五郎、与一郎殿など引き渡し申候て、何事も存ず間敷く候。委細両人申さるべく候事。

以上

六月九日　　光秀（花押）

一条目で、藤孝・忠興父子が髪を切ったというのを聞いて腹を立てたと正直にいっている。光秀としては当然すぐ味方に参じてくるものと思っていたのが期待はずれな結果になったわけなので、落胆のあまり、このような表現になったのであろう。二条目で、にもかかわらず、出陣を要請している。光秀としても、自分の軍勢だけで他の武将と戦っても勝ち目はないとみていたのである。

三条目で、なぜ信長を討ったのかを弁解しており、「忠興などを取り立てたいためである」としているが、これは藤孝・忠興父子を翻意させるためにとってつけた理由であろう。なお、この三条目にみえる「十五郎」というのは光秀の嫡男光慶で、「與一郎」は忠興のことである。

2　山崎の戦いの敗北と光秀の死

誤算だった秀吉の中国大返し

光秀が本能寺の変を起こして信長を討てたのは、織田家臣団が四方に散っていたからである。柴田勝家が越中魚津《うおづ》城を攻めて上杉景勝を相手とし、羽柴秀吉が備中高松城を攻めて毛利輝元を相手とし、丹羽長秀・織田信孝が大坂から四国へ渡海しようという絶好のタイミングをねらったものであった。光秀としては、一番近くの大坂にいる丹羽長秀・織田信孝が出陣してくることは想定していたかもしれないが、勝家・秀吉がもどってくるとは考えてもみなかったと思われる。その意味で、秀吉が急遽もどってきた中国大返しは、光秀にとって最大の誤算だった。

備中高松城の水攻めをしている秀吉のもとに本能寺の変の第一報が届けられたのは六月三日の夜といわれている。夕方なのか深夜なのかは史料によって分かれるが、『明良洪範《めいりょうこうはん》』および『黒田家譜《くろだかふ》』（『新訂黒田家譜』第一巻）によると、第一報を届けたのは信長の家臣長谷川宗仁《そうにん》だったという。『黒田家譜』には、「……かゝる處に其夜子の時ばかりに、京都にありし信長の臣長谷川宗仁より飛脚来りて、孝高に直に対面し、昨二日京都におゐて、信長公幷信忠卿を明智日向守が弑し奉りたる由、ひそかに申て状を捧ぐ」と記されている。

羽柴秀吉（大阪城天守閣蔵）

このあと、秀吉はショックのあまり茫然自失の態であったが、黒田官兵衛孝高が「天下を取るべき好機ではないか」と励ましたことで、すぐ毛利の使僧安国寺恵瓊をよんで講和交渉をまとめ、翌四日、高松城主清水宗治の自刃によって城攻めそのものは幕をおろす形となった。しかし、その直後、毛利方も本能寺の変で信長が光秀に討たれたことを知り、「毛利両川」の一人吉川元春は秀吉との戦いの継続を主張、それに対しもう一人の小早川隆景は「誓紙の墨が乾かない内にそれを反故にするわけにはいかない」と追撃に反対し、結局、隆景の主張が通り、追撃しないことになり、毛利軍は六日に撤退を開始している。

毛利軍が撤退したことをたしかめた秀吉がその日の午後、高松城水攻めの陣所から陣払いし、光秀との戦いに向けていわゆる中国大返しがはじまる。七日間で約二〇〇キロを移動することは、当時の一般的な行軍のスピードからしても驚異的で、その後の戦いの帰趨に決定的な意味をもつことになる。

光秀が対朝廷工作に奔走している間に、秀吉の方は味方づくりに全力を投入していたのである。よく知られているのが、本来、光秀側となるはずの与力大名中川清秀に対する切り崩し工作である。摂津茨木城主の中川清秀に対し、「信長殿は明智光秀の襲撃をきりぬけて無事である。一緒に光秀を討とう」とよびかけている(「梅林寺文書」)。もちろんこれは嘘であるが、情報が混乱していることをみこしての誘降工作で、秀吉だからできた芸当といってよいかもしれない。

それに対し、光秀は与力大名のもう一人大和の筒井順慶も味方にすることができなかった。現在、中川清秀宛の文書のようなものは残っていないが、秀吉から順慶にも同じような誘降工作が行われていたものと思われる。順慶は光秀に同心するとみせかけ、結局は時間稼ぎをして光秀陣営には加わらなかったのである。

山崎の戦いの経過

秀吉の軍勢が十一日には尼崎に到着したという情報を得たときの光秀は、相当なショックを受けたと思われる。秀吉軍が京都に迫るその前で阻止しなければと考えた。なぜなら、光秀にとって、朝廷勢力は掌中の珠でもあったからである。そこで光秀自身が戦場に選んだのが京・大坂のほぼ中間点で、天王山《てんのうざん》と淀川にはさまれた隘路《あいろ》となっている山崎(京都府乙訓郡大山崎町大山崎）であった。

十二日、秀吉は富田（大阪府高槻市富田町）まで軍を進め、そこで池田恒興・中川清秀・高山右近らと軍議を開き、高山右近が先陣、中川清秀が第二陣と決まり、この高山隊・中川隊は先鋒としてその日のうちに出陣し、高山隊が山崎の町を押さえ、中川隊が天王山を占拠し、早くも天王山付近では明智軍先鋒と小競り合いがはじまっているが、本格的な戦闘は翌十三日にもちこされた。

十三日早朝、光秀は下鳥羽から御坊塚に本陣を移している。そこは、円明寺川の自然堤防背後の低湿地で深田となっており、平地でありながら、簡単には攻められにくい場所だった。『太閤記』は、このときの光秀の軍勢を一万六〇〇〇としているが、本能寺を襲撃したときが一万三〇〇〇といわれているので、一万六〇〇〇はいなかったと思われる。一部、安土城や坂本城に兵を残していたし、中には逃亡してしまった者もいたのではないかと考えられるので、一万そこそこだったとみるのが自然であろう。それに対し、秀吉の方は秀吉本隊で約二万で、ほかに、織田信孝が四〇〇〇、丹羽長秀も四〇〇〇、池田恒興の五〇〇〇、中川清秀の二五〇〇、高山右近の三〇〇〇が加わっているので、四万近くにのぼっていた。

光秀本陣と伝わる恵解山古墳
（京都府長岡京市勝竜寺・久貝）

戦いは吉田兼見の『兼見卿記』に、「申の刻」に鉄砲の音が

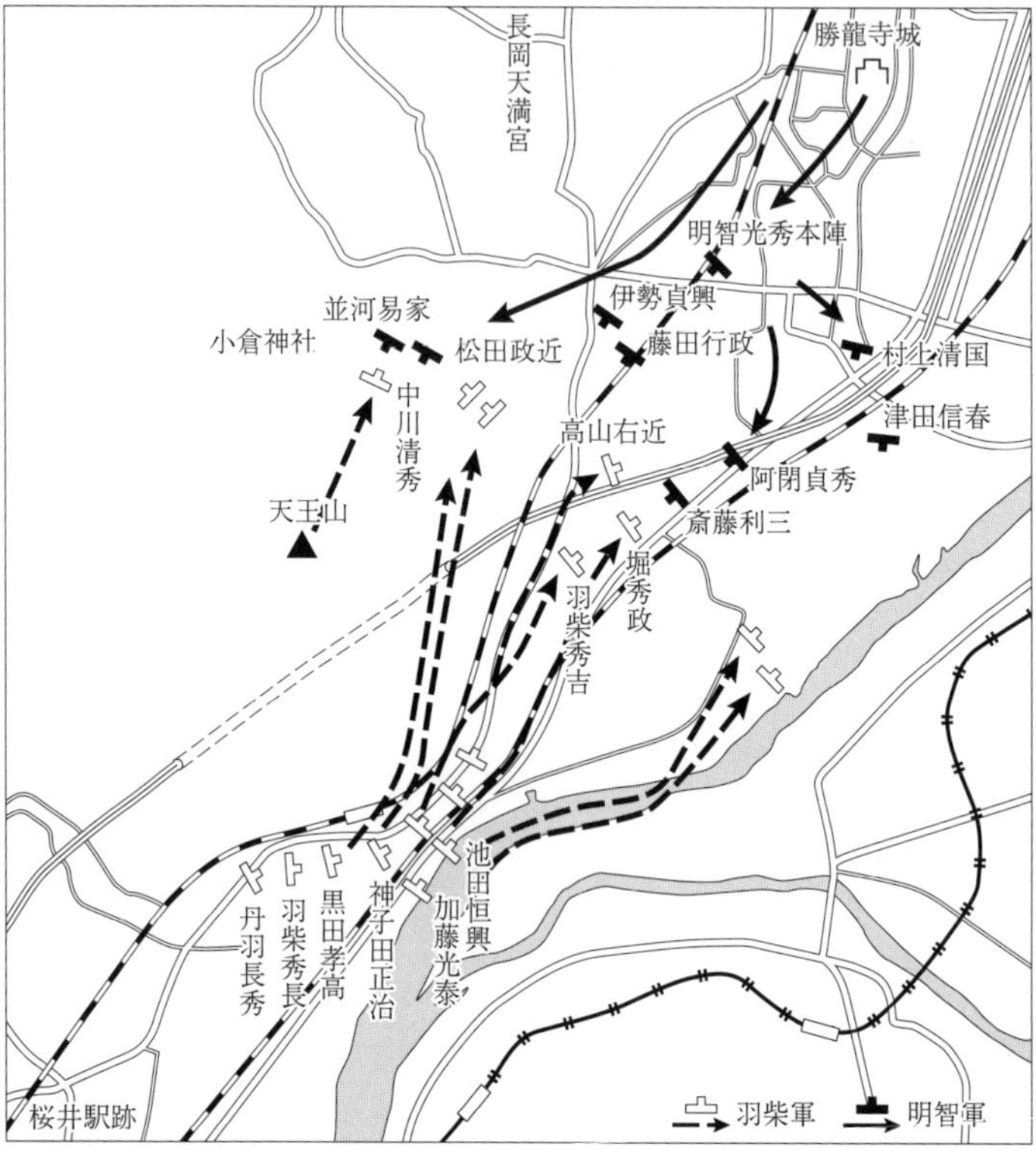
長岡天満宮
勝龍寺城
明智光秀本陣
伊勢貞興
並河易家
小倉神社
松田政近
藤田行政
村上清国
中川清秀
津田信春
高山右近
阿閉貞秀
天王山
斎藤利三
堀秀政
羽柴秀吉
池田恒興
加藤光泰
神子田正治
黒田孝高
羽柴秀長
丹羽長秀
桜井駅跡
羽柴軍
明智軍

山崎の戦い対陣図

勝龍寺城址（長岡京市勝竜寺）

しはじめたとあるので、午後四時ごろはじまったと思われる。戦いを仕掛けたのは光秀側で、光秀軍の先鋒として天王山東麓に出ていた並河易家《なみかわやすいえ》・松田政近隊が中川清秀・神子田《みこだ》正治、それに黒田官兵衛の部隊に攻撃をはじめたのが開戦の合図となった。この戦いで、中川隊・神子田隊・黒田隊が光秀軍を押しもどしただけでなく、余勢をかってさらに前に出た。そのため、光秀軍の主力というべき斎藤利三率いる三〇〇〇の兵が孤立する形となり、乱戦の中、光秀が最も期待していた斎藤隊が敗れてしまったのである。結局、この斎藤隊が崩れたことで、流れは完全に秀吉軍有利となり、光秀は御坊塚の本陣を守ることができず、後方の勝龍寺城に退いている。

しかし、勝龍寺城は平城で、大軍に包囲されてはひとたまりもない。『黒田家譜』によると、このとき城攻めにあたった黒田官兵衛は、城を大軍で包囲させながら、北側だけ開けさせ、逃げ口を用意させたという。家譜としての性格上、若干、自己宣伝めいた部分もあるが、状況としては多分その通りだったと思われる。すなわち、

孝高思案して秀吉に告給ひけるハ、明智一命を捨て防かんと存候とも、付従ふ士卒ハ此大軍に囲まれ、数千のかゞり火に気を屈しなば、必逃去んと思ふ心出来候へし。今夜一方の攻口を

錦絵「太平記屋間崎大合戦之図」（筆者蔵）

あけ候ハゞ、士卒大半落失申へし。然らハ明智ハ今夜城をあけて落行か、若其まゝ籠城仕候とも、敵の人数減じ候ハゞ、明日の合戦身方に勝利を得ん事たやすかるへく候。明智か領地丹波の方の囲をときて攻られ可レ然よし申されけれハ、秀吉尤と思召て、北の方の攻口をあけ給ふ。案のことく其夜城中の士卒彼あきたる方より大勢落うせ、残る兵すくなければ、戦ハんとするに力なくして、其夜半ばかりに、明智日向守従者五六人召つれ、ひそかに城を出て、江州坂本の城へとこゝろさし、本道をは通らすして、伏見山を過、山中にて物の具ぬきすて、小栗栖を通りける時、郷人とも出て、藪の内より鎗にて突ける。光秀手を負けれは、持たる鎗を田の中に立置て逃たりける。鎗を立置し事は鎗を捨て逃たりといはれじとなり。其後終に郷人に討れにける。明智が城を出て後、其余の敵共も落行ける。光秀ハ此時五十七歳なり。

とあるように、力攻めをして犠牲者を大量に出すのではなく、逃げ口を用意しておいて自落を待つ作戦であった。ただ、このとき、開けておいた逃げ口に伏兵を潜《ひそ》ませていたという記述はないので、場合によっては光秀も、坂本城や亀山城、あるいは安土城に逃げこんで最後の戦いを挑むといった場面もありえた。しかし、途中、小栗栖《おぐりす》（京都市伏見区小栗栖）で、落武者狩りをしていた百姓のくり出した竹槍で討たれてしまうのである。そのとき、光秀の側には溝尾庄兵衛ら近臣が五、六人しかいなかったという。

斎藤利三も子息二人と逃げたが途中、近江の堅田で捕まり、子息二人は殺され、利三は捕縛されて京都市中を引き廻しの上、処刑されている。そのあと光秀の首も見つけられ、光秀と利三の首は本能

明智藪（京都市伏見区小栗栖小阪町）

高野山の明智光秀墓
（和歌山県伊都郡高野町高野山）

寺に晒《さら》され、『兼見卿記』によると、一段落した六月二十三日、秀吉は粟田口に光秀らの首塚を築いている。

3　坂本城の戦いと明智秀満

安土城から坂本城へ移る秀満

本能寺の変のときには光秀軍の一員として信長襲撃に加わっていた秀満であるが、山崎の戦いのときには戦場にいなかった。安土城の留守をまかされていたのである。秀満の本来の居城は福知山城であったが、このとき、福知山城の方は秀満の父三宅出雲守が守っていた。

安土城の秀満のもとに山崎の戦いの敗報がいつ届けられたかはわからない。光秀の勝龍寺城脱出が十三日の夜のことなので、早くて十三日の深夜、もしかしたら十四日の未明だったかもしれない。いずれにせよ、夜間の行動は危険をともなうので、動き出したのは十四日、明るくなってからと思われる。信長が築いた安土城なので、秀満としても「安土城で一戦を」と考えたかもしれない。しかし、敗走してくる明智軍が全員、安土城を目指して行動することはないと秀満は判断したのだろう。やはり、明智の本城である坂本城か亀山城への集結ということになる。

このときの明智軍は、山崎の戦いで敗北したときのことをどの程度シミュレーションしていたか疑問である。たとえば、重臣筆頭ともいうべき斎藤利三は、前述したように近江の堅田で捕まっている。

堅田は坂本城よりやや北に位置しているので、なぜ坂本城に入らなかったか理解に苦しむところである。敗走する兵が坂本城と亀山城とに分かれてしまったのも明智軍にとってはマイナスだった。

秀満が安土城で率いていた軍勢がどのくらいだったかはわからないが、わずかだったと思われる。いくら信長が築いた城といっても兵が少なくては籠城しても全く勝ち目はないわけで、安土城での防戦をあきらめ、坂本城へ向かった。十四日のことである。一説に、このとき、秀満が安土城天主に火を放ったといわれ、安土城を焼いた張本人とされたこともあるが、それはないと思われる。安土城が焼けたのは十五日のことで、現在では、十五日に安土に入った信長の次男信雄が火を放ったとされている。

明智左馬之助湖水渡碑
（大津市打出浜）

湖水渡りは本当か

安土城から坂本城へ移るといっても簡単ではなかった。すでに湖岸は敵に押さえられている状況だったのである。そこで、秀満は馬に乗ったまま琵琶湖に入り、坂本城に入ったという。世にいう秀満の湖水渡りである。武者絵の題材にもなり、「武智左馬介近江湖水渉」などという絵も人気をよび、広く人口に膾炙している。たとえば、『川角太閤記』には次のようにみえる。

一、明る十四日、弥平次、安土の城より坂本の城へかけ入るべきために、打ち登る所を、瀬田より山岡殿出向かはれ、瀬田の橋の中程に焼き草をかけ候ところに、日の程五ッの頃に瀬田まで弥平次登り、橋を隔てて、互の鉄炮軍《いくさ》きびしく罷り成り候ところに、弥平次下知して、いわく、町の桶鉢たこを取りよせよ。煙に紛れ水をかけよ。其の内、町屋を毀《こぼ》させよ。柱たゝみを取り寄せ、東地の手前つよく揉《も》みたてければ、西の山岡方は、少し引き退き候得ば、橋は二間ばかり歩の板崩れかゝり申し候。其の内、町の物乾竿《ものほしざお》取りよせ、水つきをこしらへ、水を含《ふく》ませ、つきかけさす。さて、物乾竿の先に弓、鉄炮の者どもの着けたる対《つい》のはをりなど取りあつめ、さほ先に堅くゆひつけ、彼《か》の羽織に水をふくませ、もみたつところを、二間の上もある竿どもなれば、さしのぞき〳〵、水をつけ打ちければ、火も弱るとひとしく、柱二、三本も縄にて継ぎたて、ひた〳〵と打ちかけ、其の上へ畳を打ち掛け〳〵、なんなく人馬を打ち渡し、勝どきをあげ、そこを難なくはせぬけ、打ちのぼるほどに、大津の町へ掛《かか》りけるが、請《う》け手《て》の堀久太郎殿まちかまへ、堀監《けん》物《もつ》下知して取り籠め候ところに、鑓《やり》・太刀《たち》討ち中々互に火花をちらすと聞こえ申し候。されども、大勢に小勢、弥平次残りすくなに討ち果たされ、叶はずとやおもひけん、弥平次、東より入り口の町はづれへ、馬の頭《かしら》を引き向け、海へさつと馬を乗りこみ、うきぬ沈みにおよがせける。久太郎殿方には、いまや沈む〳〵と、面白げに見物してありけるところに、弥平次、馬の鞍坪《くらつぼ》をはなれ、さんすへ乗りさがり、鞍の後輪《あとわ》に手縄を取り付け、志賀の唐崎《からさき》の一ッ松をめてへなし、弓《ゆん》手《で》へ近く馬の頭を引きむけ、はや陸も近く見えしかば、久太郎殿下知には、はや〳〵見物どころにてはなきぞや。海道筋へまわし、急ぎ乗り着けよ。余すな、もらすなと、下知して、追ひ掛けさせ給ふところに、弥平次なんなく、はまへ乗り上げ、前へとんでおり、かい道を見渡せば、馬上の者、四、五十騎にて、我れ先にと駒をはやむるを見及びければ、敵の間八町計りと見及び候事。

ここにみえる堀久太郎というのは信長の家臣だった堀秀政《ひでまさ》のことで、秀吉方となって明智の残党狩りをし、大津あたりで秀満の坂本城入りを阻止しようとしたところ、秀満が琵琶湖に馬を乗り入れ、そのまま坂本城に入城を果たしたというのである。

秀満が琵琶湖畔に浅瀬があるのを知っていて、湖の道ともいうべき浅瀬を伝って坂本城に入ったとする解釈もあるが、大津の町と湖水の間の道を騎馬で走り抜けたというのが真相らしい。いずれにせよ、秀満は坂本城への入城を果たし、そこを堀秀政が攻めることとなった。

重宝を敵に渡した秀満

秀満が入った坂本城を堀秀政の軍勢が攻めることになったが、「これ以上の抵抗は無理」と判断したところで、秀満は思い切った行動に出た。明智家に伝わる重宝が城とともに灰燼に帰してしまうのを惜しみ、何と、城攻めにあたった堀監物直政に贈っているのである。この場面、前述の『川角太閤記』は次のように描写している。

弥平次、殿主よりおり、塀廻をかけまはり、自身、あそこ爰にて鉄炮を討ち、城を持ちかためる様に敵に見せかけ、又、殿主へ取つて返し、道具ども取り出だし、あら身国行の刀、吉光の脇指、きだふ《（虚堂）》の墨跡、是れを夜の物に包み、目録を添え、いかに寄せ手の人〳〵へ申し候。堀監物殿へ是れを渡されよ。此の道具は、私ならぬ事、天下の道具なれば、是れにてめつ《（滅）》し候事は、弥平次、傍若無人と、おぼしめさるべく候間、相渡し申し候とて、殿主より下へおとし申し候事。

「城を枕に討ち死に」などというとき、その家に伝わった重宝の類も灰燼に帰してしまうことが多いが、秀満は、それら明智家が所持していた重宝を「天下の道具」として、そのまま、この世から滅してしまうのは惜しいと考え、敵将に目録を添えて贈ったことがうかがわれる。

そして、そのあと、秀満は坂本城天主で、光秀の後妻ないし側室と子、自分の妻（光秀の娘）らを刺殺した上で、自刃している。ここにおいて明智一族は滅亡した形となる。

第八章　光秀の人となり

1　光秀の人柄をさぐる

光秀が本能寺でなぜ信長を討ったのかについてはすでに述べたところであるが、そこでふれてこなかった点について、ここで補足しておきたい。光秀と信長の性格上のちがいである。

家臣に優しかった光秀

たとえば、よく引きあいに出されるのがルイス・フロイスの『日本史』にみえる「非常に性急であり、激昂はするが、平素はそうでもなかった。彼はわずかしか、またはほとんどまったく家臣の忠言に従わず、一同からきわめて畏敬されていた」とする信長観察で、ガスパル・クエリヨも「一五八二年二月十五日（和暦天正十年一月二十三日）付長崎発、パードレ・ガスパル・クエリヨよりイエズス会総会長に贈りたるもの」（『イエズス会日本年報』上）で、「この人（信長）は日本の諸侯より非常に畏怖され……」と述べている。少しの失敗も許されない厳しさがあり、一種の恐怖政治といってもよかった。それは光秀ら重臣たちに対しても同じである。

それに対し、光秀は全く逆だった。この点については、すでに黒川孝宏氏も「「逆臣」のイメージはいつできたのか？」（洋泉社編集部編『ここまでわかった本能寺の変と明智光秀』）で、

温厚で温和さは、光秀発給文書の中に散見する家臣への気遣い心遣いからうかがえる。紙幅の都合で詳細は省略するが、「疵如何候哉、時分柄養生簡(肝)要候」（「明智光秀書状写」〈年号欠九月廿五日付〉）、「薬□□進之候」（「明智光秀書状」〈年号欠正月廿六日付〉）と家臣への見舞い、養生、傷薬の送付など、光秀の人間的な優しさが感じられる。山崎の戦いにおいて、劣勢となりながらも、旧幕臣・丹波《たんば》勢の家臣たちが最後まで従軍していることから、家臣の人心掌握がなされていたことを証している。

と述べていて、光秀が温厚・温和であり、優しさをもって家臣に接していたことが知られている。

私自身、光秀の優しさを強く意識したのは元亀四年（天正元・一五七三）五月二十四日付の戦死者供養米寄進状（「西教寺《さいきょうじ》文書」）に接したときである。そこには、

千秋形(刑)部　　二月廿九日　壹斗弐升
井上勝介　　二月廿九日　壹斗弐升

堀部市介	三月朔日	壹斗弐升
武藤助次郎		壹斗弐升
増井新太郎	二月廿九日	壹斗弐升
可児与十郎	二月廿九日	壹斗弐升
木村次郎兵衛	三月朔日	壹斗弐升
中島左内	二月廿九日	壹斗弐升
佐藤又右衛門	二月廿九日	壹斗弐升
斎藤与左衛門	二月廿九日	壹斗弐升
同彦次郎	二月廿九日	壹斗弐升
久世城右衛門	二月廿九日	壹斗弐升
遠藤出羽	二月廿九日	壹斗弐升
□喜四郎	三月朔日	壹斗弐升
藤田伝七	二月廿九日	壹斗弐升
恩地左介		壹斗弐升
清水猪介	二月廿九日	壹斗弐升
中間甚四郎	三月朔日	壹斗弐升

以上十八人

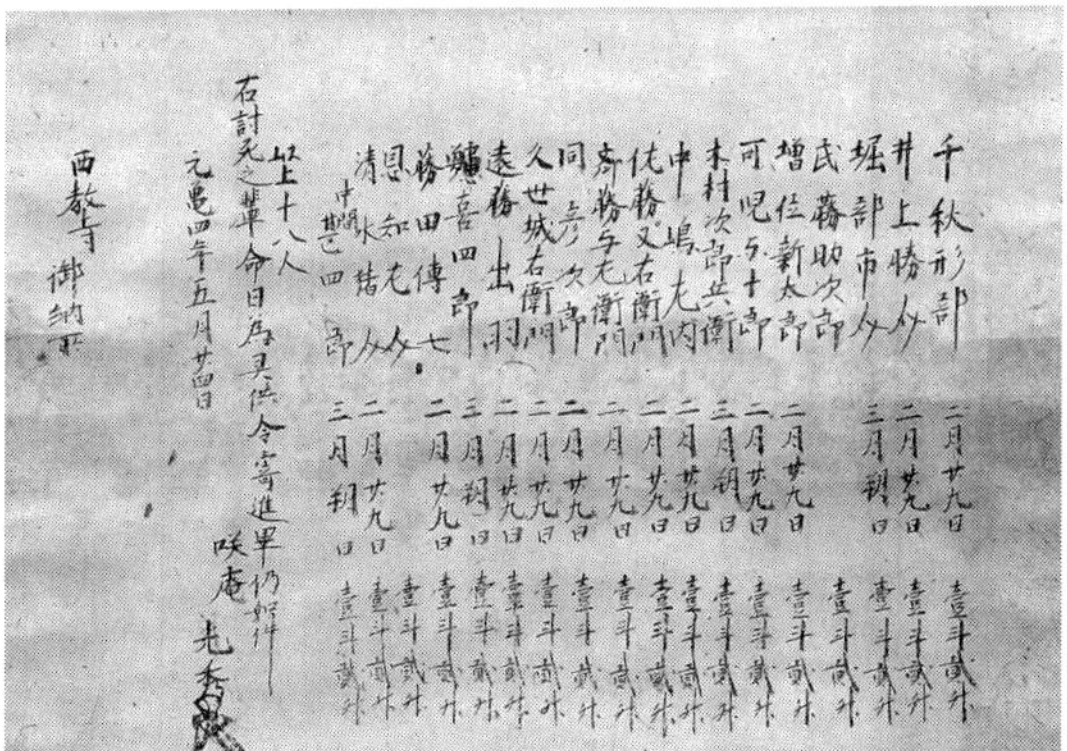

明智光秀寄進状（大津市・西教寺蔵／大津市歴史博物館提供）

右討死之輩命日為霊供令寄進畢、仍如件

元亀四年五月廿四日　　　光秀（花押）
咲庵

と、十八人の戦死者と亡くなった日が書きこまれている。これは、この年二月から三月にかけての西近江の一向一揆との戦い、今堅田合戦で討ち死にした者の供養米を西教寺に寄進したときの文書である。注目されるのは、その中に中間まで含まれていた点である。

同時代人の光秀評

こうした優しさをもった光秀であるが、同時代の人はどのようにみていたのだろうか。江村専斎という戦国時代を生き抜いた老人の思い出話を聞き書きしてまとめた『老人雑話』に、豊臣秀吉と対比した光秀評がある。すなわち、

筑前守は信長の手の者の様にて、其上磊落の気質なれば、人に対して辞常にをこれり。明智は外様のやうにて、其上謹厚の人なれば、詞《ことば》常に慇懃《いんぎん》なり。

というもので、「筑前守」は秀吉のことで、「をこれり」は「驕《おご》れり」であろう。つまり、秀吉の豪放磊落・傲慢な性格に対し、光秀は謹厳実直・慇懃だったというのである。

おそらく、何か失敗して信長から何かいわれても、秀吉はおどけて済ましたと思われるが、光秀は

内に籠るタイプだったのではないかと思われる。光秀はまじめな秀才タイプの武将であった。ところが同時代人の証言で、謹厳実直・慇懃とは全くかけ離れた光秀評もある。ルイス・フロイスの『日本史』である。そこには、

殿内にあって彼は余所者《よそもの》であり、外来の身であったので、ほとんどすべての者から快く思われていなかったが、自らが受けている寵愛を保持し増大するための不思議な器用さを身に備えていた。彼は裏切りや密会を好み、刑を科するに残酷で、独裁的でもあったが、己《おのれ》を偽装するのに抜け目がなく、戦争においては謀略を得意とし、忍耐力に富み、計略と策謀の達人であった。

光秀はいわゆる「中途入社組」であり、先輩たちと並び、さらにそれを追い越していったわけで、トントン拍子の出世に対する妬《ねた》みもあって、同僚たちから快くは思われていなかったと思われるので、このフロイス評の前半はあたっている。しかし、後半はどうだろう。このフロイスの記述は、当然のことながら、本能寺の変後に書かれているわけで、結果からみた光秀評といってよい。「裏切りや密会を好み……」というのは、あとづけではないかと思われる。また、光秀はキリスト教の受容には批判的だったこともあり、フロイスも光秀に好印象をもっていなかった可能性もある。そのあたり、割り引いてこのフロイスの光秀評は読む必要があるのではなかろうか。

2　領民に慕われる光秀と秀満

神に祀られた光秀

光秀といえば、一般的には謀反人、主殺《しゅうごろ》しの犯罪人ということで忌避される傾向にある。ところがその光秀を神として祀っているところもあるのである。その一つ、福知山市の御霊《ごりょう》神社の祭神は光秀で、光秀没後一二〇年以上を経た宝永二年（一七〇五）に創始されている。福知山の町で善政を布いたことがその出発点ということになるが、善政として広く知られているのが、福知山城下町を水害から守る治水事業を行ったことと、あとでふれる地子銭免除がある。

なお、福知山市の御霊神社ほど大きなものではないが、丹波市稲畑の「御霊神社」も光秀を祀ったもので、岡部一稔氏の「神様に祀られた明智光秀」（小和田哲男監修『明智光秀の生涯と丹波福知山』）では、

ここに光秀の霊を祀った理由を講組では「光秀公の軍がこの地で休息し、また高山寺の釣鐘を柏原へ運搬した際などに、村人が協力したので土地を宛がわれ、三年間税の免除があったので、古来村人が光秀公に感謝しゆかりの地にその霊を祀った」と伝えている。

と述べ、さらに「稲畑に残る天正七年（一五七九）の明智光秀折紙（冨永家文書）では、氷上郡の寺庵・高見山下の町人・所々の名主百姓に対して、赤井五郎を成敗したので元の場所へ帰るよう命じていて、ここでも、光秀と高見山城下稲畑村との関わりが読み取れる」としている。

なお、同書によれば、他にも舞鶴市中山の「明智神社」、兵庫県加西市国正町の「御霊神社」も光秀を祀ったものという。福井市東大味町の「明智神社」は現在でも、毎年六月十三日に地元の人たちによって法要が営まれている。ちなみに、この東大味の地に、朝倉氏に仕官していた時代の光秀の屋

御霊神社（福知山市西中ノ町）

明智神社（京都府舞鶴市中山）

敷があったと伝えられていることは七二〜七三ページでみた通りである。

福知山の地子銭免除

福知山の御霊神社はすでにみた通り、光秀を祭神として祀った神社であるが、御霊神社の名が示すように御霊信仰とも深く結びついている。そのあたりのいきさつについて前述の岡部一稔氏は「福知山の御霊さん」（『明智光秀の生涯と丹波福知山』）で次のように述べている。

神社の創建は「明智日向守祠堂記」の記述から宝永二年（一七〇五）とされる。そこには「天正十年都で信長が討たれた後、福知千軒の人々は地子銭《じしせん》（宅地税）の免除など、光秀公から受けた篤い恩を忘れて百年も過ぎ去った。この地に火事・洪水と次々と災いがやって来るのは、菅原道真公の魂が雷と化して都を襲った如く、光秀公の魂の祟《たた》りであろう。ここに今年（宝永二年）の秋、町衆力を合わせ、堂を建て、光秀公の霊をお祀りする」とある。また、御霊社の祭祀を預かっていた修験道法印の記録には「承応二年（一六五三）八月小宮を建て、お厨子《ずし》へ明智光秀公の御文一通を納めた」と見える。

ここに出てきた「明智日向守祠堂記」というのは、「明智日向守光秀祠堂記」ともいって現在、御霊神社所蔵で、僧白龍の書いたものである。ちなみに、『福知山市史』史料編二所収の「朝暉神社文書」にも「福知山町ハ従往古地子免許之地也」といった記載があり、その特権は光秀の時代にはじまったと人びとが認識していたことがうかがわれる。「善政を布いた光秀」と江戸時代、福知山の人びとは受けとめていたのである。ただし、実際に福知山の支配にあたったのは秀満なので、秀満の名前がもう少し前面に出てきてもいいのではないかと思っている。

3　文化人としての光秀

茶の湯と光秀

信長は家臣統制策の一つとして「茶の湯御政道」といわれる手法をとっていた。これは、特に手柄のあった家臣に名物茶器を褒美として与え、あわせて茶会を開いてもよいという特権を付与したものである。羽柴秀吉が信長から「乙御前《おとごぜ》の釜《かま》」をもらったのが天正五年（一五七七）十二月十日で、秀吉はこれによって茶会を開くことができるようになった。光秀がいつ「八角釜」をもらったかはわからないが、秀吉と同じころだと思われる。一説には、同年十月に信貴山城の松永久秀を討ったときの恩賞といわれるので、秀吉とほぼ同時だったことがうかがわれる。

光秀と親しく、また、光秀の茶の湯の師匠といってよい津田宗及の『津田宗及茶湯日記』に、光秀が天正六年正月十一日に坂本城で茶会を開いたことがみえるのも、そのことを裏づけている。このあと『津田宗及茶湯日記』には光秀の茶会のことがたびたび出てくる。

たとえば、天正九年（一五八一）四月の『津田宗及茶湯日記』には、

同《（天正九年）》四月九日ニ、丹波亀山ヨリ奥郡へ通申路次中ニて、方々振舞有。四月十日朝、福地山ニて明

知弥平次殿之振舞、七五三ノ膳也。四月十一日朝、従福地山罷出候也。惟任殿御供申候路次にて、福寿院振舞。茶室ヲ立て、生鮎生鯉鮒、せんすひに俄用意にて、魚共をはなされ候。是も七五三、色々様々ニ振舞也。

とある。ここに「明知弥平次」とあるのは明智秀満のことで、福知山城でも茶会が開かれていたことがわかる。光秀だけでなく、一族・重臣たちも茶の湯の心得を身につけていたのである。坂本城に名物茶器があったことは、坂本城の戦いのところで述べた通りである。

ちなみに、光秀の茶会で用いられたことがわかる名物茶器を前述の『津田宗及茶湯日記』から拾うと、牧谿《もっけい》筆椿の図、八重桜の葉茶壺、霜夜天目、青木肩衝《かたつき》などがあった。

連歌と光秀

戦国時代、武将たちが教養として身につけようと努力していたのが茶の湯と和歌・連歌であった。特に連歌は二つの意味で重視されていた。一つは、出陣連歌の風習である。出陣を前にして神前で連歌を詠み、それを奉納して出陣すれば戦いに勝利すると信じられていた。敵も同じようなことをやっているはずなので、「出陣連歌をすれば必ず勝てる」というのも矛盾する話ではあるが、当時はそのように信じられていて、実際、出陣連歌といわれるものは多い。

もう一つは、連歌は五・七・五の上の句と七・七の下の句を別の人が詠んでつなげていくものなので、連衆《れんじゅ》といわれる連歌会に集った人びとの連帯感というものが重視される。茶会と同じく「輪の文化」といわれるように、仲間意識を強めるという効果があった。

光秀の場合、「当代一の文化人」などといわれる細川藤孝の影響を受け、早い段階から藤孝が出席する連歌会に出ており、また、「当代最高の連歌師」などといわれる里村紹巴およびその一門の人びとと親しかったこともあり、連歌の腕を磨いている。たとえば、紹巴とのからみで、天正三年（一五七五）五月十五日には、薩摩から伊勢参りのため上洛していた島津家久《いえひさ》（義久・義弘の弟）を、紹巴とともに坂本城に招き、そこで連歌会を催していたことが「島津家久上京日記」（『旧記雑録後編』）からうかがわれる。光秀の連歌は信長の外交戦略としての側面をもっていたのである。その光秀の最後の連歌会となったのがすでに述べた「愛宕百韻」であった。

参考文献

全体に関わる史料・編纂物

『信長公記』奥野高広・岩沢愿彦校注、角川書店（一九六九）

『太閤記』桑田忠親校訂、新人物往来社（一九七一）

『川角太閤記』（『太閤史料集』）人物往来社（一九六五）

『美濃国諸舊記』国史研究会（一九一五）

『江濃記』（『群書類従』第二十一輯合戦部）

『綿考輯録』石田晴男・今谷明・土田将雄編、出水叢書1、汲古書院（一九八八）

＊別名『細川家記』ともいう。安永年間（一七七二～七八）に細川藩士小野景湛《かげきよ》の編輯した細川藤孝（幽斎）・忠興・忠利・光尚四代の事蹟を集成したもの。細川藤孝と懇意だった光秀の情報が多く含まれている。

『總見記』（『通俗日本全史』7）、早稲田大学出版部（一九一三）

『兼見卿記』（『史料纂集』）斎木一馬・染谷光広校訂、続群書類従完成会（一九七一）

『明智軍記』二木謙一校注、新人物往来社（一九九五）

＊全十巻からなる明智光秀一代の事蹟を記した軍記物語で、現存する最古の版本は元禄六年（一六九三）。作者は不詳で、史実とは異なる記述も見られるので注意が必要である。

『完訳フロイス日本史』松田毅一・川崎桃太訳、中央公論新社（二〇〇〇）

『可児町史』通史編、可児町（一九八〇）
『可児市史』第二巻通史編古代・中世・近世、可児市（二〇一〇）
『明智光秀　史料で読む戦国史』藤田達生・福島克彦編、八木書店（二〇一五）
＊光秀の発給文書を収集し、年代を確定した労作。収録文書は一五〇に及ぶ。

全体に関わる著書

高柳光寿『明智光秀』吉川弘文館（一九五八）
＊『明智軍記』などの俗書・末書の類を排し、古文書・古記録によって書かれた初めての光秀の伝記として、その後の研究の出発点となった。
桑田忠親『明智光秀』新人物往来社（一九七三）
谷口研語『明智光秀――浪人出身の外様大名の実像』洋泉社（二〇一四）
小林正信『明智光秀の乱』里文出版（二〇一四）
咲村庵『明智光秀の正体』ブイツーソリューション（二〇一七）
谷口克広『織田信長家臣人名辞典』吉川弘文館（一九九五）
谷口克広『検証本能寺の変』吉川弘文館（二〇〇七）
藤田達生『謎とき本能寺の変』講談社（二〇〇三）
藤田達生『本能寺の変の群像――中世と近世の相剋』雄山閣（二〇〇一）
呉座勇一『陰謀の日本中世史』ＫＡＤＯＫＡＷＡ（二〇一八）
桐野作人『真説本能寺』学習研究社（二〇〇一）
小和田哲男監修『明智光秀の生涯と丹波福知山』福知山市役所（二〇一七）

橋場日月『明智光秀 残虐と謀略』祥伝社（二〇一八）
柴裕之編著『図説 明智光秀』戎光祥出版（二〇一九）

第一章　明智光秀とはそもそも何者か

「明智氏一族宮城家相伝系図書」（『大日本史料』第十一編之一）
『当代記』（『史籍雑纂』）続群書類従完成会（一九九五）
『明智城（長山城）と明智光秀――市立図書館の資料に見る』可児市・可児市観光協会（一九九九）
谷口研語『美濃・土岐一族』新人物往来社（一九九七）
「土岐文書」（『岐阜県史』史料編古代・中世四）岐阜県（一九七三）
『尊卑分脈』（『新訂増補国史大系』第六十巻）
「明智系図」（『続群書類従』第五輯下　系図部）
「明智系図」（『系図纂要』第12冊・上）
谷口研語「光秀の出自と明智一族」（『別冊歴史読本　明智光秀　野望！本能寺の変』一九八九年十一月号）
谷口克広「光秀家臣団の構成や出自はどこまでわかっているのか？」洋泉社編集部編『ここまでわかった本能寺の変と明智光秀』洋泉社（二〇一六）
中脇聖「明智光秀の出自は土岐氏なのか」渡邊大門編『戦国史の俗説を覆す』柏書房（二〇一六）
「立入左京亮入道隆佐記」（『続群書類従』第二十輯上）
「明智光秀公家譜古文書」（林則夫氏蔵）
『金山記全集大成』（渡辺千明訳）、兼山町教育委員会（一九八六）
「永禄六年諸役人附」（『群書類従』第二十九輯雑部）

黒嶋敏「「光源院殿御代当参衆幷足軽以下衆覚」を読む――足利義昭の政権構想」(『東京大学史料編纂所研究紀要』十四)(二〇〇四)

第二章　織田信長に仕えるまでの光秀

『美濃明細記』大衆書房復刻(一九七二)
『土岐斎藤軍記』(『続群書類従』第二十一輯下)
「六角承禎条書写」(「春日力氏所蔵文書」『岐阜県史』史料編古代・中世四)岐阜県(一九七三)
「秋田藩採集文書」(『岐阜県史』史料編古代・中世四)岐阜県(一九七三)
『石山本願寺日記』清文堂出版復刻(一九六六)
横山住雄『織田信長の尾張時代』戎光祥出版(二〇一二)
「近衛文書」(『愛知県史』資料編中世3)
島津隆子「明智光秀をめぐる女たち」二木謙一編『明智光秀のすべて』新人物往来社(一九九四)
勝俣鎮夫「美濃斎藤氏の盛衰」(『岐阜市史』通史編原始・古代・中世)岐阜市(一九八〇)
小和田哲男「家伝史料『武功夜話』の研究」(『日本歴史』七二三号)(二〇〇八)
『武功夜話』第一巻〜第四巻(吉田蒼生雄訳)、新人物往来社(一九八七)
松浦武・由起『「武功夜話」研究と三巻本翻刻』おうふう(一九九五)
「武功雑記」(『大日本史料』第十一編之一)
「遊行三十一祖京畿修行記」橘俊道校注(『大谷学報』五十二巻一号)(一九七二)
「刀禰仁吉文書」(『敦賀郡古文書』)(一九四三)
佐藤圭「越前朝倉氏と美濃土岐一族――土岐頼武と明智光秀」(『美濃源氏土岐氏研究講座講義録』)(二〇一七)

小川剛生「細川幽斎――人と時代」森正人・鈴木元編『細川幽斎――戦塵の中の学芸』笠間書院（二〇一〇）
『足利季世記』（『改定史籍集覧』十三）（一九一二）
江村専斎『老人雑話』（『改定史籍集覧』十）（一九一二）
『多聞院日記』角川書店（一九六七）
「横畠文書」（『織田信長文書の研究』上巻）
「革島文書」（『織田信長文書の研究』補遺）

第三章　織田信長に仕える光秀

「仁和寺文書」（『織田信長文書の研究』上巻）
「沢房次氏所蔵文書」（『織田信長文書の研究』上巻）
谷口克広『秀吉戦記――天下取りの軌跡』集英社（一九九六）
小和田哲男『秀吉の天下統一戦争』吉川弘文館（二〇〇六）
谷口研語「明智光秀の生涯」小和田哲男監修『明智光秀の生涯と丹波福知山』福知山市役所（二〇一七）
「五か条の条書」「成簣堂文庫所蔵文書」（『織田信長文書の研究』上巻）
小和田哲男『近江浅井氏の研究』清文堂出版（二〇〇五）
『朝倉始末記』（『日本思想大系』17蓮如一向一揆）（一九七二）

第四章　信長家臣として頭角を現す光秀

谷口克広『信長の天下布武への道』吉川弘文館（二〇〇六）
神田千里『一向一揆と石山合戦』吉川弘文館（二〇〇七）

「異見十七か条」（『織田信長文書の研究』上巻）
「清涼寺文書」（『織田信長文書の研究』上巻）
「徳川黎明会所蔵文書」（『戦國遺文』武田氏編第三巻）
横山住雄「明智軍団の構成と軍事力」（『別冊歴史読本　明智光秀　野望！本能寺の変』一九八九年一一月号）

第五章　光秀の丹波経略と丹波の領国経営

「記録御用所本古文書」二（『織田信長文書の研究』下巻）
「小畠文書」（大東急記念文庫所蔵）
「小畠文書」（大阪青山大学歴史文学博物館所蔵）
『吉川家文書』（『大日本古文書』家わけ第九（吉川家文書之一））
小和田哲男『黒田如水』ミネルヴァ書房（二〇一二）
天野忠幸「信長を見限った者たちは、なにを考えていたのか」日本史史料研究会編『信長研究の最前線』洋泉社（二〇一四）
山本浩樹『西国の戦国合戦』吉川弘文館（二〇〇七）
「溝口文書」（『織田信長文書の研究』下巻）
「富永文書」（『織田信長文書の研究』下巻）
『丹波誌』北村龍象編（一九二五）
『津田宗及茶湯日記』津田宗及茶湯日記刊行後援会（一九三七）
「御霊神社所蔵文書」
下村信博「織田政権の徳政と知行制」有光友学編『戦国期権力と地域社会』吉川弘文館（一九八六）

第六章　本能寺の変の謎を解く

久野雅司「織田政権の京都支配――村井貞勝の職掌の検討を通して」（『白山史学』第三十三号）（一九九七）
「士林証文所収文書」（『織田信長文書の研究』下巻）
山室恭子『黄金太閤』中央公論社（一九九二）
『御湯殿上日記』（『続群書類従』補遺）
今谷明『信長と天皇』講談社（一九九二）
金子拓『織田信長〈天下人〉の実像』講談社（二〇一四）
桐野作人『だれが信長を殺したのか――本能寺の変・新たな視点』PHP研究所（二〇〇七）
堀新「信長の動向――朝廷との関係を中心に」安部龍太郎ほか著『真説本能寺の変』集英社（二〇〇二）
木下昌規「本能寺の変の黒幕説〈朝廷・足利義昭〉は成り立つのか」渡邊大門編『戦国史の俗説を覆す』柏書房（二〇一六）
橋本政宣「織田信長と朝廷」（『日本歴史』四〇五号）（一九八二）
『晴豊公記』（『続史料大成』九）
『日々記』（「天正十年夏記」）国立公文書館内閣文庫
『日本巡察記』（解題Ⅱ所収）松田毅一訳、東洋文庫（一九七三）
神田裕理「信長は、天皇や朝廷をないがしろにしていたのか」日本史史料研究会編『信長研究の最前線』洋泉社（二〇一四）
遠藤珠紀「信長は「天皇大権」を奪おうとしていたのか？――暦問題と変前日の「日蝕」」洋泉社編集部編『ここまでわかった本能寺の変と明智光秀』洋泉社（二〇一六）
『甲陽軍鑑』（『甲斐志料集成』九、甲斐志料刊行会（一九三四）

小和田哲男『甲陽軍鑑入門』角川書店（二〇〇六）
「愛宕百韻」（『続群書類従』第十七輯上、連歌部）
津田勇「愛宕百韻に隠された光秀の暗号」（『歴史群像』一九九五年四月号）
津田勇「『愛宕百韻』を読む――本能寺の変をめぐって」安部龍太郎ほか著『真説本能寺の変』集英社（二〇〇二）
立花京子「信長への三職推任について」（『歴史評論』第四九七号）（一九九一）
堀新「織田信長と三職推任」（『戦国史研究』第三十四号）（一九九七）
中津文彦・小和田哲男・羽山信樹鼎談「日本史探偵団　本能寺の謎に迫る」（『月刊現代』一九九五年七月号）
新井英生「堺の豪商黒幕説」（『歴史と旅』一九九五年四月号）
明智滝朗『光秀行状記』中部経済新聞社（一九六六）
関厚夫『信長君主論』さくら舎（二〇一八）
後藤敦「本能寺の変学説&推理提唱検索」（『別冊歴史読本』54完全検証信長襲殺）（一九九四）
服部敏良『室町安土桃山時代医学史の研究』吉川弘文館（一九七一）
立花京子『信長権力と朝廷　第二版』岩田書院（二〇〇二）
藤田達生「織田政権から豊臣政権へ――本能寺の変の歴史的背景」（『年報中世史研究』第二十一号）（一九九六）
小泉義博「教如の諸国秘回と本能寺の変」『本願寺教如の研究』上、法藏館（二〇一六）
浅利尚民・内池英樹編『石谷家文書将軍側近のみた戦国乱世』吉川弘文館（二〇一五）
平井上総「光秀謀叛の契機は長宗我部氏にあったのか？」洋泉社編集部編『ここまでわかった本能寺の変と明智光秀』洋泉社（二〇一六）
『武家事紀』山鹿素行先生全集刊行会（一九一五）

木下昌規「本能寺の変」渡邊大門編『信長軍の合戦史』吉川弘文館（二〇一六）

第七章　本能寺の変後の光秀と山崎の戦い

「細川家文書」（『大日本史料』第十一編之一）
『明良洪範』国書刊行会（一九一二）
『新訂黒田家譜』第一巻、川添昭二・福岡古文書を読む会校訂、文献出版（一九八三）
「梅林寺文書」

第八章　光秀の人となり

黒川孝宏「「逆臣」のイメージはいつできたのか?」洋泉社編集部編『ここまでわかった本能寺の変と明智光秀』（二〇一六）
岡部一稔「神社に祀られた明智光秀」「福知山の御霊さん」小和田哲男監修『明智光秀の生涯と丹波福知山』福知山市役所（二〇一七）
「朝暉神社文書」（『福知山市史』史料編一、（一九八〇）
「島津家久君上京日記」（『旧記雑録後編』所収）
米原正義「文人としての明智光秀」二木謙一編『明智光秀のすべて』新人物往来社（一九九四）

おわりに

明智光秀自身に謎が多く、また光秀が引き起こした本能寺の変は「日本史最大のミステリー」などといわれ、これまでにも多くの研究者が研究対象としてきており、光秀に関する書籍は汗牛充棟《かんぎゅうじゅうとう》の感がある。

かくいう私も、以前に『明智光秀』を執筆し、その後に発見された『石谷家文書』の情報も加味し、『明智光秀と本能寺の変』というタイトルで文庫化した経緯がある。すでに光秀に関する本を公刊している私が、今回、『明智光秀・秀満』というタイトルで本書を執筆したのは、そのタイトルの通り、光秀の女婿である秀満のことを盛りこんだのと、もう一つは、最近の光秀および本能寺の変をめぐる新しい研究に触発されたからにほかならない。

新しい研究という点で特筆されるのは、信長と朝廷・天皇との関係である。従来はどちらかといえば、両者の対立関係が強調されていたように思う。「信長の最大のライバルは正親町天皇である」といった論調が幅をきかせていた。ところが、最近の研究によれば両者は融和的だったという。そうなると、本能寺の変の真因と考えられてきた朝廷黒幕説は成り立たないことになる。

私自身は朝廷黒幕説には批判的で、光秀単独犯説を唱えてきたが、信長と朝廷が融和的だったとなると私の「信長非道阻止説」も成り立たなくなる。この点は本文の中でもふれたように、光秀と親しい公家たちが信長の言動に危機感を抱いていたのに加え、光秀自身も、天正十年三月の武田攻め後、いくつかの点で信長が異常な行動に及んだことを目の当たりにしており、「非道阻止」の考えはあったとみている。

また、無年号文書の年代推定によって通説に疑義を挟《さしはさ》んだところもある。「研究の醍醐味は謎解きにある」などといわれることがある。本書で私はいくつかの謎解きに挑戦し、仮説を提示したが、まだまだ謎は解けていないように思う。今後の研究に期待したい。

二〇一九年三月十七日

小和田哲男

明智光秀・秀満年譜

（年齢は光秀享禄元年誕生説の場合。秀満の生年は不詳）

和暦	西暦	齢	関係事項	一般事項
享禄 元	一五二八	1	明智光秀誕生と伝わる。	
弘治 二	一五五六	29	明智城落城により越前に逃れたという。	4・20長良川の戦い。
永禄十一	一五六八	41	5月以前足利義昭に足軽衆として臣従。7・25義昭とともに美濃立政寺に到着。	9・7義昭を奉じた信長が上洛を開始。10・18義昭が十五代将軍となる。
十二	一五六九	42	1・4三好三人衆が義昭を京都本圀寺を襲撃したとき、光秀らが防戦。	2・27信長、義昭のために二条城築城を開始。
元亀 元	一五七〇	43	1・23信長が義昭に五か条を提示。光秀は朝山日乗と仲介。4・10これより先、義昭、東寺八幡宮領山城下久世荘を光秀に与える。この日、同寺禅識、光秀の押妨を幕府に訴える。	6・28姉川の戦い。9月石山本願寺顕如、浅井・朝倉・三好氏と結び、各地の門徒に挙兵を指示。
二	一五七一	44	9・12比叡山延暦寺の焼き討ち。12月近江志賀郡を与えられ、坂本城築城に着手。	
三	一五七二	45	閏1・26正親町天皇、光秀に御即位旗杵役給田の勘	9・28信長、義昭の失政を諫め

			落を止めさせる。3・7信長に従い近江に出陣。4月河内に出陣し、交野城を救援する。7月信長に従い浅井長政を攻める。	る異見十七ヵ条を送りつける。12・22三方原の戦い。
天正元	一五七三	46	2・26近江の石山・今堅田を攻める。5・24今堅田の戦死者を弔うため、供養米を西教寺に寄進する。6・28坂本城で連歌会を催す。この頃坂本城がほぼ完成する。7・16信長に従い義昭を山城国槇島城に攻める。9月滝川一益らと越前の政治に関与する。	3月義昭、信長と絶ち、三好義継・松永久秀と結ぶ。4・12武田信玄没す。8・20朝倉義景自刃。9・1浅井長政自刃。12・26松永久秀、信長に降る。
二	一五七四	47	1・11大和多聞山城に入る。2月信長に従い東美濃に出陣し、小里城に入る。9月佐久間信盛・細川藤孝らと河内に出陣。	9月伊勢長島一向一揆鎮圧。
三	一五七五	48	2・13京都所司代村井貞勝と山城清涼寺に禁制を掲げる。4・8信長に従い河内高屋城に三好康長を攻める。6・17丹波の経略に着手。7・3惟任の姓と日向守の受領名を与えられる。8月信長の越前出陣に従い一向宗門徒を攻め、加賀に入る。11月荻野直正を丹波黒井城に攻める。	2・8義昭、紀伊より備後鞆に移る。5・21長篠・設楽原の戦い。11・28信長、岐阜城を信忠に与える。
四	一五七六	49	1月丹波八上城の波多野秀治が寝返り、黒井城攻めが失敗し、坂本城にもどる。2・18再度丹波に出陣。4月信長の石山本願寺攻めに従う。11・7光秀の妻	2・23信長、安土城に移る。7月信長、秀吉に中国攻めを命ず。

			没す。	
五	一五七七	50	3・1信長の紀伊出陣に従い、雑賀党を攻める。10・1細川藤孝らと大和片岡城に松永久秀配下の党を攻める。10・3大和信貴山城攻めの軍に加わる。10・29細川藤孝とともに丹波籾井城を攻める。	8・17松永久秀、信長に叛き大和信貴山城に依る。10・23羽柴秀吉、中国攻めのため京都を出陣。
六	一五七八	51	1・11坂本城で茶会を催す。3月波多野秀治を八上城に攻める。4・10滝川一益らと荒木氏綱を園部城（細工所城か）に攻め、その直後摂津に転戦。4・29滝川一益・筒井順慶らと播磨上月城を赴援。7・16信忠に従い播磨神吉城を攻略。8月娘の玉、細川忠興に輿入れ。11・9信長に従い摂津有岡城に荒木村重を攻める。12・11摂津より丹波にもどる。	3・13上杉謙信没す。7・3毛利軍の上月城攻めで尼子勝久自刃。11・3荒木村重、信長に離反。
七	一五七九	52	1・7坂本城で茶会を催す。2・28丹波亀山に出陣。5・5丹波氷上山城を攻める。6・2八上城の波多野秀治らを降し、安土に送る。7・19丹波宇津城、ついで同鬼ヶ城を攻める。7・24正親町天皇より丹波山国荘の旧御料所を恢復した功として鎧・馬・香袋が贈られる。8・9丹波黒井城に赤井忠家を攻めて降す。8・24丹波氷上郡の寺庵に布令を出し、還住を促す。10・24安土城で信長に丹波・丹後平定を	5・27安土宗論。9・2荒木村重、有岡城より尼崎城に移る。10・30宇喜多直家が信長に降る。

			報告。11・22誠仁親王の二条新御所への移住に際し、村井貞勝らと奉行をつとめる。	
八	一五八〇	53	1・9坂本城で茶会を催す。2・13丹波天寧寺の旧規を認め、軍勢の陣取り等を停止する。閏3月坂本城を修築。4月信長の命により備中の秀吉を赴援する。8・2丹波一国を与えられる。9・26光秀と滝川一益、大和の寺社・本所以下国衆に指出を命ず。10・6御料所丹波山国荘の貢租を献ず。	1・17秀吉、播磨三木城を攻略。閏3・7信長、本願寺顕如と講和。8・15信長、佐久間信盛父子を高野山に追放。11・7信長、筒井順慶に大和を与える。
九	一五八一	54	1・6坂本城で連歌会を開き、そのあと茶会を催す。2・28京都で馬揃えが催され、光秀が奉行をつとめる。4・12丹後宮津に招かれ、細川藤孝父子の茶会に出席し、この月、藤孝・里村紹巴と天橋立に遊ぶ。8・14津田宗及を丹波周山城で饗応する。この年、藤孝と共に丹後の検地を行う。	2月柴田勝家、加賀を平定。3・22徳川家康、武田方の遠江高天神城を落とす。9・11信長、伊賀を平定。10・25因幡鳥取城開城。
十	一五八二	55	3・5信長の甲斐出陣に従う。5・15信長より家康饗応の役を命ぜられる。5・17中国出陣を命ぜられ、安土より坂本城に帰る。5・26坂本を発し丹波亀山城に入る。5・27愛宕山に参詣し、5・28連歌会を催す。6・2信長を本能寺に襲い、信忠を二条御所に囲む。6・5安土城に入る。6・7安土城で勅使	3・11武田勝頼、天目山麓田野で自刃。4・21信長安土に凱旋。5・7信長、信孝に四国討伐を命ず。6・4秀吉、毛利輝元と和議を結ぶ。6・17秀吉、光秀らの首級を本能寺に梟し、つい

			吉田兼見と面会。6・8安土城より坂本城に入る。6・9上京し、銀子を禁中・社寺に献上し、細川藤孝・忠興父子に書を与えて参陣を促す。6・10洞ヶ峠に陣し、筒井順慶の参陣を促す。6・11下鳥羽に転陣。6・13山崎で秀吉軍と戦って敗れ、小栗栖で襲撃され没す。6・15堀秀政の軍勢が坂本城を囲み、明智秀満は自刃。	で光秀の屍を京都粟田口に磔す。

人名索引

※「明智光秀」は頻出するため省略した。

あ　行

か　行

さ　行

た　行

な　行

は　行

ま　行

や　行

ら　行

わ　行

事項索引

あ　行

か 行

さ 行

な 行

は 行

ま 行

や 行

ら 行

わ 行

《著者紹介》

小和田哲男（おわだ・てつお）

1944年　静岡県生まれ。
1972年　早稲田大学大学院文学研究科博士課程修了（文学博士）。
　　　　静岡大学講師，助教授，教授を経て，
現　在　静岡大学名誉教授（日本中世史専攻）。
著　書　『後北条氏研究』吉川弘文館，1983年。
　　　　『軍師・参謀』中公新書，1990年。
　　　　『石田三成』PHP 新書，1996年。
　　　　『桶狭間の戦い』学研 M 文庫，2000年。
　　　　『小和田哲男著作集』（全7巻）清文堂出版，2000～02年。
　　　　『歴史探索入門』角川選書，2003年。
　　　　『日本史諸家系図人名辞典』編著，講談社，2003年。
　　　　『今川義元』ミネルヴァ書房，2004年。
　　　　『戦国武将の手紙を読む』中公新書，2010年。
　　　　『戦国三姉妹　茶々・初・江の数奇な生涯』角川選書，2010年。
　　　　『黒田如水』ミネルヴァ書房，2012年。
　　　　『戦国史を歩んだ道』ミネルヴァ書房，2014年。
　　　　『戦国武将の実力』中公新書，2015年。
　　　　『東海の戦国史』ミネルヴァ書房，2016年。
　　　　『井伊直虎』洋泉社歴史新書 y，2016年，ほか多数。

ミネルヴァ日本評伝選

明智《あけち》光秀《みつひで》・秀満《ひでみつ》

――ときハ今あめが下しる五月哉――

2019年6月10日　初版第1刷発行　　〈検印省略〉
2019年12月20日　初版第4刷発行

定価はカバーに
表示しています

著　者　小和田　哲　男
発行者　杉　田　啓　三
印刷者　江　戸　孝　典

発行所　株式会社　ミネルヴァ書房

607-8494 京都市山科区日ノ岡堤谷町1
電話代表（075）581-5191
振替口座 01020-0-8076

共同印刷工業・新生製本

ISBN978-4-623-08656-6

Printed in Japan

刊行のことば

歴史を動かすものは人間であり、興趣に富んだ人間の動きを通じて、世の移り変わりを考えるのは、歴史に接する醍醐味である。

しかし過去の歴史学を顧みるとき、人間不在という批判さえ見られたように、歴史における人間のすがたが、必ずしも十分に描かれてきたとはいえない。二十一世紀を迎えた今、歴史の中の人物像を蘇生させようとの要請はいよいよ強く、またそのための条件もしだいに熟してきている。

この「ミネルヴァ日本評伝選」は、正確な史実に基づいて書かれるのはいうまでもないが、単に経歴の羅列にとどまらず、歴史を動かしてきたすぐれた個性をいきいきとよみがえらせたいと考える。そのためには、対象とした人物とじっくりと対話し、ときにはきびしく対決していくことも必要になるだろう。

今日の歴史学が直面している困難の一つに、研究の過度の細分化、瑣末化が挙げられる。それは緻密さを求めるが故に陥った弊害といえるが、その結果として、歴史の大きな見通しが失われ、歴史学を通しての社会への働きかけの途が閉ざされ、人々の歴史への関心を弱める危険性がある。今こそ歴史が何のためにあるのかという、基本的な課題に応える必要があろう。評伝という興味ある方法を通じて、解決の手がかりを見出せないだろうかというのも、この企画の一つのねらいである。

狭義の歴史学の研究者だけでなく、多くの分野ですぐれた業績をあげている著者たちを迎えて、従来見られなかった規模の大きな人物史の叢書として、「ミネルヴァ日本評伝選」の刊行を開始したい。

平成十五年（二〇〇三）九月

ミネルヴァ書房

ミネルヴァ日本評伝選

企画推薦
梅原　猛
ドナルド・キーン
佐伯彰一
角田文衞

監修委員
上横手雅敬
芳賀　徹

編集委員
石川九楊
伊藤之雄
猪木武徳
今谷　明
今橋映子
熊倉功夫
佐伯順子
坂本多加雄
武田佐知子
竹西寛子
西口順子
兵藤裕己
御厨　貴

上代

*俾弥呼　古田武彦
日本武尊　西宮秀紀
*仁徳天皇　若井敏明
雄略天皇　吉村武彦
継体天皇　若井敏明
*蘇我氏四代　遠山美都男
推古天皇　義江明子
聖徳太子　仁藤敦史
斉明天皇　武田佐知子
*小野妹子・毛人・毛野　大橋信弥
*額田王　梶川信行
弘文天皇　遠山美都男
天武天皇　新川登亀男
持統天皇　丸山裕美子
阿倍比羅夫　熊田亮介
*藤原四子　木本好信
*柿本人麿　古橋信孝
*元明天皇・元正天皇　渡部育子
聖武天皇　本郷真紹
光明皇后　寺崎保広

*孝謙・称徳天皇　勝浦令子
藤原不比等　荒木敏夫
橘諸兄・奈良麻呂　遠山美都男
吉備真備　今津勝紀
*藤原仲麻呂　木本好信
道鏡　吉川真司
*藤原種継　木本好信
*行基　吉田靖雄

平安

*桓武天皇　井上満郎
嵯峨天皇　西別府元日
宇多天皇　古藤真平
醍醐天皇　石上英一
村上天皇　京樂真帆子
花山天皇　上島　享
*三条天皇　倉本一宏
藤原薬子　中野渡俊治
*藤原良房・基経　瀧浪貞子
*紀貫之　神田龍身
源高明　所　功
*安倍晴明　斎藤英喜

*藤原道長　朧谷　寿
*藤原伊周・隆家　倉本一宏
藤原定子　山本淳子
*藤原彰子　朧谷　寿
清少納言　三田村雅子
和泉式部
ツベタナ・クリステワ
大江匡房　小峯和明
*阿弖流為　樋口知志
坂上田村麻呂　熊谷公男
*源満仲・頼光　元木泰雄
平将門　西山良平
藤原純友　寺内　浩
最澄　吉田一彦
円珍　岡野浩二
*空也　石井義長
奝然　上川通夫
*源信　小原　仁
慶滋保胤　吉原浩人
*後白河天皇　美川　圭
*式子内親王　奥野陽子
建礼門院　生形貴重

*藤原秀衡　入間田宣夫
平時子・時忠　元木泰雄
平維盛　根井　浄
守覚法親王　阿部泰郎
藤原隆信・信実　山本陽子

鎌倉

源頼朝　川合　康
*源義経　近藤好和
源実朝　神田龍身
*九条兼実　加納重文
九条道家　上横手雅敬
北条時政　野口　実
熊谷直実　佐伯真一
*北条政子　関　幸彦
*北条義時　岡田清一
曾我十郎・五郎　杉橋隆夫
北条時頼　山本隆志
北条時宗　近藤成一
平頼綱　細川重男
竹崎季長　堀本一繁
西行　光田和伸

鴨長明　浅見和彦
藤原定家　赤瀬信吾
*京極為兼　今谷　明
*兼好　島内裕子
重源　横内裕人
*運慶　根立研介
快慶　井上一稔
法然　今堀太逸
栄西　中尾良信
明恵　西山　厚
*親鸞　末木文美士
恵信尼・覚信尼　西口順子
覚如　今井雅晴
*道元　船岡　誠
叡尊　細川涼一
*忍性　松尾剛次
*日蓮　佐藤弘夫
一遍　蒲池勢至
夢窓疎石　原田正俊
*宗峰妙超　竹貫元勝

南北朝・室町

後醍醐天皇　上横手雅敬

＊護良親王　新井孝重
＊懐良親王　森　茂暁
＊赤松氏五代　渡邊大門
＊北畠親房　岡野友彦
楠正成　兵藤裕己
楠木正行・正儀　生駒孝臣
＊新田義貞　山本隆志
＊光厳天皇　深津睦夫
足利尊氏　市沢　哲
＊足利直義　亀田俊和
佐々木道誉　下坂　守
細川頼之　亀田俊和
円観・文観　田中貴子
足利義詮　早島大祐
足利義満　川嶋將生
＊足利義持　吉田賢司
足利義政　木下昌規
＊大内義弘　平瀬直樹
伏見宮貞成親王　松薗　斉
＊山名宗全　山本隆志
細川勝元・政元　古野　貢
畠山義就　呉座勇一
足利成氏　阿部能久
世阿弥　西野春雄
雪舟等楊　河合正朝
宗祇　鶴崎裕雄
＊満済　森　茂暁
一休宗純　原田正俊
蓮如　岡村喜史

戦国・織豊

北条早雲　家永遵嗣
＊北条氏政　黒田基樹
＊大内義隆　藤井　崇
斎藤氏四代　木下　聡
＊毛利元就　岸田裕之
＊毛利輝元　光成準治
＊小早川隆景・秀秋　光成準治
＊六角定頼　村井祐樹
＊今川義元　小和田哲男
＊武田信玄　笹本正治
＊武田勝頼　笹本正治
＊真田氏三代　笹本正治
＊三好長慶　天野忠幸
＊松永久秀　天野忠幸
＊宇喜多直家・秀家　渡邊大門
＊上杉謙信　矢田俊文
大友宗麟　鹿毛敏夫
島津義久・義弘　福島金治
＊長宗我部元親・盛親　平井上総
浅井長政　長谷川裕子
吉田兼倶　西山　克
山科言継　松薗　斉
＊雪村周継　赤澤英二
正親町天皇・後陽成天皇　神田裕理
＊足利義輝・義昭　山田康弘
織田信長　三鬼清一郎
織田長益　八尾嘉男
＊明智光秀・秀満　小和田哲男
豊臣秀吉　藤井讓治
豊臣秀次　矢部健太郎
＊北政所おね　田端泰子
＊淀殿　福田千鶴
蜂須賀正勝・家政　三宅正浩
前田利家　東四柳史明
山内一豊・忠義　長屋隆幸
＊黒田如水　小和田哲男
＊蒲生氏郷　藤田達生
石田三成　堀越祐一
＊細川ガラシャ　田端泰子
＊支倉常長　田中英道
千利休　熊倉功夫
＊長谷川等伯　宮島新一
顕如　神田千里
教如　安藤　弥

江戸

＊徳川家康　笠谷和比古
本多忠勝　柴　裕之
＊徳川家光　野村　玄
徳川吉宗　横田冬彦
＊後水尾天皇　久保貴子
後桜町天皇　所　京子
＊光格天皇　藤田　覚
＊春日局　福田千鶴
宮本武蔵　渡邊大門
＊池田光政　倉地克直
保科正之　八木清治
シャクシャイン　岩崎奈緒子
＊田沼意次　藤田　覚
細川重賢　安高啓明
＊二宮尊徳　小林惟司
末次平蔵　岡　美穂子
＊高田屋嘉兵衛　生田美智子
＊林羅山　鈴木健一
吉野太夫　渡辺憲司
熊沢蕃山　川口　浩
＊山崎闇斎　澤井啓一
山鹿素行　前田　勉
＊北村季吟　島内景二
伊藤仁斎　澤井啓一
貝原益軒　辻本雅史
＊ケンペル　B・M・ボダルト＝ベイリー
新井白石　大川　真
荻生徂徠　柴田　純
＊雨森芳洲　上田正昭
石田梅岩　高野秀晴
白隠慧鶴　芳澤勝弘
前野良沢　松田　清
平賀源内　石上　敏
本居宣長　田尻祐一郎
杉田玄白　吉田　忠
木村蒹葭堂　有坂道子
＊大田南畝　沓掛良彦
菅江真澄　赤坂憲雄
＊鶴屋南北　諏訪春雄
良寛　阿部龍一
＊山東京伝　佐藤至子
＊滝沢馬琴　高田　衛
平田篤胤　山下久夫
国友一貫斎　太田浩司
シーボルト　宮坂正英
本阿弥光悦　岡　佳子
小堀遠州　中村利則
狩野探幽・山雪　山下善也
尾形光琳・乾山　河野元昭
＊二代目市川團十郎　田口章子
伊藤若冲　狩野博幸
浦上玉堂　高橋博巳
＊佐竹曙山　成瀬不二雄
葛飾北斎　岸　文和
酒井抱一　玉蟲敏子
孝明天皇　青山忠正
＊和宮　辻ミチ子
徳川慶喜　大庭邦彦
島津斉彬　原口　泉
横井小楠　沖田行司
＊古賀謹一郎　小野寺龍太
＊永井尚志　高村直助
＊岩瀬忠震　小野寺龍太
＊栗本鋤雲　小野寺龍太
大村益次郎　竹本知行
河井継之助　小川和也

＊西郷隆盛　家近良樹
＊由利公正　角鹿尚計
＊塚本明毅　塚本学
＊月性　海原徹
＊吉田松陰　海原徹
＊高杉晋作　海原徹
＊久坂玄瑞　一坂太郎
ペリー　遠藤泰生
ハリス　福岡万里子
オールコック　佐野真由子
アーネスト・サトウ　奈良岡聰智

近代

＊明治天皇　伊藤之雄
＊大正天皇　F・R・ディキンソン
＊昭憲皇太后・貞明皇后　小田部雄次
大久保利通　三谷太一郎
山県有朋　鳥海靖
木戸孝允　落合弘樹
井上馨　伊藤之雄
＊松方正義　室山義正
北垣国道　小林丈広
板垣退助　小川原正道
長与専斎　笠原英彦
大隈重信　五百旗頭薫
伊藤博文　坂本一登
井上毅　大石眞
＊井上勝　老川慶喜

＊桂太郎　小林道彦
＊渡邉洪基　瀧井一博
＊乃木希典　佐々木英昭
星亨　小林道彦
林董　奈良岡聰智
＊児玉源太郎　小林道彦
＊高宗・閔妃　木村幹
山本権兵衛　室山義正
＊金子堅太郎　松村正義
高橋是清　鈴木俊夫
小村寿太郎　簑原俊洋
＊犬養毅　小林惟司
原敬　季武嘉也
＊加藤高明　櫻井良樹
牧野伸顕　小宮一夫
田中義一　黒沢文貴
内田康哉　高橋勝浩
平沼騏一郎　堀田慎一郎
＊鈴木貫太郎　小堀桂一郎
宇垣一成　北岡伸一
＊宮崎滔天　榎本泰子
＊浜口雄幸　川田稔
幣原喜重郎　西田敏宏
関一　玉井金五
水野広徳　片山慶隆
広田弘毅　井上寿一
安重根　上垣外憲一
＊グルー　廣部泉
＊永田鉄山　森靖夫
東條英機　牛村圭
今村均　前田雅之

蔣介石　劉岸偉
石原莞爾　山室信一
近衛文麿　庄司潤一郎
＊岩崎弥太郎　武田晴人
伊藤忠兵衛　末永國紀
＊五代友厚　田付茉莉子
大倉喜八郎　村上勝彦
＊安田善次郎　由井常彦
渋沢栄一　武田晴人
中野武営　佐賀香織
益田孝　鈴木邦夫
山辺丈夫　宮本又郎
武藤山治　阿部武司・桑原哲也
池田成彬　松浦正孝
西原亀三　森川正則
小林一三　橋爪紳也
大倉恒吉　石川健次郎
大原孫三郎　猪木武徳
＊河竹黙阿弥　今尾哲也
イザベラ・バード　加納孝代
＊林忠正　木々康子
＊森鷗外　小堀桂一郎
＊二葉亭四迷　ヨコタ村上孝之
＊夏目漱石　佐々木英昭
徳冨蘆花　半藤英明
巌谷小波　千葉信胤
樋口一葉　佐伯順子
＊島崎藤村　十川信介
泉鏡花　東郷克美
上田敏　小林茂

＊有島武郎　亀井俊介
北原白秋　平石典子
菊池寛　山本芳明
芥川龍之介　高橋龍夫
＊宮沢賢治　千葉一幹
高浜虚子　坪内稔典
与謝野晶子　佐伯順子
＊種田山頭火　村上護
＊斎藤茂吉　品田悦一
＊高村光太郎　湯原かの子
石川啄木　先崎彰容
萩原朔太郎　エリス俊子・栗原飛宇馬
＊原阿佐緒　秋山佐和子
＊狩野芳崖・高橋由一　古田亮
川村清雄　落合則子
＊小堀鞆音　小堀桂一郎
竹内栖鳳　北澤憲昭
黒田清輝　高階秀爾
中村不折　石川九楊
横山大観　高階秀爾
＊橋本関雪　西原大輔
小出楢重　芳賀徹
土田麦僊　天野一夫
岸田劉生　北澤憲昭
濱田庄司　濱田琢司
＊山田耕筰　後藤暢子
松旭斎天勝　川添裕
中山みき　鎌田東二
佐田介石　谷川穣
＊ニコライ　中村健之介

＊出口なお・王仁三郎　川村邦光
＊新島襄　太田雄三
新島八重　佐伯順子
木下広次　冨岡勝
海老名弾正　西田毅
嘉納治五郎　クリストファー・スピルマン
柏木義円　片野真佐子
津田梅子　田中智子
＊澤柳政太郎　新田義之
河口慧海　高山龍三
山室軍平　室田保夫
大谷光瑞　白須淨眞
＊久米邦武　高田誠二
フェノロサ　伊藤豊
井上哲次郎　井ノ口哲也
三宅雪嶺　長妻三佐雄
＊岡倉天心　木下長宏
志賀重昂　中野目徹
徳富蘇峰　杉原志啓
＊竹越与三郎　西田毅
内藤湖南・桑原隲蔵　礪波護
＊廣池千九郎　橋本富太郎
岩村透　今橋映子
＊西田幾多郎　大橋良介
＊金沢庄三郎　石川遼子
＊柳田国男　鶴見太郎
厨川白村　張競
＊村岡典嗣　水野雄司

大川周明　山内昌之
西田直二郎　林　淳
*折口信夫　斎藤英喜
シュタイン　瀧井一博
*西　周　清水多吉
*福澤諭吉　平山　洋
成島柳北　山田俊治
福地桜痴　山田俊治
*村山龍平　早房長治
島田三郎　武藤秀太郎
田口卯吉　鈴木栄樹
*陸　羯南　松田宏一郎
*黒岩涙香　奥　武則
長谷川如是閑　織田健志
*吉野作造　田澤晴子
*山川　均　米原　謙
*岩波茂雄　十重田裕一
*北　一輝　岡本幸治
*穂積重遠　大村敦志
中野正剛　吉田則昭
*満川亀太郎　福家崇洋
*エドモンド・モレル　林田治男
*北里柴三郎　福田眞人
高峰譲吉　木村昌人
田辺朔郎　秋元せき
*南方熊楠　飯倉照平
石原　純　金子　務
*辰野金吾　河上眞理・清水重敦
*七代目小川治兵衛　尼崎博正

本多静六　岡本貴久子
ブルーノ・タウト　北村昌史

現代

昭和天皇　御厨　貴
高松宮宣仁親王　後藤致人
*李方子　小田部雄次
吉田　茂　中西　寛
マッカーサー　柴山　太
鳩山一郎　楠　綾子
*石橋湛山　増田　弘
重光　葵　武田知己
市川房枝　村井良太
*池田勇人　藤井信幸
高野　実　篠田　徹
和田博雄　庄司俊作
朴正熙　木村　幹
*田中角栄　新川敏光
宮沢喜一　村上友章
竹下　登　真渕　勝
*松永安左エ門　橘川武郎
鮎川義介　井口治夫
*出光佐三　橘川武郎
*松下幸之助　米倉誠一郎
渋沢敬三　井上　潤
*本田宗一郎　伊丹敬之
*井深　大　武田　徹
*佐治敬三　小玉　武

幸田家の人々　金井景子
*正宗白鳥　大嶋　仁
*大佛次郎　福島行一
*川端康成　大久保喬樹
*薩摩治郎八　小林　茂
坂口安吾　千葉一幹
太宰　治　安藤　宏
松本清張　杉原志啓
安部公房　鳥羽耕史
*三島由紀夫　島内景二
井上ひさし　成田龍一
R・H・ブライス　菅原克也
柳　宗悦　熊倉功夫
バーナード・リーチ　鈴木禎宏
*熊谷守一　古川秀昭
川端龍子　岡部昌幸
藤田嗣治　林　洋子
*井上有一　海上雅臣
*手塚治虫　竹内オサム
古賀政男　藍川由美
*吉田　正　金子　勇
武満　徹　船山　隆
*八代目坂東三津五郎　田口章子
*力道山　岡村正史
*西田天香　宮田昌明
安倍能成　中根隆行
サンソム夫妻　平川祐弘・牧野陽子
*天野貞祐　貝塚茂樹

和辻哲郎　小坂国継
矢代幸雄　稲賀繁美
石田幹之助　岡本さえ
*平泉　澄　若井敏明
*早川孝太郎　須藤　功
安岡正篤　片山杜秀
青山二郎　田野　勲
島田謹二　小林信行
田中美知太郎　川久保剛
前嶋信次　杉田英明
*唐木順三　澤村修治
亀井勝一郎　山本直人
知里真志保　モコットゥナシ
*保田與重郎　谷崎昭男
石母田正　磯前順一
*福田恆存　川久保剛
井筒俊彦　安藤礼二
佐々木惣一　伊藤孝夫
小泉信三　都倉武之
*瀧川幸辰　伊藤孝夫
式場隆三郎　服部　正
大宅壮一　有馬　学
清水幾太郎　庄司武史
*フランク・ロイド・ライト　大久保美春
*中谷宇吉郎　杉山滋郎
今西錦司　山極寿一

*は既刊
二〇一九年十二月現在